高等院校物流管理与物流工程专业系列教材

# 仓储管理

## （第二版）

主审　李严锋　◎主　编　梁　军
副主编　徐海峰　张　露

Warehouse Management

浙江大学出版社
ZHEJIANG UNIVERSITY PRESS

**图书在版编目(CIP)数据**

仓储管理 / 梁军主编. — 2 版. — 杭州：浙江大学出版社,2020.5

ISBN 978-7-308-20248-0

Ⅰ. ①仓… Ⅱ. ①梁… Ⅲ. ①仓库管理－高等学校－教材 Ⅳ. ①F253

中国版本图书馆 CIP 数据核字(2020)第 093697 号

## 仓储管理(第二版)

梁 军 主 编

| | |
|---|---|
| **责任编辑** | 曾 熙 |
| **责任校对** | 张 睿 高士吟 |
| **封面设计** | 周 灵 |
| **出版发行** | 浙江大学出版社 |
| | (杭州市天目山路 148 号 邮政编码 310007) |
| | (网址:http://www.zjupress.com) |
| **排 版** | 杭州朝曦图文设计有限公司 |
| **印 刷** | 杭州钱江彩色印务有限公司 |
| **开 本** | 787mm×1092mm 1/16 |
| **印 张** | 16 |
| **字 数** | 390 千 |
| **版 印 次** | 2020 年 5 月第 2 版 2020 年 5 月第 1 次印刷 |
| **书 号** | ISBN 978-7-308-20248-0 |
| **定 价** | 49.00 元 |

浙江大学出版社市场运营中心联系方式:0571-88925591;http://zjdxcbs.tmall.com

# 前　言

人类社会进入互联网＋物联网时代以来，仓储这一行业并未衰落，反而受到普遍的重视，仓储管理水平的高低直接关系到企业能否降低物流成本和提高服务质量。尤其是在全球经济一体化的环境下，国内外商品交易大幅度增加，商品流通加快，对仓储管理的实际操作也提出了更高的要求，仓储管理的理论必须不断更新，因此《仓储管理》一书的再版势在必行。

《仓储管理》(第二版)仍由浙江大学出版社出版。本书可供高等院校物流管理、物流工程等相关专业的师生使用，也可作为企业内部培训教材及经营管理人员工作、学习的参考用书。

本书仍按照"概念清楚，方法实用"的原则进行编写，在深入阐述仓储管理有关理论的同时，重点介绍仓储业务的操作方法。并设有大量的复习题和案例分析，对教和学双方提供更有力的支持。

全书共分为十三章，包括仓储和仓储管理概述、仓库选址与布局、仓储机械设备选择与管理、仓储作业流程管理、仓储安全与特殊货物管理、仓储经营管理与合同、仓储成本与绩效管理、库存管理概述、传统的库存控制方法、现代库存控制方法、信息技术在仓储管理中的应用、集装箱堆场管理、保税仓库管理等。

本书由新疆理工学院梁军担任主编，新疆理工学院徐海峰、张露担任副主编。本书主要编写人员的分工为：新疆理工学院梁军编写第一、四、五、十二、十三章，新疆理工学院张露编写第二章，浙江科技学院李於洪编写第三章，新疆理工学院程登军、靖程栋编写第六章，杭州电子科技大学丁祥海编写第七章，浙江海洋大学王芬编写第八章，新疆理工学院徐海峰编写第九章，新疆理工学院宋月编写第十章，浙江科技学院江思定编写第十一章。由梁军教授负责全书的统稿工作。

本书在再版的过程中，得到了浙江大学出版社的大力支持和指导，得到了有关高校领导、老师的支持和协助，在此表示真挚地感谢！

在编写过程中，编者参考和借鉴了有关仓储管理的书籍、报刊和网站等的相关资料，在此表示衷心地感谢！同时也希望广大读者在使用本书时，对书中存在的错误和不当之处提出意见和建议，以便本书的修订。

编者

2020 年 1 月

# 目　录

# 第一章 仓储和仓储管理概述

河姆渡遗址位于浙江省宁波市余姚河姆渡,距今大约7000年,1973年开始发掘。河姆渡遗址是一处属于新石器时代中期的聚落遗址,总面积约4万平方米。遗址中出土的了各种生产工具、生活器具和原始艺术品6700余件,且有大量的水稻栽培遗迹和大面积木结构建筑等遗迹。遗址中还发现了驯养的猪、狗、水牛和捕猎的野生动物的遗骸,以及采集的植物果实等遗存,这展示出当时这一地区灿烂的原始农业文化。河姆渡遗址(见图1-1)和出土的稻谷(见图1-2)所示。

图1-1 河姆渡遗址　　　　　　图1-2 出土的稻谷

河姆渡遗址的"稻作经济",反映了当时的稻作农业及渔猎采集活动。展出的实物有7000年前的人工栽培稻谷,稻谷芒刺清晰,颗粒饱满,令人惊叹。此外展出的还有骨耜、木杵、石磨盘、石球等稻作经济的全套耕作、加工工具。带炭化饭粒的陶片和以夹炭黑陶为主的釜、钵、盘、豆、盆、罐、盉、鼎、盂等炊、饮、贮器,说明早在7000年前,中华民族的饮食习惯已基本形成。河姆渡先民从事农耕以后,生活状况有了根本的改变,但还是不能满足他们的生活需要,从这里陈列的骨哨、骨箭头、弹丸等渔猎工具,以及酸枣、橡子、芡实、菱角等丰富的果实来看,渔猎和采集仍是河姆渡人不可缺少的经济活动。

河姆渡遗址是"河姆渡文化"的命名地,是长江下游新石器中期文化的首次发现。它的发现,为研究当地新石器时代农耕、畜牧、建筑、纺织、艺术等方面的发展和中国文明的起源提供了珍贵的实物资料,有力地证明了长江流域同黄河流域一样,都是中华民族远古文明的摇篮。

案例来源:河姆渡遗址博物馆[EB/OL].(2014-01-08)[2019-07-18].
https://baike.so.com/doc/5352562-5588020.html.

思　考　题

1. 河姆渡遗址有哪些重大发现?
2. 河姆渡文化的重要意义是什么?

本　章　要　点

本章主要介绍仓储的产生和发展、仓储的地位和作用,进一步阐明仓储管理的内容、基本任务,提出合理化建议,说明仓储与物流的关系,并介绍仓储与现代物流仓储的关系,以及发展与提升的方向。

# 第一节　仓储的产生和发展

## 一、仓储的产生

商品在从生产领域向消费领域转移的过程中,商品生产和商品消费在时间、空间,以及品种、数量等方面不同步,这个客观矛盾促使仓储业产生。

人类社会自从有了剩余产品以来,就出现了"储备"这个概念。所谓储备,是指将多余的、暂不消费的商品存起来以备再用的活动。从宁波余姚的河姆渡遗址出土的稻谷可以看出,人类储存物品的历史已有约 7000 年。在原始社会的末期,当某个人或某个部落,生产出现暂时的自给且有余时,就把多余的产品储藏起来。但是,当时的储备完全是自发的行为,规模小、数量小,以储备自然采集物和猎物为主。人们使用的是石块和木棒做的粗笨工具,生产力水平极其低下。当时储备的目的,一是保证产品的数量,二是保护好产品的所有权。

随着生产力的发展,人类社会出现了人类历史上的第一次社会大分工,即农业和畜牧业的分离。由于社会分工的出现和技术进步,人类学会使用畜力,能够制造简单的车船,也开始修路凿河,生产有了剩余,简单的储存方式如烘、焙、薰、腌等及悬于壁、藏于窖的保管方法产生了。生产有剩余,易物交换也就出现了,随之而来的储运活动便产生了,当然这里的储运只是产品的储运。

随着生产力的进一步发展,人类社会出现了人类历史上的第二次社会大分工,即手工业从农业中分离出来,成为一个独立的生产部门,这是一种以交换为目的的真正的商品生产。随之而来的贸易,不仅有部落内部的和部落边界的贸易,而且还有海外贸易,交换的范围扩大了。

随着商品生产和商品交换的进一步发展,人类社会出现了人类历史上的第三次具有决定意义的社会大分工,即工业和商业的分离。它创造了一个不从事生产只从事商品交换的群体——商人。从此,商业逐渐成为专门从事商品流通的独立经济部门而出现在历史舞台上。

工业革命后,庞大的生产规模和较高的生产能力,使越来越多的商品被投入流通领域,不断地开辟远方市场成了发展生产的必然途径,交换的范围变得更大了。大规模的商品生产和商品交换,客观上要求商品的储备规模不断扩大,于是,商品储备又从附属于某部门、某企业的状况,逐渐分离为一个独立的行业——仓储业。

## 二、仓储和仓储业

仓储是每一个物流系统都不可缺少的组成部分,是生产者与客户之间的一个主要的联系纽带,在物流系统中起着包括运输整合、产品组合、物流服务、防范偶发事件、保证物流过程平稳等一系列增加附加值的作用。

人们经常将仓储解释为储存商品。广义地讲,这种定义既包括广域地提供储存功能这一特点,如露天矿石的储存、生产车间产品的存放,也包括产品生产、流通环节原材料、在制品和转运中商品的存放。每个人工制造、自然生长或捕获得到的产品在其生命周期(从创造到消费)中至少都会被储存过一次,这充分说明仓储在国民经济发展中的重要性。

仓储是指商品在从生产地向消费地转移的过程中,在一定地点、一定时间产生的停滞。储存是物流的一种状态,是商品流转的一种作业方式。在储存过程中,人们对物品进行检查、保管、加工、集散、转换运输方式等多种作业。储存是物流的主要职能,又是商品流通不可缺少的环节。现代物流是采购原材料、产品生产及其销售过程的实物物流的统一,是以促进产品销售和降低物流成本为目的的管理。物流过程需要经过许多环节,仓储是不可缺少的重要环节。仓储从传统的物品存储、流通中心,发展成为物流产业的节点。作为物流管理的核心环节,仓储发挥着对整体物流的协调作用,也是产品制造过程中的一个环节。

在我国,仓储有两层含义:一是微观层次上的,即企业所进行的仓储活动,商品的仓储活动是由商品生产和商品消费之间的客观矛盾决定的。商品在从生产领域向消费领域转移的过程中,一般都要经过商品的仓储阶段,这主要是由商品生产和商品消费在时间、空间,以及品种、数量等方面的不同步所引起的,也正是在这些不同步中仓储活动发挥了它的重要意义。二是宏观层次上的,即专业从事仓储活动的产业——仓储业。

仓储业是从事仓储活动的经营企业的总称。随着社会主义市场经济的不断发展,仓储业已成为经济社会发展中不可或缺的力量,在国民经济体系中占有重要的地位。

### 三、我国仓储业的发展

研究我国仓储业产生与发展的历程有助于我们不断创新、完善该产业。纵观我国仓储业的发展历史,它大约经历了下列四个阶段。

(一)第一阶段:古代仓储业

我国古代的商业仓库是随着社会分工和专业化生产的发展而逐渐形成和扩大的。《中国通史》上记载的"邸店",可以说是商业仓库的最初形式,但由于受当时商品经济的局限,它既有商品寄存的性质,又具有旅店的性质。随着社会分工的进一步发展和商品交换的不断扩大,专门储存商品的"塌房"从"邸店"中分离出来,成为带有企业性质的商品仓库。

(二)第二阶段:近现代仓储业

我国近现代的商业仓库,随着商品经济的发展和商业活动范围的扩大,得到了相应的发展。19世纪我国把商业仓库叫作"堆栈",即指堆存和保管物品的场地和设备。堆栈业与交通运输业、工商业关系极为密切。由于我国工业偏集在东南沿海地区,因此堆栈业也集中在东南沿海地区,例如,上海、天津、广州、宁波、福州、厦门等地区的堆栈业起源最早,也最发达。据统计,1929年上海码头仓库总计在40家以上,库房总容量达到90多万吨,货场总容量达到70多万吨。

堆栈业初期,只限于堆存货物,其主要业务是替商人保管货物,物品的所有权属于寄存人。随着堆栈业务的扩大,服务对象的增加,堆栈业已逐渐划分为码头堆栈、铁路堆栈、保管堆栈、厂号堆栈、金融堆栈和海关堆栈等。近代堆栈业的显著特点是明确了业务种类、经营范围和责任、仓租、进出手续等。当时堆栈业大多是私人经营的,为了商业竞争和垄断的需要,往往组成同业会,订立同业堆栈租价价目表等。但是,由于整个社会处于半封建半殖民地的经济状态,民族工业不发达,堆栈业务往往是附属于旅馆业的,而且随商业交易和交通运输业的盛衰而起落。

中华人民共和国成立以后,政府接管并改造了以前留下来的仓库,当时采取对口接管改造的政策,即:铁路、港口仓库由交通运输部门接管;物资部门的仓库由全国仓库物资清理调配委员会接管;私营仓库由商业部门对口接管改造;银行仓库,除"中央""中国""交通""农业"等银行所属仓库作为敌伪财产随同银行实行军管外,其余大都归商业部门接管改造;外商仓库,按经营的性质,分别由港务、外贸、商业等有关部门接管收买。对私营仓库的改造是通过公私合营的方式逐步实现的,政府通过工商联合会加强对私营仓库的领导,限制仓租标准,相继在各地成立国营商业仓库(后改为仓储公司),并加入当地的仓库业同业工会,整顿并建立仓库制度。

(三)第三阶段:社会主义建设时期的仓储业

随着工农业生产的发展,商品流通的扩大,商品储存量相应增加,但改建的仓库和接收的仓库,大多是企业的附属仓库,在数量上和经营管理上都不能满足经济发展的需要。为此,政府采取了一系列措施,改革仓库管理工作。例如,1952年,中央人民政府贸易部颁发了《关于国营贸易仓库实行经济核算制的决定》(以下简称《决定》)。《决定》中指出,为解决仓容不足的问题,消除仓库使用不合理现象,提高仓库使用率,必须有组织、有计划地实行经济核算制。并强调,除专用仓库和根据各经营单位经营商品的具体情况,保持一定数量的附属仓库外,其余仓库应全部集中组成仓储公司,推行仓库定额管理,以便统一调剂,供各单位使用。这些措施首先在北京、天津、上海、沈阳、武汉等城市试行,这也是集中管理仓库的开端。1953年召开的第一届全国仓储会议,制定了《关于改革仓储工作的决定》,进一步明确了国营商业仓库实行集中管理与分散管理相结合的仓库管理体制。根据这一决定,政府在全国10万人口以上的城市都丈量了仓库面积,查清当时的仓容能力,在此基础上经过调整集中,成立了17个仓储公司。实践证明,集中与分散相结合的仓库管理体制是适合我国当时国情的,也是适应当时商品流通的客观要求的。集中管理的仓库一般由仓储公司(储运公司)经营,它是专业化仓储企业,实行独立经营核算;分散管理的仓库隶属于某个企业,只为该企业储存保管物品,一般不独立核算。它们各具有优缺点,一般情况下,一、二级批发企业比较集中的城市,大中型工业品仓库(除了石油、煤炭、危险品、鲜活、冷藏等特种仓库外)适宜集中管理;三级批发仓库,特别是批发机构和仓库在同一个地点的,则适宜分散管理,以方便购销业务。

同时,根据计划经济的需要,国家对重要的工业品生产资料,逐步实行与生活资料不同的管理方法,即计划分配制度。1960年以后,在国民经济调整的过程中,国家对物资管理工作也做了整顿和改革,改革的基本原则是进一步加强对物资的计划分配和统一管理。国务院设立物资管理部,建立起全国统一的物资管理机构和经营服务的系统。在仓储方面,中央各部设立中转仓库保管物资的做法,被改为由物资部门统一设库保管。1962年,成立了国家物资储运局(后改为物资储运总公司),归属于国家物资管理总局,负责全国物资仓库的统管工作。在这一阶段,无论是仓库建筑、装备,还是装卸搬运设施,都有很大发展,是之前的商业仓库无法比的。

### (四)第四阶段:仓储业现代化发展阶段

在一个较长时期里,我国仓储业一直属于劳动密集型产业,即仓库中大量的装卸、搬运、堆码、计量等作业都是由人工来完成的。因此,仓库不仅占用了大量的劳动力,而且劳动强度大,劳动条件差,特别是一些危险品仓库,还极易发生中毒、爆炸等事故;从劳动效率来看,人工作业的劳动效率低下,库容利用率不高。改革开放以来,为迅速改变这种落后状况,政府在这方面下了很大力气,一方面重视旧式仓库的改造工作,按照现代仓储作业要求来改建旧式仓库,增加设备投入,配备各种装卸、搬运、堆码等设备,减轻工人的劳动强度,改善劳动条件,提高仓储作业的机械化水平;另一方面,新建了一批具有先进技术水平的现代化仓库。随着世界经济的发展和现代科学技术的突飞猛进,仓库在性质上发生了根本性变化,从单纯地进行储存保管货物的静态储存一跃而进入了多功能的动态储存的新领域,成为生产、流通的枢纽和服务中心。特别是大型自动化立体仓库的出现,使仓储技术上了一个新台阶。我国已建造了大量的自动化仓库,并普遍采用电子计算机辅助仓库管理,这使我国仓储业进入了现代化、自动化的新阶段。

## 四、仓储的发展趋势

从我国仓储业发展的历程中可以看出:传统国有仓储业,在历史上承担着"蓄水池""中转站"的作用。随着市场经济的变革,国有仓储业面临着现代物流业的冲击,过去那种"被动性、不连续性、不均衡性"的仓储运作早已被打破,商品库存由过去批量大、品种少、周转慢的特点,正向批量小、品种多、周转快的方向转化,特别是电子商务、连锁经营的发展,对仓储业、仓储条件提出了更高的要求。

### (一)仓储业走向现代物流业必须注重的功能要素

#### 1.改善仓库的管理功能

传统仓储业对仓库的考核简单地定在库房利用率、出入库差错率、商品的完好率上,大部分标准的制定与统计都是人工完成的,并不注重该商品流转何处,何时何地实现其使用价值,对于仓储企业来说,没有商品的时间价值、管理价值的概念。随着现代物流业和供应链管理的发展,传统的管理指标已不再是衡量仓储企业优劣的标准,企业需要制定新的仓库管理标准。新标准要适应市场的变化,适应少批量、多品种、快周转的商品及商品技术参数的要求,应注意改进并引用先进的管理技术,特别是在管理上体现出更深层次的服务,减少人为性、随意性,为客户提供一个良好的仓储平台。

#### 2.注重仓库的信息化和标准化建设

随着电子商务、连锁经营业态的发展,现代物流业必将有更大的作为,特别是现代物流业中信息流贯穿于始终。要衔接好厂家与商家、商家与使用者上下游之间的连接,以快速、有效地实现这种连接,提供仓库更深层次的服务,应搭建好仓储这个信息平台,实现仓库的信息化功能。

现代物流的发展,对仓储标准化提出了许多新的要求,比如,商品的码放、托盘的使用、仓库的恒温性,乃至仓储技术术语的应用及管理等。ISO 9000 认证在物流仓储业的广泛展开,就是仓储业实施标准化管理的一个体现。因此,传统仓储业要向现代物流业转换应及早地将标准化纳入企业战略中来。

#### 3.注重仓库自动化、智能化建设

当前,有许多仓库依旧沿袭着人工装卸或半人工装卸、人工验收、人工保管、人工发料、

人工盘点等人力操作方式，这就不可避免地会出现人为事故，不仅影响商品的验收、发货的准确率，也会严重影响企业的诚信度。因此，传统仓储业向现代物流业转换的过程中，应考虑如何提升仓库装卸及收、发、管的自动化和智能化程度，把提升自动化和智能化的水平作为基础工作来抓。

**4. 注重加工、配送业务的拓展**

现代物流不仅要求仓库有储存、保管功能，还要求有分拣、配货、包装、加工、配送等功能。传统仓储企业可以充分利用自身的优势，为商家在入库保管过程中提供分拣、包装、加工、配送的功能，这不仅能帮助商家降低流通成本，也能提高仓储企业的创收能力，并完善其服务功能，以实现自身向现代物流业的转换，真正实现商品的场所价值、时间价值。

**5. 积极主动建立网络**

传统仓储企业要实现现代物流，应积极主动参与到社会经济的大流通中去，与那些先进的物流企业、先进的生产企业、先进的营销企业主动结盟，不仅为它们提供自己的服务，同时也从这些企业中吸取先进管理经验，引进先进的管理理念，有条件地建立自己的网点、配送体系等，形成跨地区、跨地域的物流网络。

**6. 制定人才战略，加快人才培养**

要实现传统仓储业向现代物流业的转换，离不开有知识、懂管理、有操作能力的物流人才。因此，仓储企业必须制定出自己的人才战略，尽快引进、培养企业所需的真正了解现代物流、有创新意识、愿意献身于物流事业发展的人才。

**7. 依靠政府、协会的作用实现转型**

物流市场的发展和规范，一靠政府，二靠中介组织。特别是传统仓储业要向现代物流转换，离不开行业协会的指导，需要行业协会帮助沟通企业与政府。因此，政府、行业协会是促进传统仓储业转向现代物流业的必要推动力量。

**（二）仓储物流业面临的挑战**

对外开放使国内市场国际化，会有更多的外资物流供应商进入国内物流市场，对我国第三方物流业形成严峻的挑战。而仓储管理作为第三方物流的关键环节，应该得到企业家的高度重视。

**1. 仓储业竞争国际化**

当美国 UPS（联合包裹服务公司）、德国 DHL（敦豪航空货运有限公司）等进入我国市场时，业界就盛传"狼来了"，总担心被它们分掉市场蛋糕。但是随着时间的推移，我国仓储物流业不但没有受到太大的冲击，反而加快了发展的脚步。我国物流仓储企业有着得天独厚的本土优势，只要经营得当，完全可以和外资企业分庭抗礼，实现共赢。恰恰是"与狼共舞"激活了我国市场，催生了一批国际知名的优秀企业。一些国内物流行业的龙头企业和国际知名企业强强联手，不断取长补短。目前在国内已经产生了如中外运这样营运范围覆盖全国、延伸境外的知名企业。随着更多的物流商和其支持的制造商、经销商进入我国，中外物流企业的对决不可避免，激烈的竞争必将出现。

**2. 数字化生存压力**

我国物流仓储业也并非毫无隐患可言，其中突出的问题集中在物流资源供需的不平衡上。一方面，作为需方的工商企业，大量潜在的物流需求不能转化为有效的市场需求；另一方面，作为供方的物流企业，服务质量和效率难以满足社会化物流的需求。这一点虽然和我国薄弱的物流仓储基础有关，但更多的是与仓储业思想理念和管理方法的缺失有关。此外，近些年出现的物流仓储组织布局分散、条块分割等现象也日益影响该行业的健康发展。

传统的仓储物流业的经营管理方式已经不能适应市场经济的发展要求，无法满足市场的需求。物流仓储行业必须借助现代理论的指导，使从业人员真正融入现代物流仓储产业的发展，实现行业的现代化。

目前，有些物流仓储企业运营成本偏高，其中很大原因就是物流信息化建设严重落后。现代物流仓储业的核心是以信息化为基础的。缺乏一个信息化的"大脑"成为我国物流仓储企业赶不上外国同行的主要原因，而发展"互联网＋"的物流仓储业成为缩小差距的主要途径。

（三）仓储业的发展趋势

随着我国经济的发展，商业、生产制造企业、连锁超市、零售业等对物流、仓储业务的外包需求逐步增多，加之中小物流企业对仓储租赁的需求增加，仓储业面临着巨大的发展空间。公共仓库将成为重要的货源和货物集散中心，中小运输企业将在这里找到合适的配载货物。同时，较大的运输企业、物流企业也在加快自有物流中心的建设，一些生产厂家也在纷纷建立集中管理的物流基地，并将其整合成以仓库为核心的区域性的、辐射状的物流网络。

在新形势下，仓储影响企业经营的成败。未来，仓储的发展趋势如下。

1. 以顾客为中心

成功的企业愿意和客户保持交流并倾听客户的意见，因为仓库作业就是通过在适当的时间、以适当的方式存储或发送适当的产品，在满足客户需要的基础上，实现产品的增值。成功的企业和供应商、顾客是真正的合作伙伴关系，从共享信息、互相商定的计划和双赢的协议中受益。运作高效、反应迅速的仓储是实现这一目标的关键。

2. 减少作业、压缩时间

今后仓储中心在数量上将减少，但在每个中心的商品数量将增加。因此，以后的分销中心一方面规模更大，另一方面日常所要处理的订单也更多。这意味着装运频次的加快和收货、放置、拣货及装运作业的增加。这一趋势将对物料处理系统提出更高的要求，对叉车和传送带等设备产生更多的需求。

3. 仓库作业的自动化

为适应仓储业作业量的急速膨胀，仓储业需要大大提高自动化程度。比方说，需要使用更多的传送带来长距离运送小件物品，同时要设定适当数量的重新包装站和装卸作业平台。另外，如使用更多的自动分拣设备，就能在不建造额外场所的情况下提高整体工作能力。因此，在诸如货物搬运这类增值很少甚至无增值的作业方面，自动化设备将继续替代劳动力。

4. 订单批量趋小化

在当代，订单呈现出批量趋小、频次趋高的趋势。造成这一趋势的原因有：信息更易获得、技术进步、VMI（vendor managed inventory，供应商管理库存）计划的执行和某些地点的批发仓库的取消，尤其是"直接面向商店"（direct-to-store）和"直接面向客户"（direct-to-customer）计划的实施，使得大批量装运的作业越来越少。在将来，"为任何规模的订单服务"对企业来说将不仅仅意味着挑战，更意味着机遇。

5. 不间断供货

不间断供货就是要求产品在供应链系统中同步化顺畅运作，避免巨大的库存。以前的仓储中心，有可能每个月甚至每个季度才发一次货，但现在却是每周一次甚至是每周两次。因此信息的流动也需要加速，以保持和物流变化协调一致。在线或即时信息系统将替换原

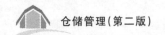

先的滞后系统。在信息时代,仓储业在数据处理方面将会有巨大的变化和改进。

6.直拨

直拨就是物品在物流环节中,不经过中间仓库或者站点,直接从一个运输工具换载到另一个运输工具的物流衔接方式。分销商在将商品存入仓库之前,常常将收到的货物以直拨方式满足被延期交付的订单。在将来,每个仓库需要处理的订单会更多,这一趋势将使大多数的分销中心希望通过运用直拨的方式来提高效率。直拨对参与方之间的紧密合作和即时的信息交换有较高的要求。

7.运作电子化

仓库管理者把货物从仓库的进出(包括收货、放货、分拣和装运)作业看作是工作中的最关键部分,但在执行这些工作时遇到的困难却难以被及时反馈。实施仓库工作的无纸化可以改变这一现状。从原则上讲,无纸化仓库意味着所有物流运动都采用电子化操作,从而减少甚至消除在产品鉴别、地点确认、数据输入和准确分拣方面可能产生的传统错误。同时,电子控制系统还能避免数据输入的延误,即时更新库存,随时找到所需的货物。

8.第三方仓储兴起

近年来,一些公司认识到培育、巩固核心竞争力的重要性,从而不愿再为库存专门设立存储场所,而是将这一部分业务外包,这在一定程度上促进了第三方仓储的发展。在将来,会有越来越多的中小型企业,借助第三方仓储来减少资本的投入,提高服务水平。从长期来看,第三方仓储因有许多优点,会成为市场主体。但仍然有一些产品和企业并不适于采用第三方仓储。

9.员工素质提高

仓库作业的自动化和电子化要求工人必须不断提高技能,尤其是计算机技能。为了提高雇员的素质和教育水平,公司必须雇用和留住最好的雇员,并训练他们掌握基本的机械操作方法,熟悉所有的仓储作业。

(四)发展我国仓储业的措施

随着我国经济的高速发展和流通体制改革的不断深化,以及国际贸易不断面临的新的机遇和挑战,这在客观上要求物流高速发展,尤其是仓储业更要快速发展,以适应这一新形势的需要。因此,我国仓储业目前应该加快改革与发展的步伐。

1.加强物流理论研究,提高人们对仓储业的认识

目前我国迫切地需要加强物流理论的研究,加强相关知识的宣传,进一步提高人们对仓储业在物流、在国民经济发展中的重要性的认识。一个国家、一个地区如果不能使仓储业实现社会化、现代化,那么这些地方要实现物流的社会化、现代化也是不可能的,加快仓储业的发展已迫在眉睫、刻不容缓。

2.改革现行的仓储管理体制

改革现行的仓储管理体制是加快我国仓储业发展,加快实现仓储社会化、现代化的关键。

(1)加强仓储行业协会的建设

建立全国性的仓储协会,由国家有关部门授权实施跨地区、跨部门、跨区域的仓储行业管理与协调工作。打破条块分割、相互封闭的格局,使各类型的仓库从附属型向经营型转化,真正面向社会开展公平竞争,为加快实现仓储业的社会化、市场化、现代化创造条件。

(2)构建全国统一的仓储市场体系

打破部门分割、地区分割、自备仓库自己用、相互封闭、重复建设的局面,在完善仓库功

能的基础上,逐步实现仓储业统一规划、合理布局,形成全国统一的仓储市场体系。

(3)加快实现仓库功能多元化

仓库功能多元化是市场经济发展的客观要求,也是仓储业提高服务水平,增强竞争力的重要途径。在市场经济条件下,仓库不仅仅是储存商品的场所,还承担着商品分类、挑选、整理、加工、包装、代理销售等职能,应成为集商流、物流、信息流于一身的商品配送中心、流通中心。美国、日本等发达国家,基本上都把原来的仓库改造成商品的流通加工中心或配送中心,我国也完全可以走这条道路。

(4)加快传统仓储企业的改造

重视对原来仓库的技术改造,加快实现仓储企业的现代化。现代化要求高度机械化、自动化、标准化。我国长期重生产轻流通,重商流轻物流的观念,这造成今天仓储业的落后局面。但是,加快发展我国的仓储业,绝不是要国家拿出大笔资金去大量建新仓库,更不是都去建现代化的立体仓库,而应该在调查研究的基础上,根据一个地区、一个城市的实际需要,有计划有步骤地逐步对原有的仓库进行技术改造。

(5)扩大对外开放,完善仓储市场

我国物流领域与其他行业相比,社会化、市场化、现代化程度较低,发展较慢,原因是多方面的,但和这个领域的对外开放程度较低是有直接关系的。长期以来,仓储业实行封闭经营,由于体制原因,向国内外开放的观念淡薄,措施跟不上,开放进展慢,开放程度低。因此,加快仓储业的对外开放是当务之急。通过对外开放,引进国外资金和先进的仓储管理经验及现代化的仓储技术,从而促进我国仓储企业提高竞争能力,争取在国际物流市场上占有一席之地。

3.加强现代化仓储人员的培训工作

实现仓储现代化的关键在于科学技术,而发展科学技术的关键又在于人才,没有知识,没有人才,现代化就是一句空话。要实现仓储人员的知识化、专业化,必须按现代化管理的要求,根据不同类型的仓库和工作岗位制定和实施人才培训计划,加强对仓储人员的培养、教育和提高,尽快培养出一批具有现代科学知识和管理技术、责任心强、素质高的专门从事仓储管理的干部队伍。这是实现我国仓储乃至物流社会化、现代化的重要保证。

# 第二节　仓储的基本功能、地位与意义

随着经济全球化和信息技术的迅猛发展,企业生产要素的获取与产品营销范围日趋扩大,社会生产、商品流通、商品交易及其管理方式正在并将继续发生深刻的变革。与此相适应,企业占据竞争优势的关键,已由降低原材料成本的"第一利润源泉"、提高劳动生产率以降低活劳动消耗的"第二利润源泉",转向建立高效物流系统以降低物流费用、形成企业核心竞争优势的"第三利润源泉"。

在我国,现代物流的发展已引起政府、企业界和学术界的高度重视。近年来,现代物流业已经成为我国国民经济的重要产业部门和新的经济增长点。发达国家的经验证明,现代物流对地区经济的发展有极大的促进作用。加快发展现代物流业,是我国应对经济全球化和加入世界贸易组织的迫切需要,对于提高我国经济运行质量和效益,优化资源配置,改善投资环境,增强综合国力和企业竞争力具有重要意义。

从宏观经济的角度看,仓储具有十分重要的功能。仓储为原材料、产品和成品创造了时间效用。消费者以市场为导向对仓库的依赖,使得企业能够用更短的交付周期为客户服务,通过仓储提高了产品的效用。换句话说,通过仓储,企业能够使客户在需要的时间和需要的地点快速获取产品。随着越来越多的企业将客户服务看作是一个能够实现动态的、价值增值的竞争手段,仓储活动也变得越来越重要了。

## 一、仓储的基本功能

现代仓储业作为物流与供应链系统中的重要节点和调控中心,是国民经济中的一个重要产业,在现代服务业中占有独特地位。仓储通过改变物的时间状态、克服供需之间的时间差异从而获得更好的时间效用。具体地说,仓储有整合、分类和交叉站台、加工和延期、堆存和保管等基本经济功能。

### (一)整合

装运整合可使仓储企业获得经济利益。整合仓库接收的来自一系列制造厂指定送往某一特定地点的材料,然后把它们整合成单一的一票装运,能实现最低的运输费率,并减少在顾客的收货站台处发生拥塞的可能。仓储人员可以把从制造商到仓库的内向转移和从仓库到顾客的外向转移都整合成更大的一票进行储运。

为了提供有效的整合装运,每个制造厂必须把仓库作为货运储备地点或用作产品分类和组装的地点。整合仓库可以由单独一家厂商使用,也可以由几家厂商联合起来共同使用,仓储企业可以提供出租方式的整合服务。通过整合方案的利用,每一个单独的制造商或托运人都能够享受到物流总成本低于其各自分别直接装运的成本的益处。

### (二)分类和交叉站台

除了不对产品进行储存外,分类和交叉站台的仓库作业与整合仓库作业相类似。分类作业接收来自顾客的组合订货,并把货物装运到每个顾客指定的地点。分类仓库或分类站台把组合订货分类或分割成个别的订货,并安排当地的运输部门递送。由于长距离运输转移的是大批量货物,所以运输成本相对较低,也容易对货物进行跟踪。

零售连锁店广泛地采用交叉站台作业来补充快速转移的商店存货。在这种情况下,交叉站台先从多个制造商处运来整车的货物;收到产品后,货物如果有标签的,就按顾客进行分类,如果没有标签的,就按地带进行分配;然后,产品就像"交叉"一词的意思那样穿过"站台"装上指定去适当顾客处的拖车;一旦该拖车装满了来自多个制造商的组合产品后,它就被放行,货物便会被运往零售店。交叉站台的经济利益来自从制造商到仓库的拖车的满载运输,以及从仓库到顾客的满载运输。由于产品不需要储存,降低了交叉站台的搬运成本。此外,由于所有的车辆都能充分装载,有效地利用了站台设施,因此站台装载利用率达到最大程度。

### (三)加工和延期

仓库还可以通过加工或参与少量的制造活动,被用来延期或延迟生产。具有包装能力或加标签能力的仓库,可以把产品的最后一道生产工序一直推迟到知道该产品的需求时为止。一旦接到具体的顾客订单,仓库就能给产品加上标签,完成最后一道加工,并最后敲定包装。

加工和延期(processing and postponement)实现了两种基本的经济利益:第一,风险最小化,因为最后的包装要等到敲定具体的订购标签和收到包装材料时才完成,避免了订单的不确定性;第二,对基本产品使用各种标签和包装配置,可以降低存货水平。于是,降低风险与降低存货水平相结合,往往能够降低物流系统的总成本。

(四)堆存和保管

有些物品储存是至关重要的,堆存和保管这种仓储服务可带来直接的经济利益。例如,家具和玩具是全年生产的,但主要是在非常短的一段市场营销期内销售;与此相反,农产品是在特定的时间内收获的,但消费则是在全年进行的。这两种情况都需要仓库的堆存(stock pilling)来支持市场营销活动。堆存提供了存货缓冲,使生产活动在受到材料来源和顾客需求的限制的条件下提高效率。

保管是对物品静止状态的管理,也可以说是时速为零的运输,保管产生时间效益。一般情况下,生产与消费之间有时间差,保管的主要功能就是在供应和需求之间进行时间调整。此外,生产或收获的产品,产出多少就销售多少,不进行保管,价格必然暴跌,为了防止这种情况的发生也需要把产品保管在仓库里。可见保管在提高时间功效的同时还有调整价格的功能。因此,保管具有以调整供需为目的的调整时间和调整价格的双重功能。

## 二、仓储的地位

仓储在国民经济发展中的地位可以从以下两个方面论述。

(一)宏观方面

仓储是社会再生产过程得以顺利进行的必要条件,是保存物资原有使用价值的必要环节,是促进资源合理利用配置的重要手段。不论一个国家的资源多么丰富,未加工的初级产品和经过加工的制成品的供应量无论有多充足,相对于无限的欲望和需求而言,总是有限的,因而合理配置资源,做到物尽其用,是一个国家谋求发展的重要目标。当物资离开生产过程进入消费过程的准备阶段,即库存阶段时,对实际的再生产过程是必需的,但是物资处于闲置状态,不产生利润(对在库物资进行整理、加工、分装除外)。所以,当一部分企业储备的物资超过了再生产所必需的界限时,从整个国家来看,就是对资源的一种浪费。在实际经济生活中,我们看到的更多的是,即使是同类产品,也有一部分在一些行业和企业滞留,长期闲置不用;而一部分在另一些行业和企业都表现出短缺的状态,使得开工不足,影响生产。积压和短缺并存是我国经济的一大痼疾。这除了产品结构方面的原因外,物资流通体制不合理和库存管理水平落后也是重要原因。我国是一个人均资源相对有限的发展中国家,充分利用有限的资源对我国经济协调稳定发展更具有现实意义。从技术上讲,现有的仓储理论能够解决库存的合理数量问题,这就为合理利用仓储资源提供了可能。

(二)微观方面

仓储可以保证企业生产过程获得及时、准确、质量完好的物资供应,这有利于企业以较少的流动资金,降低产品成本,提高企业的经济效益和竞争力。库存的首要目的是保证企业获得稳定的原材料、零配件供应,但这不是仓储管理的唯一职能。如前所述,库存过多,不仅造成物资积压,增加保管费用,而且过多地占用流动资金。资金也是一种稀缺的资源,它可以投资于其他方面产生利润,可以存入银行产生利息。但是当流动资金以库存品的形式存在时,它既不产生利润,也不产生利息。积压物资,实质上是积压资金。所以,一般认为,企业库存资金占资金总额比重的大小,固然与企业性质或行业特点有关,但在很大程度上也取决于仓储管理水平的高低。

另外，在企业产品的成本构成中，物料成本占有很大比重，对这部分成本进行控制与管理，正是仓储管理的职能之一。物料成本主要包括购入成本、订购成本和储存成本三项。

购入成本是指物料的单位购入价格，对购入成本很高的物资进行重点控制，可使企业占用较少的流动资金。

订购成本是指企业从发出采购订单，到物资验收入库所发生的全部费用，如采购人员差旅费，完成采购或交易所必需的文牍业务费、检验费、装卸运输费等。订购成本与订购次数有密切关系。而这正是仓库管理要加以控制和管理的。

储存成本是指物资在储存过程（或阶段）所发生的全部费用，包括由于占用资金所损失的利息和其他赢利、仓库及设备的折旧费与维修费用、保险费、损耗费、人力费等。此项成本与储存数量有密切关系。仓储管理可以通过对物资订购次数的计量和储存数量的控制，降低物料成本，从而达到降低企业生产成本、提高企业经济效益之目的。

## 三、仓储的意义

### （一）搞好仓储活动是社会再生产过程顺利进行的必要条件

商品由生产地向消费地转移，是依靠仓储等物流活动来实现的。可见，仓储活动的产生正是由于生产与消费在空间、时间及品种、数量等方面存在着矛盾而引起的。尤其是在现代化大生产的条件下，专业化程度不断提高，社会分工越来越细，随着生产的发展，这些矛盾又势必进一步扩大。在仓储活动中采取简单地把商品生产和消费直接联系起来的方法已不合适，企业需要对复杂的仓储活动进行精心组织，拓展各部门、各生产单位之间相互交换产品的深度和广度，在流通过程中不断进行商品品种上的组合，在商品数量上不断加以集散，在地域和时间上进行合理安排。企业通过搞活流通，搞好仓储活动，发挥仓储活动连接生产与消费的纽带和桥梁作用，克服众多的相互分离又相互联系的生产者之间、生产者与消费者之间在商品生产与消费地理上的分离，衔接商品生产与消费时间上的不一致，并调节商品生产与消费在方式上的差异，使社会简单再生产和扩大再生产能在建立一定的商品资源的基础上，从而保证社会再生产的顺利进行。

### （二）搞好仓储活动是保持物资原有使用价值和合理地使用物资的重要手段

任何一种物资，当它生产出来以后至被消费之前，其本身的性质、所处的条件，以及自然的、社会的、经济的、技术的因素，都可能使物资使用价值在数量上减少、质量上降低，如果不创造必要的条件，就会不可避免地对物资造成损害。因此，必须进行科学管理，加强对物资的养护，搞好仓储活动，以保护好处于暂时停滞状态的物资，保证其使用价值。同时，在物资仓储过程中，努力做到流向合理，加快物资流转速度，注意物资的合理分配、合理供料，不断提高工作效率，使有限的物资能及时发挥最大的效用。

### （三）搞好仓储活动是加快资金周转、节约流通费用、降低流通成本、提高经济效益的有效途径

仓储活动是物质产品在社会再生产过程中必然出现的一种形态，这对整个社会再生产，对国民经济各部门、各行业的生产经营活动的顺利进行，都有着巨大的作用。然而，在仓储活动中，为了保证物资的使用价值在时空上的顺利转移，必然要消耗一定的物化劳动和活劳动。尽管这些合理费用的支出是必要的，但由于它不能创造使用价值，因而，在保证物资使

用价值得到有效的保护,有利于社会再生产顺利进行的前提下,费用支出得越少越好。那么,搞好物资的仓储活动,就可以减少物资在仓储过程中的物质耗损和劳动消耗,就可以加速物资的流通和资金的周转,从而节省费用支出,降低物流成本,开拓"第三利润源泉",提高企业的经济效益和社会效益。

（四）搞好仓储活动是提高物资供销管理工作成效的重要方法

物资仓储活动在物资供销管理工作中有特殊的地位和重要的作用。从物资供销管理工作的全过程来看,其包括供需预测、计划分配、市场采购、订购衔接、货运组织、储存保管、维护保养、配送发料、用料管理、销售发运、货款结算、用户服务等主要环节。各主要环节之间相互依存、相互影响,关系极为密切。其中许多环节属于仓储活动,它们与属于"商流"活动的其他环节相比,所消耗和占用的人力、物力、财力多,受自然的、社会的各种因素影响大,组织管理工作有很强的经济性,既涉及经济学、物理学、化学、机械、建筑、气象等方面的知识,又涉及物资流通的专业知识和专业技能,它与产品学、物资经济学、物资计划与供销管理、物资统计学、会计学等都有直接的密切联系。因此,仓储活动直接影响到物资管理工作的质量,也直接关系到物资供销关系的实现。

# 第三节　仓储管理

## 一、仓储管理的含义

进入 21 世纪以来,以信息为基础的电子商务在全球迅速发展起来,它对传统的企业运作模式、商品流通方式及人们的购物、消费、生活方式产生了广泛而深远的影响。而保证电子商务交易顺利实现交割,关键在于构建一个与电子商务交易相适应的现代物流系统。因此,仓储与物流在现代经济发展中的地位和作用,将变得越来越重要。

未来的市场竞争不仅表现为企业与企业的竞争,而且更表现为供应链与供应链之间的竞争,物流管理成为企业管理的关键环节。从未来发展现代物流产业和企业竞争的角度来看,竞争最终集中在现代物流人才的竞争上。物流人才的数量和质量,将会影响到我国在未来国际物流市场竞争中的地位。因此,如何加快培养适应 21 世纪物流市场竞争需要的复合型物流人才,是我国企业和教育界面临的重大问题。而人才培养和教育工作,一定要立足于物流科学前沿,注重物流运作,培养实践操作性强的、高质量的物流规划和设计人才,把物流人才培养放在战略的高度,统筹规划,组织实施。

仓储管理简单来说就是对仓库及仓库内的货物进行管理,是仓储企业为了充分利用其所具有的仓储资源为客户提供高效的仓储服务所进行的计划、组织、人员配备、领导和控制等活动。具体来说,仓储管理主要包括仓储资源的获得、仓储商务、进出库作业、货物的保管保养、库存控制及安全管理等一系列管理工作。

## 二、仓储管理的内容

所谓仓储管理,是指服务于一切库存物资的经济技术方法与活动。很明显,"仓储管理"的定义指明了其所管理的对象是"一切库存物资",管理的手段既有经济的,又有纯技术的,具体包括如下几个方面。

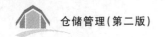 

（一）仓库的选址与建筑问题

仓库的选址与建筑问题主要包括仓库的选址原则、仓库建筑面积的确定、库内运输道路与作业的布置等。

（二）仓库机械作业的选择与配置问题

仓库机械作业的选择与配置问题主要包括如何根据仓库作业特点和所储存物资的种类及其理化特性，选择机械装备及应配备的数量，以及如何对这些机械进行管理等。

（三）仓库的业务管理问题

仓库的业务管理问题主要包括如何组织物资入库前的验收，如何存放入库物资，如何对在库物资进行保管保养、发放出库等。

（四）仓库的库存管理问题

仓库的库存管理问题主要包括如何根据企业生产需求状况储存合理数量的物资，既不会因为储存过少引起生产中断造成损失，又不会因为储存过多占用过多的流动资金等。

此外，仓库业务考核问题，新技术、新方法在仓库管理中的运用问题，仓库安全与消防问题等，都是仓储管理所涉及的内容。

### 三、仓储管理的基本任务

仓储管理的任务主要表现在以下几个方面。

（一）以市场经济手段获得最大的仓储资源配置

市场经济最主要的功能是通过市场的价格和供求关系调节经济资源配置。市场配置资源是以实现资源最大经济效益为原则的，这也是企业经营的目的。配置仓储资源也应该以依据所配置的资源获得最大的效益为原则。具体任务包括：根据市场供求关系确定仓库的建设，依据竞争优势来选择仓库地址，以生产差别产品决定仓储专业化分工和确定仓储功能，以所确定的功能来决定仓库布局，等。

（二）以高效率为原则建立仓储管理机构

管理机构是开展有效仓储管理的基本条件，是一切管理活动的保证和依托。生产要素特别是人的要素只有在良好的组织基础上才能发挥其作用，实现整体的力量。仓储组织的确定需要围绕仓储经营的目标，以实现仓储经营的最终目标为原则，依据管理幅度、因事设岗、责权对等的原则，建立结构简单、分工明确、互相合作和促进的管理机构和管理队伍。

（三）以不断满足社会需要为原则开展仓储商务活动

商务工作是仓储对外的经济联系，包括市场定位、市场营销、交易与合作关系、客户服务、争议处理等。仓储商务是仓储企业经营、生存和发展的关键工作，是经营收入和仓储资源充分利用的保证，必须遵循不断满足社会生产和人民生活需要的生产原则，最大限度地提供仓储商品。

（四）以高效、低耗为原则组织仓储生产作业

仓储生产作业包括货物入库，保管保养，仓储物的交接、验收，在库期间的质量维护等。仓储生产的组织应遵循高效、低耗的原则，充分利用机械设备、先进的保管技术、有效的管理

手段,实现仓储快进、快出,提高仓库利用率,降低成本。

（五）以优质服务、诚信经营树立企业形象

企业形象是指企业带给社会公众的各种感性印象及公众对企业总体评价的总合,包括企业及产品的知名度、社会的认可程度、客户的忠诚度和企业的社会责任等。作为服务产业的仓储业,其所面向的对象主要是生产、流通企业,其良好的企业形象主要通过优质的服务质量、产品质量,以及诚信、友好的合作态度来建立,并通过一定的宣传手段来推广,从而提升企业的知名度。

（六）以制度化、科学化的先进手段不断提高管理水平

任何企业的管理水平都不可能是一成不变的,需要随着形势的发展不断发展,适应新的商业环境,仓储管理也要根据仓储企业的经营目的而改变、随社会需求的变化而变化。良好的管理也不可能一步到位,企业管理也要遵从简单管理到复杂管理、从直观管理到系统管理的规律,在管理实践中不断补充、修正、完善和提高管理水平,实行动态的仓储管理。

（七）以优秀的企业文化为统领提高员工素质

没有高素质的员工队伍,就没有优秀的企业。企业的一切行为都是人的行为,是每一个员工履行职责的行为表现。员工的精神面貌展现了企业的形象和企业文化。仓储管理的一项重要工作就是不断提高员工的素质,根据企业文化建设的需要,加强对员工的约束和激励。

良好的精神面貌来自于企业和谐的氛围、有效的激励、对劳动成果的肯定及有针对性的精神文明教育的开展。在仓储管理中要提高员工的地位,而不能将员工仅仅看作是生产的工具、一种等价交换的生产要素。在信赖中约束、在激励中规范,才能使员工人尽其才,让他们感受到尊重,由此员工便会形成热爱企业、自觉奉献、积极向上的精神面貌。

# 第四节　仓储与现代物流仓储

## 一、现代物流仓储的必要性

近年来,由于 JIT（just in time,准时制生产方式）、快速反应及 ECR（efficient consumer response,有效客户响应）等经营理念的出现,以及直拨、不间断供货等经营模式的实践,仓储似乎不如以前重要了。但实际上,仓储依然联系着供应商与顾客。当仓储业作为一个业态存在的时候,物流是其实现增值服务的有效手段;而在物流业中,仓储是不可或缺的一个重要节点。现代物流业的发展需要现代化的仓储管理做支撑,信息化和以信息化做指导的先进技术就成为仓储业走向现代化的有效途径。并且,在实现供应链协同运作的过程中,市场的力量促使仓库不断地改进,因此仓库依然有重要的作用。

## 二、仓储与物流管理的关系

仓储是指通过仓库对商品与物品进行储存与保管的活动。它集中反映了工厂的物资活动状况,是连接生产、供应、销售的中间环节,对促进生产、提高效率起着重要的辅助作用。同时,围绕着仓储物品实体的流转制作清晰准确的报表、缮制完整的单据账目、进行精确的会计部门核算等环节也同时进行着,因此仓储是物流、信息流、单证流的合一。

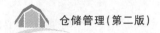 

仓库是物流运作主体,又是物流运作载体。仓储企业可以有三种方向选择,一是仓储企业向现代物流企业转型,二是保持仓储企业的性质,但必须加以改造、提升,三是变成物流企业或生产与流通企业的配送中心。仓储业作为物流业的重要基础,要走一条可持续发展之路。

### 三、现代物流仓储业的发展与提升

近年来,我国的仓储业正在向仓储社会化、仓储产业化、仓储标准化、仓储现代化的方向发展。拥有先进管理理念的物流企业,开始注重对整体供应链进行管理,积极发展与客户的长期合作关系,通过提供各种增值服务来参与客户的供应链管理,降低客户的成本,从而也提高自身的竞争力。预计第三方仓储需求将会增大,仓储现代化步伐更进一步加快,各企业更注重核心竞争力的打造,物流园区也将在政府的支持和引导下进入良性发展阶段。

(一)基于仓储平台的增值服务迅速发展

更多的企业开始从供应链管理的角度出发,积极发展基于仓储的各项增值业务,创新适合本企业的业务模式。这必将促使仓储行业快速发展。

(二)第三方仓储需求量增大

越来越多的中小型企业借助第三方仓储来减少资本的投入,提高服务水平。从长期来看,第三方仓储因有众多的优点,而会成为市场主体。

(三)仓储管理现代化步伐加大

仓储企业逐渐加大现代化改造的步伐。加大对仓库的硬件投入。这包括库房建设和改造,购置新型货架、托盘、数码自动识别系统,以及分拣、加工、包装等新型物流设备,大幅度提升现有仓储自动化水平和物流运作效率,增加物流服务功能。

(四)仓储管理信息化

仓储管理信息系统通过为企业提供科学规范的业务管理、实时的生产监控调度、全面及时的统计分析、多层次的查询对账功能、包括网上查询在内的多渠道方便灵活的查询方式、新型增值业务的管理功能,不仅满足了生产管理、经营决策的要求,而且有力地支持了新客户的开发,成为仓储企业营销和发展的利器。

(五)物流园区的发展更加合理规范

国家对物流园区发展的总体指导性将加强,出台的各项政策对物流园区整体的健康发展将产生有利影响。

 复 习 题

第一章复习题

# 第二章　仓库选址与布局

 **江门首个保税物流中心完成项目选址**

2016 年,广东省人民政府批复同意江门市设立江门大广海湾保税物流中心(B 型)。拟建地址在新会经济开发区临港工业园,此处距国家一类口岸新会港约 2 千米。该项目总规划用地面积为 544.9 亩,超过 36 万平方米,计划总投资 4.2 亿元。二期、三期工程规划用地分别为 130 亩(约 8.7 万平方米)和 165 亩(约 11.0 万平方米),目前作为发展备用地,根据实际需要投入使用。根据规划,该项目将被打造成为融进出口贸易、物流、跨境电商、保税展示交易、金融服务等于一体的现代物流综合平台。

为何选址新会港？新会港位于西江支流与潭江下游交汇的黄金水道银洲湖,是江海联运型港口,经崖门口航道出海,距离香港 98 海里(约 181.5 千米),距离澳门 47 海里(约 87.0 千米)。作为国家一类开放口岸,新会港年吞吐量为 500 万吨,现有两个万吨级泊位,兼顾 3 万吨级功能,有两个 5000 吨级泊位、1 个 500 吨级泊位,是江门市最为优良的港口之一。

B 型保税物流中心建成后,将引进一批从事保税仓储物流业务的企业入驻。这些企业可以对所存货物展开不改变化学性质的流通性简单加工和增值服务,例如分类、简单包装、打膜等,这些使商业增值的辅助性作业,能够使物流产业链向中高端延伸,还会带动区域跨境电商发展。

**案例来源:张泳瑜,江关宣.江门首个保税物流中心完成项目选址和初期规划[EB/OL].(2018-04-17)[2019-08-12].http://jm.southcn.com/content/2018—04/17/content_181534345.htm.**

**思 考 题**

1.仓库选址的原则是什么？

2.根据相关知识,分析选址新会港考虑了什么因素？

**本 章 要 点**

本章主要介绍了仓库的基本概念、功能与种类,仓库选址的原则、考虑因素、步骤与方法,仓库布局的概念、设计方法,以及自动化立体仓库的概念、组成与功能等内容。

# 第一节　仓库的基本概念、功能与种类

## 一、仓库的基本概念

仓库是保管、储存物品的建筑物和场所的总称。从定义字面理解,仓库似乎只是一个空间概念。但我们这里要讲的仓库并不是单独的建筑物或场所,而是指包括各种设备和设施,能够完成指定任务,并为所有者或客户提供各种综合服务的一个系统,是从事储存、包装、分拣、流通加工、配送等物流作业活动的物流节点。

## 二、仓库的功能

随着社会生产力的发展和人们对物流认识的提高,仓库的功能越来越多,现代仓库具有以下功能。

（一）储存功能

现代社会生产的一个重要特征就是专业化和规模化生产,劳动生产率极高,产量巨大,绝大多数产品都不能被及时消费,需要经过仓储手段进行储存,这样才能避免生产过程堵塞,保证生产过程能够继续进行。另一方面,对于生产过程来说,适当的原材料、半成品的储存,可以防止因缺货造成的生产停顿。而对于销售过程来说,储存尤其是季节性储存可以为企业的市场营销创造良机,适当的储存是市场营销的一种战略,它为市场营销特别的商品需求提供了缓冲和有力的支持。

（二）保管功能

生产出的产品在消费前必须保持其使用价值,否则将会被废弃。这项任务就需要由仓库来承担,仓库在仓储过程中对产品进行保护、管理,防止其损坏而丧失价值。

（三）加工功能

一是保管物在保管期间,保管人根据存货人或客户的要求对保管物的外观、形状、成分构成、尺度等进行加工。如对保鲜、保质要求较高的水产品、肉产品、蛋产品等食品,可进行保管物冷冻加工、防腐加工、保鲜加工等;对金属材料可进行喷漆、涂防锈油等防锈蚀加工。二是为适应多样化运输或生产进行加工。如对钢材卷板的舒展、剪切加工,对平板玻璃的开片加工,以及将木材改制成方材、板材的加工等。三是为使消费者使用更加方便、省力而进行加工,如将木材直接加工成各种型材,可使消费者直接使用;将水泥制成混凝土拌和料,只需稍加搅拌即可使用;等。四是为提高产品利用率的加工。如对钢材、木材集中下料,搭配套材,减少边角余料,可节省原材料成本和费用。五是为便于衔接不同的运输方式,使物流更加合理的加工。如散装水泥的中转仓库担负起散装水泥装袋的流通加工及将大规模散装转化为小规模散装的任务,就属于这种形式。六是为实现配送进行的流通加工。如仓库为实现配送活动,满足客户对物品的供应数量、供应构成的要求,可对配送的物品进行各种加工活动,如拆整为零,定量备货,把沙子、水泥等各种材料按比例要求转入水泥搅拌车可旋转的罐中,在配送的途中进行搅拌,到达施工现场后,混凝土已经拌好,可直接投入使用。

#### (四)整合功能

整合是仓储活动的一个经济功能。通过这种安排,仓库可以将来自于多个制造企业的产品或原材料整合成一个单元,进行一票装运。其好处是有可能实现最低的运输成本,也可以减少由多个供应商向同一客户进行供货带来的拥挤和不便。为了能有效地发挥仓库的整合功能,每一个制造企业都必须把仓库作为货运储备地点,或用作产品分类和组装的设施。这是因为,整合装运的最大好处是能够把来自不同制造商的小批量货物集中起来形成规模运输,使每一个客户都能享受到低于其单独运输成本的服务。

#### (五)分类和转运功能

分类就是将来自制造商的组合订货分类或分割成个别订货,然后安排适当的运力运送给制造商指定的个别客户。仓库从多个制造商处运来整车的货物,在收到货物后,如果货物有标签,就按客户要求进行分类;如果没有标签,就按地点分类。然后货物不在仓库停留,直接装到运输车辆上运往指定的零售店。同时,仓库由于不需要储存货物,因而降低了搬运费用,最大限度地发挥了装卸设施的功能。

#### (六)支持企业市场形象的功能

尽管市场形象所带来的利益不像前面几个功能带来的利益那样明显,但对于一个企业的营销主管来说,仓储活动非常重要,因为从满足消费者需求的角度来看,从一个距离较近的仓库供货远比从生产厂商处供货方便得多,同时,仓库也能提供更为快捷的递送服务。这样会在供货的方便性、快捷性及对市场需求的快速反应性方面为企业树立一个良好的市场形象。

#### (七)市场信息传感器的功能

任何产品的生产都必须满足社会的需要,生产都需要把握市场需求的动向,社会仓储产品的变化是了解市场需求的极为重要的途径。仓储量减少、周转量加大,表明社会需求旺盛;反之则为需求不足。厂家存货增加表明其产品需求减少或其竞争力低,或者生产规模不合适。仓储环节所获得的市场信息虽说滞后于销售信息,但更为准确,集中的信息反应也更快捷,且信息成本极低。现代企业生产特别重视仓储环节的信息反馈,将仓储量的变化作为决定生产的依据。现代物流管理特别重视仓储信息的收集和反应。

#### (八)提供信用保证的功能

在大批量的实货交易中,购买方必须查看、检验货物,确定货物的存在和货物的品质,双方方可成交。购买方可以到仓库查验货物。由仓库保管人出具的货物仓单是实物交易的凭证,可以作为保证购买方的利益的凭证。仓单本身就可以作为融资工具,可以直接用来进行质押。

#### (九)现货交易场所的功能

存货人要转让在仓库存放的商品时,购买人可以到仓库查验商品,取样化验。双方可以在仓库转让交割。国内众多的批发交易市场,既是有商品存储功能的交易场所,又是有商品交易功能的仓储场所。众多具有便利交易条件的仓储都提供交易活动服务,甚至部分形成了有影响的交易市场。近年来我国大量发展的仓储式商店,就是仓储交易功能高度发展、仓储与商业密切结合的结果。

### 三、仓库的种类

一个国家、一个地区、一个企业的物流系统中需要有各种各样的仓库,它们的结构形态各异,服务范围和对象也有着较大的差别。仓库按不同的标准可进行不同的分类,一个企业或部门可根据自身的条件选择建设或租用不同类型的仓库。

(一)按使用范围分类

1.自用仓库

自用仓库是生产或流通企业为本企业经营需要而修建的附属仓库,完全用于储存本企业的原材料、燃料、产成品等。

2.营业仓库

营业仓库是一些企业专门为了经营储运业务而修建的仓库。

3.公用仓库

公用仓库是由国家或某个主管部门修建的为社会服务的仓库,如机场、港口、铁路的货场、库房等仓库。

4.出口监管仓库

出口监管仓库是经海关批准,在海关监管下存放按规定领取了出口货物许可证或批件,已对外买断结汇并向海关办完全部出口海关手续的货物专用仓库。

5.保税仓库

保税仓库是经海关批准,在海关监管下专供存入未办理关税手续而入境或过境的货物的场所。

(二)按保管物品的种类的多少分类

1.综合库

综合库是指用于存入多种不同属性物品的仓库。

2.专业库

专业库是指用于存放一种或某一大类物品的仓库。

(三)按仓库保管条件分类

1.普通仓库

普通仓库也称通用仓库,是指用于存入无特殊保管要求的物品的仓库,其设备与库房建造都比较简单,适用范围较广。这类仓库备有一般性的保管场所和设施,按照通用的货物装卸和搬运方法进行作业。在物资流通行业的仓库中,这种通用仓库所占的比重是最大的。

2.专用仓库

专用仓库是指专门用于储存某一类物品的仓库。或是某类物品数量较多,或是由于物品本身的特殊性质,如对温度、湿度的特殊要求,或易于对与之共同储存的物品产生不良的影响,因此要专库储存。如金属材料、机电产品、食糖、卷烟等即在专用仓库中储存。

3.特种仓库

用以储存具有特殊性能的、要求特别保管条件的物品,如危险品、石油、冷藏物品等需使用特种仓库。这类仓库必须配备有防火、防爆、防虫等专门设备,其建筑构造、安全设施都与一般仓库不同。如冷冻货物仓库、石油仓库、化学危险品仓库等均属于这类仓库。

(四)按仓库建筑结构分类

1.封闭式仓库

这种仓库俗称库房,该结构的仓库封闭性强,便于对库存物维护保养,适宜存放对保管条件要求比较高的物品。

**2.半封闭式仓库**

这种仓库俗称货棚,其保管条件不如库房,但出入库作业比较方便,且建造成本较低,适宜存放那些对温度、湿度要求不高且出入库频繁的物品。

**3.露天式仓库**

这种仓库俗称货场,其最大优点是装卸作业极其方便。

**(五)按建筑结构分类**

**1.平房仓库**

平房仓库的构造比较简单,建筑费用便宜,人工操作比较方便。

**2.楼房仓库**

楼房仓库是指二层楼以上的仓库,它可以减少土地占用面积,进出库作业可采用机械化或半机械化操作。

**3.高层货架仓库**

在作业方面,高层货架仓库主要使用电子计算机控制,能实现机械化和自动化操作。

**4.罐式仓库**

罐式仓库的构造特殊,呈球形或柱形,主要用来储存石油、天然气和液体化工品等。

**5.简易仓库**

简易仓库的构造简单、造价低廉,一般是在仓库不足而又不能及时建库的情况下采用的临时代用办法,包括一些固定的或活动的简易货棚等。

**(六)按库内形态分类**

**1.地面型仓库**

地面型仓库一般指单层地面库,多使用非货架型的保管设备。

**2.货架型仓库**

货架型仓库是指采用多层货架保管的仓库。在货架上放着货物和托盘,货物和托盘可在货架上滑动。货架分固定货架和移动货架。

**3.自动化立体仓库**

自动化立体仓库是指用运送机械出入库,用堆垛机等设备进行机械化、自动化作业的高层货架仓库。

**(七)按仓库功能分类**

现代物流管理力求进货与发货同期化,使仓库管理从静态管理转变为动态管理,仓库功能也随之改变,这些新型仓库具有以下新的称谓。

**1.集货中心**

将零星货物集中成批量货物称为集货。集货中心可设在生产点数量很多、每个生产点产量有限的地区。只要这一地区某些产品的总产量达到一定水平,就可以设置这种有集货作用的物流据点。

**2.分货中心**

将大批量运到的货物分成批量较小的货物称为分货。分货中心是主要从事分货工作的物流据点。企业可采用大规模包装、集装货散装的方式将货物运到分货中心,然后按企业生

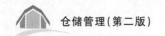 

产或销售的需要进行分装。利用分货中心可以降低运输费用。

**3. 转运中心**

转运中心的主要工作是承担货物在不同运输方式间的转运。转运中心可以进行两种运输方式的转运,也可以进行多种运输方式的转运,在名称上有的称为卡车转运中心,有的称为火车转运中心,还有的称为综合转运中心。

**4. 加工中心**

加工中心的主要工作是进行流通加工。设置在供应地的加工中心主要进行以物流为主要目的的加工,设置在消费地的加工中心主要进行以实现销售、强化服务为主要目的的加工。

**5. 储调中心**

储调中心以储备为主要工作内容,其功能与传统仓库基本一致。

**6. 配送中心**

配送中心是从事配送业务的物流场所或组织,它基本符合下列要求:①主要面向社会服务,②物流功能健全,③完善的信息网络,④辐射范围大,⑤少品种、大批量,⑥存储、吞吐能力强,⑦统一经营管理物流业务。

# 第二节　仓库的选址

仓库选址是指运用科学的方法决定仓库的地理位置,使之与企业的整体经营运作系统有机结合,以便有效、经济地达到企业的经营目的。

仓库选址包括两个层次的问题:一是选位,即选择什么地区设置设施,如是选择沿海还是内地,南方还是北方等;二是定址,即地区选定以后,具体选择在该地区的什么位置设置仓库,在已选定的地区内选定一片土地作为设施的具体位置。设施选址还包括这样两类问题:一是选择一个单一的仓库位置,二是选择多个仓库的位置。

对企业来说,仓库选址对企业的采购成本、服务成本、服务质量都有极大而长久的影响,其重要性显而易见。一旦选择不当,它所带来的不良后果不是通过建成后的加强和完善管理等其他措施可以弥补的。因此,在进行仓库选址时必须考虑到多方面因素的影响,慎重决策。

## 一、仓库选址的原则

仓库的最优选址与该仓库所属企业的类型有很大的关系。附属于工业企业的仓库其选址主要是为了追求成本最小化;而附属于物流企业的仓库一般都追求收益最大化或服务水平的最优化。

大量成功的案例证明,在选址问题上,定性分析必须遵循以下原则。

(一)经济性原则

仓库选址时要充分考虑到经济因素的影响,建设初期的固定费用、投入运营后的变动费用都与选址有关。

(二)接近用户的原则

服务业几乎无一例外都要遵循这一原则,许多企业将仓库建到服务区域附近,以降低运费,提高对客户需求的反应速度。

（三）协调性原则

仓库的选址要与该地区的整个物流网络体系相协调，否则将造成资源的浪费和设施的重复建设。

（四）战略性原则

仓库选址是一项带有战略性的经营管理活动，因此要有战略意识。选址工作要考虑到企业服务对象的分布状况及企业的未来发展，要考虑市场的开拓。

## 二、仓库选址的考虑因素

进行仓库选址决策时，需要考虑各种影响因素和要求，在此基础上预选确定仓库地址，列出几个可供选择的可行方案，利用某种评价方法，从这几个可行方案中确定最理想的仓库地址。下面列出影响仓库选址的因素。

（一）经济因素

1. 宏观经济政策

在进行选址决策时，要充分考虑当地政府的政策法规等因素。有些地区的政府采取比较积极的政策，鼓励在经济开发区进行仓库的建设，并在税收、资本等方面提供比较优惠的政策，同时这些地区的交通、通信、能源等方面的基础设施建设也比较便利。

2. 建设和运营成本

在进行选址决策时，还要仔细计算成本，成本的构成如下。

（1）运输成本

合理选址，使运输距离最短，尽量减少运输过程的中间环节，可以使运输成本最低、服务最好。

（2）原材料供应成本

企业对原材料的供应要求一般都比较严格，将仓库地址定位在原材料附近，不仅能够保证原材料的安全供应，而且能够降低运输费用，减少时间延迟，获得较低的采购成本。

（3）劳工成本

无论是手工密集型还是技术密集型的仓库作业，都需要一定素质的人才。不同地区的劳资水平不尽相同，这也是仓库选址决策时要考虑的因素。

（4）建筑成本和土地成本

不同的仓库选址方案，在对土地的征用、建筑等方面的要求是不相同的，从而导致不同的成本开支。因此，在仓库的选址过程中，应尽量避免占用农业用地和环保用地。

（二）环境因素

1. 地理因素

（1）地质条件

根据仓库对地基的一般技术要求，应选择地质坚实、平坦、干燥的地点，其用地应选择承载力较高的地基。因此，仓库地点的选择必须避免有不良地质现象或地质构造不稳定的地段。

（2）水文及水文地质条件

在沿江河地区选择仓库建筑地址时，要调查和掌握有关的水文资料，特别是汛期洪水最高水位等情况，防止洪水侵害。同时，在水文地质条件方面还要考虑地下水位的情况，水位

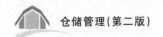

过高的地方不宜作为工程的基地。

（3）气候因素

在仓库选址前应详细了解当地的自然气候环境条件，例如在自然环境中的湿度、盐分、降雨量、风向、风力等。

**2. 配套设施**

（1）交通运输条件

仓库的地点应具有良好的交通运输条件，库址应选择靠近现有的水陆空交通运输线的地点，对于大型仓库还应考虑铺设铁路专用线或建设专用水运码头。

（2）水电供应条件

仓库应选择靠近水源、电源的地方，以保证方便和可靠的水电供应。了解和掌握仓库供水系统及周围用水单位的情况，调查用水高峰期间消防水源的保障程度，以防紧急情况下供水不足。

**（三）竞争因素**

**1. 竞争对手因素**

竞争对手的仓库选址对企业的选址工作也是有一定的影响的。对竞争对手的竞争策略、与竞争对手的实力对比、与竞争对手的差异等，都会影响到企业的选址工作。

**2. 服务水平**

为了能够更好地服务客户，提高对客户需求的反应速度，许多企业都会将仓库建立在服务区域附近。

## 三、仓库选址的步骤与方法

仓库的选址可分为两个步骤进行。第一步为分析阶段，具体有需求分析、费用分析、约束条件分析；第二步为筛选及评价阶段，根据分析的情况，选定具体地点，并对所选地点进行评价。具体如下。

**（一）分析阶段**

分析阶段有以下内容。

**1. 需求分析**

根据物流产业的发展战略和产业布局，对某一地区的顾客及潜在顾客的分布进行分析及分析供应商的分布情况，具体有以下内容。

（1）工厂到仓库的运输量。

（2）向顾客配送的货物数量（客户需求）。

（3）仓库预计最大容量。

（4）运输路线的最大业务量。

**2. 费用分析**

费用主要有工厂到仓库之间的运输费、仓库到顾客之间的配送费、与设施和土地有关的费用及人工费等。运输费随着距离的变化而变动，而设施费用、土地费用是固定的，人工费是根据业务量的大小而确定的。以上费用必须综合考虑，进行成本分析。

**3. 约束条件分析**

（1）需考虑地理位置是否合适，是否靠近铁路货运站、港口、公路主干道，道路是否畅通，是否符合城市或地区的规划等。

(2)要考虑是否符合政府的产业布局,有没有法律制度约束的影响等。

(3)要考虑地价情况。

(二)筛选及评价阶段

分析活动结束后,得出综合报告,根据分析结果在本地区内初选几个仓库地址,然后在初选的几个地址中进行评价,从而确定一个可行的地址,编写选址报告。

评价方法有以下几种。

1.量本利分析法

任何选址方案都有一定的固定成本和可变成本,不同选址方案的成本和收入都会随仓库储量的变化而变化。利用量本利分析法,选择盈亏平衡时储量最小的方案为最优方案。

**【例2-1】** 有一仓库初选址有 A、B、C 三个,A 址的固定成本为 500.0 万元,单位变动成本为 2.6 元,每储存一单位货物的收入为 3.8 元;B 址的固定成本为 450.0 万元,单位变动成本为 2.8 元,每储存一单位货物的收入为 3.8 元;C 址的固定成本为 560.0 万元,单位变动成本为 2.5 元,每储存一单位货物的收入为 4.0 元。试用量本利分析法进行选址。

**解:** 设储量为 $Q$,盈亏平衡储量为 $Q_0$,则

A 址的总成本 $=500.0+2.6Q$

A 址的总收入 $=3.8Q$

当盈亏平衡时,总成本=总收入,此时的盈亏平衡储量 $Q_0$ 为 $500.0+2.6Q_0=3.8Q_0$

求得 $Q_0=416.7$ 万单位

同理求得 B 址盈亏平衡时的储量为 450.0 万单位;C 址盈亏平衡时的储量为 373.3 万单位。所以应选择 C 址建设仓库。

2.加权评分法

对影响选址的因素进行评分,把每一地址各因素的得分按权重累计,比较各地址的累计得分来判断各地址的优劣。步骤是:确定有关因素;确定每一因素的权重;为每一因素确定统一的数值范围,并确定每一地址各因素的得分;累计各地址每一因素与权重相乘的和,得到各地址的总评分;选择总评分值最大的方案为最优方案。

**【例2-2】** 某仓储企业需要确定新建仓库的具体位置,经初步比较,共有初选址 A、B、C 三个,进行选址时的影响因素有投资、交通便利性和能源供给等,经对三个方案对各因素目标值的满足程度进行评分如下:A 址投资为 90%,交通便利性为 60%,能源供给为 50%;B 址投资为 80%,交通便利性为 70%,能源供给为 60%;C 址投资为 50%,交通便利性为 90%,能源供给为 90%。由专家对各因素的重要性确定的加权系数(专家人数为 4 人,加权系数为 0~9)如表 2-1 所示。

表 2-1 加权系数

| | 专家 1 | 专家 2 | 专家 3 | 专家 4 |
|---|---|---|---|---|
| 投资 | 5 | 8 | 2 | 7 |
| 交通便利性 | 6 | 6 | 9 | 7 |
| 能源供给 | 9 | 7 | 5 | 6 |

由此得投资目标值权重＝(5＋8＋2＋7)/4＝5.50

交通便利性目标值权重＝(6＋6＋9＋7)/4＝7.00

能源供给目标值权重＝(9＋7＋5＋6)/4＝6.75

进而得到各地址的总评分如下。

A址总评分＝5.50×90％＋7.00×60％＋6.75×50％＝12.525

B址总评分＝5.50×80％＋7.00×70％＋6.75×60％＝13.350

C址总评分＝5.50×50％＋7.00×90％＋6.75×90％＝15.125

所以方案 C 是最优的,即仓库建设的选址应该在 C 地最好。

3.重心法

重心法是一种布置单个设施的方法,这种方法要考虑现有设施之间的距离和要运输的货物量。它经常用于中间仓库的选择。此种方法利用地图确定各点的位置,并将坐标重叠在地图上确定各点的位置。坐标设定后,计算重心。

选址确定后,还要撰写选址报告,选址报告的主要内容如下。

(1)选址概述。扼要叙述选址的依据、原则,制定几个方案,选出一个最优方案。

(2)选址要求及主要指标。应说明仓库作业的特点,完成仓储作业应满足的要求,列出主要指标,如库区占地面积、库区内各种建筑物的总面积、年仓储量和费用总量等。

(3)仓库位置说明及平面图。说明库区的具体方位、外部环境,并画出区域位置图。

(4)地质、水文、气象情况,交通及通信条件。

(5)政府对物流产业的扶持力度。

# 第三节　仓库的布局

## 一、仓库布局的概念

仓库布局的主要任务就是在保证货品储存要求的前提下合理地利用库房面积。库房不但要储存商品,而且还承担收货、分拣、补货、出货等其他作业。为了提高库房的储存能力,就必须尽可能增加储存空间和面积,而为了方便库内作业,又必须规划出适当的作业面积来满足作业要求。在库房面积有限的情况下,增加作业场地和作业通道上的占用,就必须减少储存面积。在如何安排库房面积的问题上,商品储存与库内作业往往产生相互矛盾的要求。设法协调这两种不同的需要,保证库房面积得到充分的利用,就成为库房合理布局所要解决的中心问题。

仓库布局就是根据库区场地条件、仓库的作业性质和规模、商品储存要求及技术设备的使用性能和特点等因素,对仓库的建筑物、站台、货架、通道等设施和库内运输线路进行合理安排和配置,以最大限度地提高仓库的储存和作业能力,并降低各项仓储作业费用。仓库布局是仓储业务和仓储管理的客观需要,其合理与否直接影响到仓库各项工作的效率和储存商品的安全与否。

## 二、仓库布局设计

仓库中的作业包含从入库到出库要经过的一系列业务环节。在这个过程中,仓库的每项业务都有其不同的内容,各项仓储作业要求按一定的程序进行。为了保证客观需要使仓库各个作业环节形成合理的相互联系,使商品有次序地经过装卸、搬运、检验、储存保管、拣选、包装、加工、运输等环节完成整个仓储过程,就必须对仓库进行合理布局。

仓库布局主要包括仓库总平面布局、仓库作业区布局和仓库内部布局。

（一）仓库总平面布局

1.仓库总平面布局的内容

仓库总平面布局包括以下几个方面内容。

（1）库区的总体布局,建筑物平面位置的确定。

（2）库区内运输线路规划。

（3）库区安全防护及保安。

（4）库区的绿化及环境保护。

（5）仓库内部的功能区域划分。

2.仓库的区域划分

仓库总平面一般可以划分为仓储作业区、辅助作业区、行政生活区、库内道路、停车场和绿化区等。

（1）仓储作业区是仓库的主体,仓库的主要业务和商品保管、检验、包装、分类、整理等都在这个区域里进行。主要建筑物和构筑物包括库房、货场、站台及加工、整理、包装场所等。

（2）在辅助作业区内进行的活动是为主要业务提供各项服务,例如设备维修、充电、加工制造、各种物料和机械的存放、垃圾处理等。辅助作业区的主要建筑物包括维修加工及动力车间、车库、工具设备库、物料库等。

（3）行政生活区由办公室和生活场所组成,具体包括办公楼、警卫室、化验室、宿舍和食堂等。行政生活区一般规划在仓库的主要出入口处并与作业区用隔墙隔开。这样既方便工作人员与作业区的联系,又避免非作业人员对仓库生产作业的影响和干扰。另外,作业区内来往人员过杂也不利于仓库的安全保卫工作。

在布局各区域时,要遵照相应的法律法规并使不同区域所占面积与仓库总面积保持适当的比例。商品储存的规模决定了主要作业场所规模的大小,同时,仓库的主要作业的规模又决定了各种辅助设施和行政生活场所的大小。各区域的比例必须与仓库的基本职能相适应,保证商品接收、发运和储存保管场所尽可能占最大比例,提高仓库的利用率。

在仓库总面积中需要有库内运输道路。商品出入库和库内搬运要求库内外交通运输线相衔接,并与库内各个区域有效连接。仓库内交通运输网布置得是否合理,对于仓库组织仓储作业和能否有效地利用仓库面积都产生很大的影响。

道路运输的配置应符合仓库各项业务的要求,方便商品入库储存和出库发运,还应适应仓库各种机械设备的使用特点,方便装卸、装运运输等作业操作。库内道路的规划必须与库房、货场和其他作业场地的配置相互配合,减少各个作业环节之间的重复装卸、搬运,避免库内的迂回运输。各个库房、货场要有明确的进出、往返路线,避免作业过程中的相互干扰和交叉,以防止交通堵塞影响仓库作业。

3.在进行仓库总平面布局时应满足的要求

（1）遵守各种建筑及设施规划的法律法规。

（2）满足仓库作业流畅性要求,避免重复搬运的迂回运输。

（3）保障商品的储存安全。

（4）保障作业安全。

（5）最大限度地利用仓库面积。

（6）有利于充分利用仓库设施和机械设备。

（7）符合安全保卫和消防工作的要求。

（8）考虑仓库扩建的要求。

（二）仓库作业区布局

1. 仓库作业区布局应考虑的因素

（1）仓库特性

不同类型的仓库对作业区布局有不同的要求。例如，冷库要求作业区紧凑，要求制冷机房与库房间有一定的距离。化工品库房要求严格的隔离区，对通风、防潮、防火有严格的规定。

（2）商品吞吐量

在仓储作业区内，各个库房、货场储存的商品品种和数量不同，且不同商品的周转速度也不同，这些都直接影响库房的出入库作业量。在进行作业区布置时应根据各个库房和货场的吞吐量确定它们在作业区内的位置。对于吞吐量较大的库房，应使它们尽可能靠近铁路专用线或库内运输干线，以减少搬运和运输距离。

（3）库内道路

库内道路的配置与仓库主要建筑设施的规划是相互联系、相互影响的。在进行库房、货场和其他作业场地布置时就应该考虑作业场地和道路的配置，尽可能减少运输作业的混杂、交叉和迂回。另外，在布置时还应根据具体要求合理确定干、支线的配置，适当确定道路的宽度，最大限度减少道路的占地面积。

（4）仓库作业流程

仓库作业流程不同是布局库房的重要考虑因素。简单的储存型库房，布局起来比较简单；综合性的物流中心可以完成繁杂的库房作业，包括接货、检验、分拣、再包装、简单加工、配货、出库等作业环节。为了以最少的人力、物力耗费和以最短的时间完成各项作业，就必须按照各个环节之间的内在联系对作业场地进行合理布局，使作业环节之间密切衔接，环环相扣。

2. 仓库作业区布局的基本任务

（1）减少运输和搬运的距离，力求使用最短的作业路线

从整个仓库业务过程来看，始终贯穿着商品、设备和人员的运动，合理布置作业场地可以减少设备和人员在各个设施之间的运动距离，节省作业费用。

（2）有效地利用时间

不合理的布局必然造成人员设备的无效作业，增加额外的工作量，从而延长作业时间。合理布局的主要目的之一就是避免各种时间上的浪费。合理的布局可以避免阻塞等原因造成的作业中断，同时由于方便了作业，可以减少各个环节上人员和设备的闲置时间。这些都有利于缩短作业时间，提高作业效率。

（3）充分利用仓库面积

通过对不同布局方案的比较和选择，减少仓库面积的浪费，使仓库布局紧凑、合理。

3. 仓库作业区布局的形式

（1）仓库作业区布局的原则

在现代物流系统中，仓库的作用由储存向周转的方向变化，仓库中的主要作业成本也由

储存发生成本向货品移动发生成本变化。因此,加快货品在仓库中的流动速度、减少流动环节、缩短移动距离就成为仓库管理的努力方向。

在仓库布局中考虑的优先原则是货品的快速移动原则。货品在仓库中移动时,经过以下 4 个步骤:收货、批量存货、拣货和批量配货、出货。

货品在仓库中的自然流动过程体现了以上 4 个阶段,在仓库布局时必须尽量缩短每个步骤之间的移动距离,使移动过程尽可能通畅连续。

(2)货品在仓库中的流动方式

通常货品在仓库中的流动有 3 种方式:"直线形流动"、"U 形流动"和"T 形流动"。如图 2-1、图 2-2、图 2-3 所示。

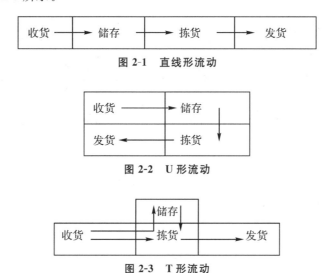

图 2-1　直线形流动

图 2-2　U 形流动

图 2-3　T 形流动

①直线形流动

直线形流动的出货和收货区域建筑物的方向不同。它往往用于接收相邻近工厂的货物,或用不同类型的车辆来发货。直线型布置受环境和作业特性限制,比如中国北方不适用直线形库房,因为冬季形成穿堂风,影响作业。

②U 形流动

U 形流动在建筑物一侧有相邻的两个收货站台和发货站台,并且具有以下特点。

a.站台可以根据需要作为收货站台或发货站台。

b.如有必要可以在建筑物的两个方向发展。

c.使用同一个通道供车辆出入。

d.易于控制和安全防范。

e.环境保护问题较小。

③T 形流动

T 形流动是在直线形流动的基础上增加了存货区域的功能,它有以下特点。

a.可以满足快速流转和储存两个功能。

b.可以根据需求增加储存面积。

c.仓库适用的范围更广。

**4.货品流动的原则**

为了降低货品单件的流动距离,提高流动效率,一般的做法是批量操作,不到最后关头不拆散货物。因为整托盘操作比起拆成单箱操作更加节省成本,在经济意义上更加有效。在所有货物都必须频繁移动的仓库中,批量储存能使货物快速移动,也能缓解库位不足的矛盾。

在仓库中,劳动力适用最多的地方是拣货作业区域,那里最容易出错,最容易影响服务水平,人员也最集中,所以关注货品流动速度也应该把重点放在那里。依据上面曾经提到的原则,需要快速移动的货品要尽量靠近拣货区,以便减少货品的频繁搬动。以下是仓库布局时应注意的几个原则。

(1)快速流动的物品靠近拣货区。

(2)拣货区域按货品流动速度区分。

(3)拣货区域按货品订货发生频率区分。

**(三)仓库内部布局**

仓库内部布局包括库房布局和通道布局。

**1.库房布局**

一般库房布局是指仓库内库房和货场的设计。库房布局包括以下具体内容。

(1)确定仓库形式和作业形式。

(2)确定货位尺寸和库房总体尺寸。

(3)物资堆码设计。

(4)设备配置。

(5)存取模式和管理模式。

(6)建筑和公用工程设计。

**2.通道布局**

通道的布局是仓库布局中很重要的内容之一,通道的布置合理与否,将影响仓库作业和物流能否合理化,以及生产率能否提高。

(1)仓库通道

仓库通道指出入库区的通道及库区内连接各库房、货场之间的通道。

①有铁路专线的入库区

铁路专线的长度应根据出入库物资的数量和频度来确定,线路的宽度及两边的留量应根据铁路有关规定执行。

②汽车通道

应根据运输量、日出入库的车辆数量、机动车辆的载重量、型号等设计道路的宽度、地面承载能力等。库区的出入口,应按作业流程设置,做到物流合理化。

(2)库房通道

一般库房都应设有纵向(或横向)进、出库的通道,大型库房还应同时设纵向和横向进、出库通道。

在库房内货位之间还应留有作业通道。通道的宽窄应根据装卸搬运机械的类型确定,同时应考虑库房面积的充分利用和各种作业的方便、安全。

汽车进库房,其通道宽度不应小于4.0米,并应设有进、出口(不同道)。

叉车作业时,其最小作业宽度分别为:直叉平衡重式叉车3.6米,前移式叉车2.7米,插腿式叉车2.1米。

# 第四节　自动化立体仓库

自动化立体仓库是指采用高层货架存放货物,以巷道式堆垛起重机和出入库机械设备进行作业,由自动控制系统进行操纵的现代化仓库。

## 一、自动化立体仓库概述

### (一)自动化立体仓库的产生和发展

自动化立体仓库最早应用于军事后勤领域,随着信息技术的迅速发展,自动化立体仓库的范围逐步扩大,并得到传统优势行业的青睐。

自动化立体仓库的出现是物流技术的一个划时代的革新。它不仅彻底改变了仓储行业劳动密集、效率低下的局面,而且大大扩展了仓库的功能,使仓库从单纯的保管型向综合的流通型方向发展。自动化立体仓库使用高层货架储备货物,以巷道堆垛起重机存取货物,货物通过装卸搬运设备,自动进入库存作业的仓库。

### (二)自动化立体仓库的优势

自动化立体仓库具有普通仓库无可比拟的优越性。

#### 1. 节约空间、节约劳动力

采用自动化的立体仓库,充分利用空间。自动化立体仓库是现代化仓储的一个重要组成部分,采用多层存放货物的高架仓库系统,高度可以超过 30 米,根据需要可以设置不同的高架类型:高层(大于 12 米)、中层(5~12 米)、低层(5 米以下)。这与平库相比可以节约将近 70% 的占地面积。据国际仓库自动化会议相关资料,以库存 10000 托盘、月吞吐 10000 托盘的冷库为例,自动化立体仓库与普通仓库的比较情况为:用地面积为 13%、工作人员为 21.9%。立体仓库的单位面积储量为普通仓库的 4~7 倍。

#### 2. 提高仓储管理水平,减少货损,优化、降低库存,缩短周转期和节约资金

自动化立体仓库系统由货架、堆垛机、出入库输送机、自动控制系统与管理信息系统等构成,能按照指令自动完成货物的存取作业,并对仓库的货物进行自动化管理,使物料搬运存储更加合理。由于采用货架储存,并结合计算机管理,可以容易地实现先入先出、发陈储新的出入库原则,防止货物自然老化、变质、生锈等现象的出现。从而实现了机械化、自动化,并提高了仓库的管理水平。

#### 3. 降低对人工需求的依赖,特别是降低特殊仓储环境中的人力资源成本

由于采用了自动化技术,自动化仓储能适应黑暗、有毒、低温等特殊场合的需要。

### (三)自动化立体仓库的限制

但是,自动化立体仓库也有其固有的劣势,使得我们在应用自动化立体仓库时受到一定的限制。

#### 1. 投资较大,建设周期长

自动化立体仓库需要很高的资金投入和安装建设费用。这就要求对过去和未来 3~5 年中仓库的吞吐量、仓储容量、订单货物的类别等要素进行分析,还要对设备进行性能评估和选择,这些都需要很长的时间周期和很大的人力、物力、时间投入。

2.物资吞吐量和种类固定,缺乏弹性

当一个自动化的仓库按照计划建设完成之后,仓库的类型、物资的吞吐量和仓库的容量就固定了下来,这时如果外部的因素发生了突然的变化,那么仓库对其变化不具有较强的适应和变化能力,也就是缺乏弹性。

## 二、自动化立体仓库的组成

自动化立体仓库主要由高层货架、巷道堆垛起重机、装卸堆垛机器人、电气与电子设备等组成,如图 2-4 所示。

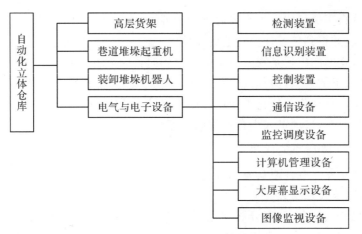

图 2-4　自动化立体仓库的组成

(一)高层货架

高层货架是立体仓库的主要构筑物。货架的高度是自动化立体仓库的主要参数,直接决定了仓库的运营成本。自动化立体仓库的主要特征是货架密度高,高度和长度较大,排列较多,巷道较窄。典型的自动化立体仓库的高度多为 10～30 米,少数会超过 30 米,最高达 40 米。按照高度可将仓库分为低层立体仓库(5 米以下)、中层立体仓库(5～12 米)和高层立体仓库(大于 12 米)。国内现有高层货架的高度多为 11～20 米,一般认为这一高度是比较经济的。

(二)巷道堆垛起重机

巷道式堆垛机是立体仓库中最重要的运输设备。它是随着立体仓库的出现而发展起来的专用起重机,主要用途是在高层货架的巷道内来回穿梭运行,将位于巷道口的货物存入货格,或者相反,取出货格内的货物运送到巷道口。

(三)装卸堆垛机器人

工业机器人是典型的机电一体化高科技产品,自从 20 世纪 50 年代美国制造第一台机器人以来,机器人技术及其产品发展很快,它在提高生产自动化水平、劳动生产率和经济效益,以及保证产品质量、改善劳动条件等方面的作用日益显著。

(四)电气与电子设备

自动化立体仓库中的电气与电子设备主要指检测装置、信息识别装置、控制装置、通信设备、监控调度设备、计算机管理设备及大屏幕显示等设备。

此外,还有一些有特殊要求的自动化立体仓库。比如,在储存冷冻食品的立体仓库中,环境温度要进行检测和控制;储存感光材料的立体仓库,要使整个仓库内部完全黑暗,以免感光材料失效而造成产品报废;储存某些药品的立体仓库,对仓库的温度、气压等均有一定要求,因此,需特殊处理。

### 三、自动化立体仓库的功能

自动化立体仓库的功能一般包括自动收货、存货、取货、发货和信息处理等。

#### (一)收货

收货是指仓库从供应方接收各种产品、材料、半成品,收存入库的过程。收货时需要站台或场地供运输车辆停靠,需要升降平台作为站台和载货车辆之间的过桥,需要装卸机械完成装卸作业。卸货时需要检查货物的品质、数量及货物的完好状态,确认完好后方能入库存放。一般的自动化立体仓库从货物卸载经查验进入自动系统的接货设备开始,由工作人员将信息输入计算机,生成管理信息,由自动控制系统进行货物入库的自动操作。

#### (二)存货

存货是指自动化系统将货物存放到规定的位置,一般是放在高层货架上。存货之前首先要确定存货的位置。某些情况下可以采取分区固定存放的原则,即按货物的种类、大小、包装形式来实行分区存放。随着移动货架和自动识别技术的发展,货架已经可以做到随意存放,这样既能提高仓库的利用率,又可以节约存取时间。

#### (三)取货

取货是指自动化系统根据需求从库房货架上取出所需货物。取货可以有不同的取货原则,通常采用的是先进先出原则,即在出库时,先存入的货物先被取出。对某些自动化立体仓库来说,必须能够随时存取任意货位的货物,这种存取货需求要求搬运设备和地点能频繁更换。

#### (四)发货

发货是指取出的货物按照严格的要求发往用户。根据服务对象不同,有的仓库只向单一用户发货,有的则需要向多个用户发货。发货时需要配货,即根据使用要求对货物进行配套供应。

#### (五)信息处理

信息处理是指能随时查询仓库的有关信息和伴随各种作业产生信息报表单据。在自动化立体仓库中可以随时查询库存信息、作业信息及其他相关信息。这种查询可以在仓库范围内进行,有的可以在其他部门或分厂进行。

第二章复习题

# 第三章 仓储机械设备选择与管理

京东全流程无人仓：效率是传统仓库的 10 倍

在无人分拣区，300 个带着"京东红"涂装的分拣机器人在往来穿梭。这些"小红人"的速度惊人，每秒行进速度可达 3 米，3 个小时即可跑完北京二环路，是全世界速度最快的分拣机器人。而且，这些"小红人"在"休息"时还能自动进行充电。这些"小红人"每次充电耗时 10 分钟，按照不同的轨道进行货物运送，碰上加急的货物，其他"小红人"会自动让道，让加急货物优先运送。"小红人"具备自主决策、判断、纠错及自我修复的能力，不仅能以最优线路完成商品的拣选，出现常规故障时也能在 30 秒内自动修复。

这一切的背后是一个超级"智能大脑"。据悉，这个智能大脑可在 0.200 秒的时间内，计算出 300 多个机器人运行的 680 亿条可行路径，并做出最佳选择。其智能控制系统反应速度为 0.017 秒，达到世界领先水平。

目前，京东"亚洲一号"自动化运营中心每日包裹量可达 20 万个，这种体量仅分拣场景就需要 300 人同时作业，而通过机器可以实现全自动化无人操作。

无人仓能大幅度减轻工人的劳动强度，效率是传统仓库的 10 倍，可实现成本最优、效率最优、体验最优。江浙沪地区 70% 的手机类订单都在"亚洲一号"物流中心进行货物分拣，"亚洲一号"通过自动化中间工具，将逐步实现其他品类全流程无人分拣的操作。

案例来源：宋杰.探秘京东全流程无人仓：效率是传统仓库 10 倍[EB/OL].(2018-06-04) [2019-08-28].http://www.ceweekly.cn/2018/0604/226657.shtml.

**思 考 题**

1.京东实现"无人仓"是靠什么设备？主要在仓储的哪个作业环节提高了效率？
2.简述几种常见的分拣方法。

**本 章 要 点**

本章主要介绍了仓储设备的选择原则、货架系统的选择、叉车的选择方法，以及仓储设备的基础管理、运行管理、维修管理等内容。

# 第一节 仓储设备选择

## 一、仓储设备的选择原则

选择物流设备，原则上要选择技术上先进、经济上合理、生产作业上安全适用、无污染或污染小的设备。

**(一)作业方式与作业量协同原则**

仓储装卸搬运设备的选择应配合仓库的经营目标和服务方式,与作业流程、作业方式和作业量相配合。如果作业量大,设备的自动化程度可以配置得高一些;如果作业量小,通常可选用人力和省力设备协同作业的方式来完成。

**(二)作业对象和环境决定原则**

仓储装卸搬运设备性能参数的确定要考虑库存货物单元的重量、货架高度、仓库地面承载能力、货架通道宽度等。

**(三)工作能力均衡原则**

为提高搬运效率,避免人员、设备的闲置、等待和空载,仓储装卸搬运设备之间的工作能力要协调,要与仓库系统的出入库系统布置,以及分拣系统的能力相协调,以保证仓储系统能在一个合理的速度下运行。

**(四)最小成本原则**

这主要是指设备的使用费在合理的范围内应遵循成本最低的原则。有时候,先进的设备、自动化程度高的设备效率高,但投入成本也大,这就需要在充分考虑适用性的基础上,进行权衡,做出合理选择。

**(五)环境条件原则**

仓储装卸搬运设备在高温或低温下作业时,要选用相应的传输带、轴承、驱动装置和润滑系统。自动化设备的选用还必须考虑其作业环境的清洁、干爽,且作业环境的温度要控制在一定的范围之内。

**(六)系统可靠性和安全性原则**

仓储装卸搬运设备能否安全可靠地作业,将直接影响仓库的服务水平和服务质量。为提高仓储机械系统的可靠性,在系统构造时,要储备必要的设备能力,设计必要的冗余环节,防止仓储机械系统完全失效,保证设备的功能在时间上的稳定性和持久性要求。安全性要求设备在使用过程中保证人身及货物的安全,并且尽可能地不危害环境,能够选择符合环保要求且噪音少、污染小的仓储设备进行作业是比较理想的。

**(七)维修性和可操作性原则**

维修性是指当仓储设备发生故障时,使用维修手段使其恢复功能的难易程度。维修性一般指以下三个方面。

第一,设备的技术图纸、资料齐全,便于维修人员了解设备的结构,易于拆装和检查。

第二,设备设计应合理。在达到使用要求的前提下,设备的结构应力求简单,零部件组合应该标准化,有较高的互换性,在设计上能够考虑到现场检测的问题,使检查和拆卸较为容易。

第三,能为设备提供适量的备件,或者有方便的备件供应渠道。

此外,维修技术要求尽量符合设备所在区域的情况。

设备的可操作性总的要求是方便、安全、可靠,符合人机工程学原理。

**(八)物流和信息流的统一原则**

现代仓储系统是信息、管理和机电一体化的复杂系统,仓储机械系统作业时要求输入各种作业和管理的指令,因此在设备配置时,要兼顾机械系统的控制与信息管理及状态监控的需要。

## 二、货架系统的选择

### (一)流利架

流利架(见图3-1)又称滑移式货架,是将货物置于滚轮上,利用一边通道存货,另一边通道取货的货架。料架朝出货方向向下倾斜,货物在重力作用下向下滑动。流利架可实现先进先出,并可实现一次补货、多次拣货的效果,存储效率高,适合大量货物的短期存放和拣选。流利架广泛应用于配送中心、装配车间及出货频率较高的仓库。

图3-1 流利架

流利架上的常用容器有周转箱、零件盒及纸箱。其中,周转箱和零件盒是两种标准容器,周转箱更常使用。故在制定流利架标准规格时,主要以可堆式周转箱为参照。

如图3-2所示的流利架,A型流利架的前后梁同时作为货物挡梁,是结构最简单的一种流利架;B型流利架是一种常用型流利架,前后挡梁安装于侧梁上;C型流利架是在B型的结构上加装拣货斜板。

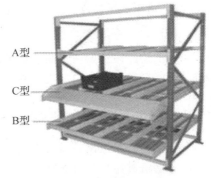

图3-2 流利架结构类型

### (二)后推式货架

后推式货架(见图3-3)是为提升保管效率而设计的货架,其原理是在前后梁间以多层台车重叠相接,在货架前端将货物置于台车上,后储存货物时叉车同时会将原先的货物推向里面。台车通过轴承跨于倾斜轨道上,当外侧货物被取走时,里面的台车会自动滑向外侧。可以规划储位的深度通常为2~4个栈板。

后推式货架适用于先进后出的作业方式,具有储存量大、空间利用率高的特点,适合多品种、大批量物品的储存。例如,冷冻库等需要较大地提高空间利用率的场合。

图3-3 后推式货架

如图 3-4 所示的后推式货架组件,每个台车有 4 个滚动轴承及 4 个导向轴承;台车以颜色区分,以方便储位管理。这种后推式货架具有良好的滑动性。

(三)驶入式货架

驶入式货架(见图 3-5)的设计原理是把数排传统式货架连接起来,设有专用的走道,其配置方式可以为两组驶入式货架背对背安装或单一组靠墙,叉车的进出皆使用相同的走道。存放时先由内部存放,再依序向外存放,而出货时先由外部取出

图 3-4　后推式货架组件

货物,再向内依序取货,所以,其存取方式为先进后出,不能先进先出。就物品存储而言,这种货架的储存密度非常好,可以大幅度提高空间利用率;同时,叉车可以开入巷道内存放托盘。因而,驶入式货架适合周期性批量作业及存取物料频率高的原料仓库或转运仓库采用。

图 3-5　驶入式货架

(四)悬臂式货架

悬臂式货架(见图 3-6)是在传统式货架支柱上装设外悬臂而成,是一种长形物专用的货架。适合钢管、型钢、塑料管、长箱体等长形物品的存放。因而,管料生产工厂或长形产品制造商、长形产品物流商等需要利用悬臂式货架进行货物的存放。

可根据用户现场使用状况将悬臂式货架设计成单面悬臂或双面悬臂,悬臂末端可安装挡块防止货物滚落。同时,需配以叉距较宽的搬运设备进行装卸作业。

图 3-6　悬臂式货架

(五)重型移动式货架

重型移动式货架(见图 3-7)是将重量型货架装置于电动驱动台架上,台架在固定空间内可以做横向移动,目的在于节省通道空间,从而有效地发挥空间效用、增加空间储存量。货架的移动管理由控制面板操作控制,可以是手控,也可以是遥控打开所要存取的储位通道,使搬运机具进入通道存取货物。

图 3-7　重型移动式货架

(六)自动立体货架

自动立体货架(见图 3-8)也简称为立库,是由组装式货架辅以堆垛机、输送设备、码垛设备、搬运设备等,通过手动、单机、联机或计算机联网控制,实现自动存取货物,充分利用建筑物空间,达到标准化、自动化作业的货架。显然,立库的使用可以在很大程度上降低劳动强度,降低储运成本,但立库本身作为自动化的先进存储系统其设备成本较高。

图 3-8　自动立体货架

(七)贯通式货架

贯通式货架(见图 3-9)又称通廊式货架。贯通式货架是通过取消位于各排货架之间的巷道,将货架合并在一起,使同一层、同一列的货物互相贯通而形成的货架形式。因而,在同样的空间内比通常的托盘货架几乎多一倍的储存能力。

贯通式货架采用托盘存取模式,适用于品种少,批量大的货物储存。贯通式货架靠近通道的货位由于叉车需要进入货架内部存取货物,货位需要深一些,通常单面取货货架一般不超过 4 个货位深度。

图 3-9　贯通式货架

贯通式货架还可根据实际需要选择配置导向轨道。这种货架广泛应用于冷库及食品、烟草行业的库房。

(八)阁楼式货架

阁楼式货架(见图 3-10)是用货架做楼面支撑,设置了楼梯、扶栏和升降机等的一种货架,通常可设计成多层楼层(通常 2~3 层)。因而,这是一种充分利用空间的简易货架,即在已有的货架或工作场地上建造一个中间阁楼以增加储存面积。阁楼楼板上一般可放轻泡、中小件货物或储存期长的货物,可用叉车、输送带、提升机、电动葫芦或升降台提升货物。

图 3-10　阁楼式货架

　　阁楼式货架适用于库房较高、货物较小、人工存取、储物量大的情况。楼面支撑货架可以设计多种规格,阁楼楼面可以用平板、花纹板、钢格板、木板等不同种类的材料进行设计。阁楼上一般采用轻型小车或托盘牵引小车作业。

### 三、叉车的选择

#### (一)叉车概述

　　叉车是车站、码头、仓库和货场广泛用来承担装卸、搬运、堆码作业的一种搬运车辆。它具有适用性强、机动灵活、效率高等优点。它不仅可以将货物叉起进行水平运输,还可以叉取货物进行垂直堆码。叉车的基本构造如图 3-11 所示。

#### (二)叉车的种类

　　叉车的种类很多,可以从不同的角度

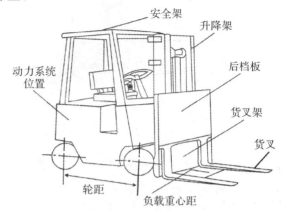

图 3-11　叉车的基本构造示意图

分类。如果按构造的不同,可以分为正面式、侧面式和转叉式叉车;如果按所用动力的不同,则可以分为内燃式、蓄电池式和无动力叉车。

　　1. 正面式叉车

　　正面式叉车的特点是货叉朝向叉车正前方向。正面式叉车根据结构的不同可分为 5 种:手推液压式叉车、平衡重式叉车、插腿式叉车、前移式叉车和四向行走叉车。

　　(1)手推液压式叉车(见图 3-12)

　　手推液压叉车是利用人力推拉运行的简易插腿式叉车。主要类型有:手摇机械式叉车(见图 3-12a)、手动液压式叉车(见图 3-12b)和电动液压式叉车(见图 3-12c)3 种,用于工厂车间、仓库内效率要求不高、需要有一定堆垛作业、装卸高度不大且单向搬运距离在 100 米以内的场合。其起重能力为 500~1000 千克,起升高度为 1000~3000 毫米,货叉最低离地高度≤100 毫米。

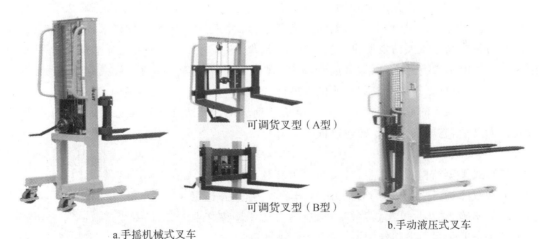

可调货叉型（A型）

可调货叉型（B型）

a.手摇机械式叉车　　　　　　　　　　　　　　b.手动液压式叉车

全电动液压叉车

半电动液压叉车

c.电动液压式叉车

图 3-12　手推液压式叉车

（2）平衡重式叉车（见图 3-13）

平衡重式叉车是使用最为广泛的叉车，这种叉车的货叉在前轮中心线以外。为了克服货物产生的倾覆力矩，在叉车的尾部装有平衡重。车轮采用的是充气轮胎或实心轮胎，运行速度比较快，而且有较好的爬坡能力。取货和卸货时，门架前倾，前倾角度一般为 3°，便于货叉插入和抽出，取货后门架后倾，后倾角度一般在 8°～10°之间，以便在行驶中保持货物的稳定。这种叉车可根据作业对象和作业方式的不同在叉车的叉架上增设叉车属具，实现"无托盘"搬运需要。

a.示意图

b.实物图

图 3-13　平衡重式叉车

平衡重式叉车可以是内燃式的，也可以是蓄电池式的。内燃式叉车因噪声大和产生有害气体，适用于露天货场作业。蓄电池式叉车适合于在室内或环境条件要求较高的场所。

平衡重式叉车主要由发动机、底盘、门架、叉架、液压系统、电气系统及平衡重等部分组成。主要性能参数有起重量、最大起升高度、货叉长度、最小转弯半径、最大起升速度、最大运行速度等，可根据作业对象和作业要求进行选择。

平衡重式叉车的起重量是货物重心至货叉前壁的距离大于载荷重心距时，允许起升的货物最大重量，它取决于叉车的稳定性要求。

（3）插腿式叉车（见图 3-14）

插腿式叉车结构非常紧凑，货叉在两个支腿之间，因此无论是取货或卸货，还是在运行过程中，叉车都不会失去稳定。由于结构紧凑，叉车尺寸小，转弯半径也小，故适于库内作业。这种叉车一般采用蓄电池作为动力，不会污染环境。

插腿式叉车的座椅采用的是侧向布置方式，操作人员向

图 3-14　插腿式叉车示意图

叉车两侧及向后的视野良好,所以工作时,一般都采用倒车行走方式。由于叉车在叉取货物时,支腿和货叉都必须插入货物底部,因此,要求叉取的货物底部一般要高出地面 200 毫米左右。

　　(4)前移式叉车(见图 3-15)

　　前移式叉车结构与插腿式叉车类似,但取货或卸货时,门架可由液压系统推动,移到前轮之外,运行时,门架又缩回车体内。前轮的直径大约为 300 毫米,因此,要收回货叉,叉车必须先将货物升起一定高度。

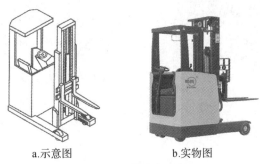

a.示意图　　　　　　b.实物图

**图 3-15　前移式叉车**

　　(5)四向行走叉车(见图 3-16)

　　四向行走叉车是在前移式叉车的基础上进行改造后,专门用于长大件货物作业的叉车。不同之处在于它的四个车轮均能在 90°范围内转动任意角度,这样叉车既可向前、向后行驶,也可向左、向右行驶,能在原地对运行方向进行调整。因此,叉车工作时所需的货架通道宽度很小。

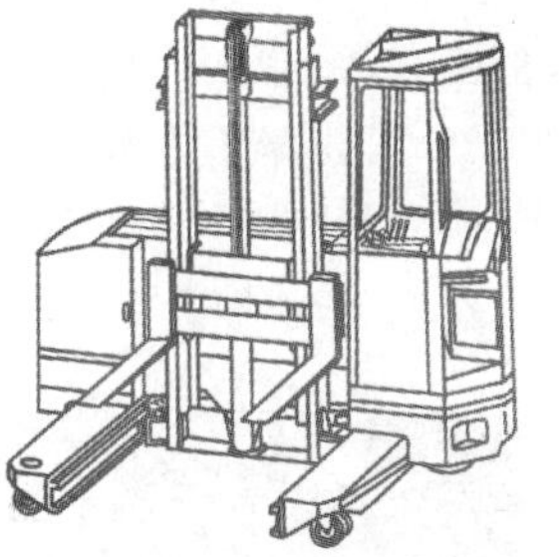

　　2.侧面式叉车

　　侧面式叉车(见图 3-17)的货叉装在车身的侧面,是平板运输车和前移式叉车的结合。门架可以伸出取货,然后缩回车体内将货物放在平台上,叉车即可行走,适于装卸运输钢管、型材、木材、电线杆、水泥管等细长货物。

**图 3-16　四向行走叉车示意图**

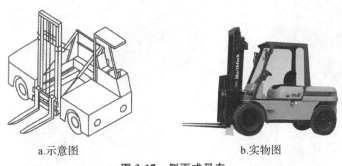

a.示意图　　　　　　　　b.实物图

**图 3-17　侧面式叉车**

　　3.高架叉车

　　高架叉车也称转叉式堆高机、转叉式叉车、三向堆垛叉车,是专门用于仓库的无轨堆垛机的一种(见图 3-18)。其货叉有一个回转机构,还有一个侧移机构,两个机构协调动作,即叉车向运行方向二侧进行堆垛作业时，车体无须作直角转向，而使前部的门架或货叉作直角转向及侧移，这样作业通道就可大大减少，提高了面积利用率；此外，高架叉车的起升高度比普通叉车要高，一般在6米左右，最高可达13米，提高了空间利用率。

图 3-18　高架叉车

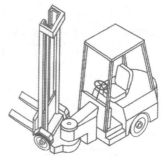

图 3-19　转柱式叉车示意图

4.转柱式叉车

转柱式叉车（见图 3-19）的特点是转弯半径小，作业所需的货架通道窄，门架可实现正反转 90°。

5.其他类型的叉车

还有一些带有专门工属具的特殊用途的叉车（见图 3-20 至图 3-27），根据其叉属具的用途，主要有：纸箱夹（见图 3-20）、纸卷夹（见图 3-21）、桶夹（见图 3-22）、软包（纸浆包）夹（见图 3-23）、推出器（见图 3-24）、旋转器（见图 3-25）、调距叉（见图 3-26）、快装式推拉器（见图 3-27）。可根据实际用途进行选择。

图 3-20　纸箱夹

图 3-21　纸卷夹

图 3-22　桶夹

图 3-23　软包（纸浆包）夹

图 3-24　推出器

图 3-25　旋转器

图 3-26　调距叉

图 3-27　快装式推拉器

# 第二节　仓储设备的管理

依照设备综合管理的理论,企业应实行设备全过程管理,即实行从设备的规划工作起直至报废的整个过程的管理,这个过程一般可分为前期管理和使用期管理两个阶段。就仓储设备的管理而言,同样可分为前期和使用期两个管理阶段,本节主要论述使用期仓储设备的管理,主要包括仓储设备的基础管理工作、运行管理和维修管理。

## 一、仓储设备的基础管理

仓储设备的基础管理工作主要包括设备的凭证管理、档案与资料管理和资产管理。

（一）仓储设备凭证管理

1.概述

仓储设备凭证管理是企业进行仓储设备管理活动的依据。因此,搞好仓储设备凭证管理是企业进行正常仓储作业和设备维修的重要前提和保证。

凭证的内容主要包括两个方面:一是实质内容,例如设备名称、规格、型号、数量及与其相关的使用单位等,或者是精度检测和相关的精度值等设备管理活动项目;二是格式内容,包括标题、表头、单位负责人、填表人、填表日期、凭证号码及文字注释等。

2.仓储设备的凭证管理

仓储设备的凭证管理可归纳为以下六个方面。

（1）明确管理部门

由于凭证具有记录原始数据、明确责任的作用,因此要求记录仓储设备的凭证真实和准确,凭证要有明确的主管部门来负责凭证的设置、修改、审核及使用监督。

（2）凭证设置程序

仓储设备凭证的设置,由主管部门专业管理人员拟出草稿,经部门负责人审批后,由相关处室(如计划处、财务处等)会签,并经企业领导批准,定稿实行。

（3）凭证的启用

经批准的凭证,视使用范围,由主管部门通过厂部文件或会议纪要等形式下达到有关部门落实实施,并纳入有关制度,制订相关的检查监督办法。

（4）凭证的填写

仓储设备管理凭证由使用凭证的相关人员负责填写,凭证的填写应书写认真、整洁、数据准确,并须有单位负责人签字方才有效。

（5）凭证的审核

取得凭证的主管人员,要审核凭证的内容,发现问题要及时查清,涉及实物管理的要经常和实物核对;设备维修等费用凭证,按规定期限和财务部门对账,以免发生差错和漏洞。

（6）凭证的传递和保存

凭证的传递要有固定的传递路线,由有关的制度保证;凭证由联次注明的相关部门主管人员保存,如购置合同由设备采购员保管、设备入库单由仓库保管员保存,并根据重要程度确定保存年限。

(二)仓储设备档案与资料管理

叉车、货架、登高设备、托盘等许多仓储设备均有技术档案,这些设备的技术档案是在设备管理过程中形成的,经整理归档保存,包括图纸、文字说明、计算资料、图表、录像、图片(照片)等。

仓储设备的资料通常包括设备选型安装、调试、使用、维护、修理和改造所需要的产品样本、图纸、技术标准、技术手册、规程,以及设备管理的法规、制度等。

这些档案和资料是管理和修理过程中不可缺少的基本资料,需要妥善保管,如一些重要设备的档案可能仅供查询或复制,但不出借,以防丢失。

(三)仓储设备资产管理

1.仓储设备资产分类

仓储设备是企业固定资产的组成部分,是企业进行仓储作业的物质技术基础,新购置的设备经过验收后要列入企业的固定资产再交付使用,直到报废为止。可以运用 ABC 分析法,根据设备发生故障后和修理停机对生产、质量、成本、安全、维修等方面的影响程度和造成损失大小等综合因素,将仓储设备划分为三类:A 类为重点设备,B 类为主要设备,C 类为一般设备。对重点设备的管理要求做到以下几点。

(1)建立重点设备台账及技术档案,内容必须齐全,并有专人管理。

(2)重点设备上应有标志,可在编号前加符号 A。

(3)重点设备的操作人员必须严格选拔,能正确操作和做好维护保养,人机要相对稳定。

(4)明确专职维修人员,逐台落实定期点检(保养)内容。

(5)对重点设备优先采用监测诊断技术,组织好重点设备的故障分析和管理。

(6)重点设备的配件应优先储备。

2.编号方法

此外,对仓储设备都要进行编号,较为普遍采用的是三段编号法,如图 3-28 所示。

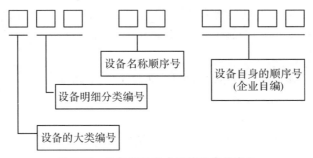

图 3-28　设备编号方式及其代表的意义

第一段以三位数字为代号,表示固定资产的大类和明细分类;第二段以两位数字为代号,表示该设备的名称或组型的顺序号;第三段以四位数字为代号,表示该设备自身的顺序号。

根据上述编号规则,一辆运输车(自卸车)的编号如图 3-29 所示。

图 3-29　某运输车的设备编号

第一段数字302表示运输自卸车属运输设备,属固定资产第三大类,故本段第一位表示大类的数字为3;自卸车是无轨运输设备,在第三大类固定资产中属第二明细分类,故本段后两位表示明细分类的数字为02。

第二段的两位数字02表示自卸车的名称序号为2。

第三段的四位数字0107表示挂此牌号的自卸车是第107辆车。

## 二、仓储设备的运行管理

### (一)设备正确使用的标志

在仓储设备使用管理中,重要的是必须正确使用设备,尤其是对于重点设备、主要设备的使用,一定要掌握其机械性能,按照使用说明书、操作规程,以及各种条件下对设备机械使用性能的要求进行作业。要考虑经济合理和技术合理两个方面。正确使用的标志体现在三个方面。

1.高效率

设备使用必须使其作业性能得以充分发挥,如果设备长期处于一种低效运行的状态,就是一种不合理使用。

2.经济性

经济性,即要求在可能的条件下使单位实物作业量的设备使用费成本最低。

3.设备非正常损耗防护

即使设备的操作、保养、修理、管理都很好,也不能避免正常磨损及油耗,使用中应杜绝或避免非正常的损耗现象。例如,早期磨损、过度磨损、事故损坏,以及其他各种使设备技术性能受到损害或缩短使用寿命的情况都应避免。

### (二)大型或重要仓储设备使用程序

1.对操作人员进行教育培训

组织操作人员学习有关设备的结构、性能、操作维护、故障排除和技术安全等方面的业务知识,并掌握设备的实际操作方法。

2.技术考核

通过学习和技术培训后,要进行技术知识、使用维护知识、操作规程和技能、排除故障和保养等方面的考核。一般是现场实际操作和理论考核相结合。

3.发放设备操作证

设备操作证代表设备操作者的身份,是操作人员独立使用和操作设备的证明文件,也是设备操作人员通过技术基础理论和实际操作技能培训、经考试合格后取得的一种资格证书。凭证操作是保证正确使用设备的基本要求,对于重点仓储设备、主要仓储设备的操作使用,凭证上岗尤为必要。

4.设备委托书

大型重点和主要仓储设备价格昂贵,为了增加操作人员的责任心,在操作人员接管设备前,应由设备管理部门和使用部门发给操作人员设备委托书。

### (三)设备使用规程

仓储设备,尤其是大型、重点、主要设备的使用,应该按操作规程进行作业。操作者在使用设备过程中要掌握"三好""四会"，并严格执行"五项纪律"。

1."三好"

(1)管好设备

自觉遵守定人、定机制度和凭证使用设备，设备必须保持完整，未经允许，不得借与他人使用。

(2)用好设备

设备不带病运转，不超负荷使用，不大机小用、精机粗用。细心爱护设备，防止事故发生。

(3)修好设备

按规定的检修时间停机检修设备，操作人员要配合维修人员修好设备，并做好日常维护工作。

2."四会"

(1)会使用

操作人员应熟悉设备性能、结构、传动原理及操作规程，正确使用设备。

(2)会保养

操作人员应执行设备有关的维护、润滑规定，保持设备清洁，润滑及时，发现异常情况时能够及时正确处理。

(3)会检查

操作人员应熟悉设备开动前及使用后的检查项目内容。

(4)会排除故障

操作人员应熟悉所用设备的特点，会排除运行过程中的简单故障，排除不了的要及时报告，配合维修人员加以排除。

3."五项纪律"

(1)实行定人定机制度，凭操作证操作设备。

(2)经常保持设备整洁，按规定加油，确保设备润滑良好。

(3)遵守安全操作规程和交接班制度。

(4)管理好设备附件和工具，不损坏、不丢失。

(5)发现异常即刻停机检查。

## 三、仓储设备的维修管理

(一)设备的三级保养制

设备的三级保养制度是指设备的日常维护保养、一级保养和二级保养。

1.日常维护保养

设备的日常维护保养一般有日保养和周保养。

(1)日保养

日保养由设备操作人员当班进行，主要是检查交接班记录，擦拭设备，检查手柄位置和手动运转部位是否正确灵活、安全装置是否可靠、低速运转传动是否正常、润滑和冷却是否畅通等。

还要注意设备运转的声音是否正常，设备的温度、压力、液位、电气、气压系统、仪表信号、安全保险等是否正常。

离岗时要关闭开关,把所有手柄放到零位。填写交接班记录和运输台时记录。

(2)周保养

周保养应擦净设备导轨、各传动部位及外露部分;检查各部位的技术状况,紧固松动部位,调整配合间隙;擦拭电动机,检查绝缘、接地情况,达到完整、清洁、可靠。

**2.一级保养**

一级保养是以操作人员为主,维修人员协助,按计划对设备局部拆卸和检查,清洗规定的部位,调整设备各部位的配合间隙,疏通油路、管道,更换或清洗油线、毛毡、滤油器等,紧固设备的各个部位。一级保养所用的时间大约为4~8小时,一级保养完成后应做记录并注明尚未清除的缺陷。一级保养的范围应该包括所有仓储在用设备,对重点设备和主要设备应严格执行。一级保养的主要目的是减少设备磨损,消除隐患,延长设备使用寿命。

**3.二级保养**

二级保养是以维修人员为主,设备操作人员参加协助完成。二级保养列入设备的检修计划,对设备进行部分解体检查和修理,更换或修复磨损件,清洗、换油、检查修理电气部分,使设备的技术状况全面达到规定标准的要求。

(二)精密、大型、稀有、关键仓储设备的维护要求

这类设备是实现企业仓储正常运作的重点设备,这类设备的使用应严格执行一些特殊的要求。

(1)实行定使用人员、定检修人员、定专用操作维护规程、定维修方式和备配件的"四定"做法。

(2)必须严格按说明书安装设备。按不同设备的年检要求,进行定期检查、调整安装水平和精度,并做出详细记录存档备查。

(3)对环境有特殊要求的设备,如防振、防尘的设备,管理和操作时要采取相应的措施,确保设备的性能不受影响。

(4)对于一些精密、稀有、关键设备,在日常维护中要注意一般不要拆卸零件,必须拆卸时,应由专门的维修人员进行。一旦在操作运行中发现设备异常,应立即停止操作。

(5)严格按照设备使用说明书规定的加工范围进行操作,不允许超规格、超重量、超负荷、超压力使用设备。

(6)设备的润滑油料、清洗剂要严格按照说明书的规定使用,不得随意用代替品。

(7)精密、稀有设备在非工作时间要加防护罩。

(8)设备的附件和专用工具应有专用柜架搁置,防锈蚀,不得外借或做他用。

第三章复习题

# 第四章　仓储作业流程管理

**仓管员——平凡岗位上的不平凡价值**

2004年，还在读书的蔡颂清从电视上看到了碧桂园广州凤凰城的广告，20岁初出茅庐的她，义无反顾地坐上了台山至番禺的大巴，直奔碧桂园而去。2006年，碧桂园在她的家乡台山开发项目，蔡颂清得以回乡发展，成了台山碧桂园的仓库主管。

经历过没有固定办公室、办公和住宿都在临建板房的艰辛；经历过四次仓库搬迁，每到项目赶开盘、赶收楼的日子，大伙儿都需要没日没夜地加班的辛苦；经历过示范区验收时每一分每一秒都在赶工，凌晨去现场清点陶瓷、饰品的不易……这些对她来说是平常事。所有的辛酸苦辣，都在看到展示区完美开放、货量区完美交付的那一刻，化成她心中的甘甜。

"严格把好验收关，确保货品数量、质量，保障各部门日常用品的正常供给，为项目高品质建设保驾护航……"入职10多年，凭着一份坚持，蔡颂清在平凡的岗位上创造着属于她、也属于碧桂园的伟大而不平凡的业绩。

案例来源：碧桂园十年仓管员：平凡岗位上的不平凡价值[EB/OL].(2017-06-05)[2019-08-29].http://gz.house.ifeng.com/detail/2017_06_05/51101999_0.shtml.

**思　考　题**

1. 案例体现了仓储作业流程中的哪些阶段？
2. 作为仓管员，应如何做好商品在库管理？
3. 作为仓管员，应如何做好商品储位管理？

**本　章　要　点**

本章介绍仓储的作业流程，这是仓储运行的根本，包括三个基本作业环节，即入库作业管理、商品在库管理和出库作业管理，具体又可以细化为进货作业、搬运作业、储存作业、盘点作业、订单处理作业、拣货作业、发货作业等。

# 第一节　入库作业管理

## 一、入库前的准备

仓库应根据仓储合同或者入库单、入库计划，及时进行库场准备，以便货物能按时入库，保证入库过程的顺利进行。仓储管理者应定期同货主、生产厂家及运输部门联系，了解将要入库的货物情况,如货物的品种、类别、数量和到库时间,从而做好货物的入库准备工作。入库准备需要由仓库的业务部门、仓库管理部门、设备作业部门分工合作,共同完成,主要的工作有以下几个方面。

（一）熟悉入库货物

仓库业务、管理人员应认真查阅入库货物资料,掌握入库货物的品种、规格、数量、包装状态、单件体积、到库确切时间、货物存期、货物的物理化学特性、保管的要求等,根据这些信息做好库场安排和准备。

（二）掌握仓库库场情况

要了解货物入库期间、保管期间仓库的库容、设备和人员的变动,以便安排工作。必要时对仓库进行清查,清理归位,以便腾出仓容。

（三）制订仓储计划

仓库业务部门根据货物情况、仓库情况及设备情况,制订仓储计划,并将任务下达到各相应的作业单位、管理部门。

（四）妥善安排仓库库位

仓库部门根据入库货物的性能、数量、类别,结合仓库分区分类保管的要求,核算货位的大小,根据货位使用原则,妥善安排货位、验收场地,确定堆垛方法、苫垫方案等,做好准备工作。

（五）准备货位

仓管员要及时进行货位准备,彻底清洁货位,清除残留物,清理排水管道或排水沟,必要时安排消毒除虫、铺地的工作,检查照明、通风设备,发现损坏要及时通知修理。

（六）准备苫垫材料、作业用具

在货物入库前,根据所确定的苫垫方案,准备相应的材料,并组织苫垫铺设作业。对作业所需的用具准备妥当,以便能及时使用。

（七）验收准备

仓库理货人员根据货物情况和仓库管理制度,确定验收方法,准备验收所需要的点数、称量、测试、开箱、装箱、丈量、移动照明等工具。

（八）装卸搬运工艺设定

根据货物、货位、设备条件、人员等情况,合理科学地制定卸车搬运工艺,保证作业效率。

（九）准备文件单证

仓管员对货物入库所需的各种报表、单证、账簿要准备好,以备使用。

在实际操作中,不同仓库、不同货物的业务性质不同,入库准备工作也有所区别,需要根据具体情况和仓库管理制度做好充分准备。

## 二、确定货位

货位是指仓库中实际可用于堆放商品的一定面积。货位选择要充分满足货物的保管要求,确保作业方便。确切地来说,货位选择的时候要注意以下几个原则。

（一）根据货物的货量、尺度、特性、保管要求选择货位

应当根据储存物品存量的多少，比较准确地确定每种物品所需的货位大小及数量。若储存货位超过实际需要，则不利于仓容的充分利用；货位尺度与货物尺度要匹配，特别是大件、长件、不规则货物要能存入所选货位；为了避免物品在储存过程中相互影响，性质相同或者保管条件相近的物品可以集中存放；货位的通风、光照、温湿度、排水、防风、防雨等条件应该满足货物保管的需要。

（二）根据物品周转情况安排货位

"先进先出"是仓储保管的重要原则。在安排货位时，要尽量避免后进货物围堵先进货物；存期长的货物不能围堵存期短的货物；出入库频繁的货物应尽可能安排在靠近出入口或专用线的位置，以加速作业和缩短搬运距离。

（三）根据存储物品的作业要求合理选择货位

对于体大笨重的物品，应考虑装卸机械的作业是否方便。使用货架时，重货放在货架下层，需要人力搬运的重货，存放在腰部高度的货位。总之，安排的货位应该尽可能地保证搬运、堆垛、上架的作业方便。要有足够的作业场地，能使用机械进行直达作业。

（四）作业分布均匀

所安排的货位尽可能避免仓库内或同一作业线路上多项作业同时进行，以免互相妨碍。尽量实现各货位的同时装卸作业，以提高效率。

（五）保留机动货位

在规划货位时，应该注意保留一定的机动货位，以便当物品大量入库时可以调剂货位，避免打乱货位安排。

## 三、货物接运

（一）货物接运管理

由于货物到达仓库的形式不同，除了一小部分货物由供货单位直接运到仓库交货外，大部分货物要经过铁路、公路、海运、空运和短途运输等运输方式转运。凡经过交通运输部门转运的货物，均需经过仓库接运后，才能进行入库验收。

货物接运的主要任务是向托运者或承运者办清业务交接手续，要求手续清楚，责任分明，及时将货物安全接运回仓库，为仓库验收工作创造条件。接运工作是仓库业务活动的开始，是货物入库和保管的前提，接运工作的好坏直接影响到仓库的后期活动。因此，接运人员接运转运货物时，必须认真检查，分清责任，取得必要的单证，避免将一些在运输过程中或运输前就已经损坏的货物带入仓库，给后期的验收和保管工作带来困难和损失。

货物接运人员要熟悉各交通运输部门及有关供货单位的制度和要求，根据不同的接运方式，处理接运中的各种问题。

（二）货物接运方式

入库货物的接运主要有以下几种方式。

1. 专用线接运

专用线接运是铁路部门将转运的商品直接运送到仓库内部专用线的一种接运方式。仓

库接到车站通知后,就确定卸车货位,力求缩短场内搬运距离,准备好卸车所需的人力和机具。车皮到达后,要引导对位。

在卸车过程中应注意以下几点。

(1)卸车前进行检查。主要内容包括:核对车号;检查货封是否脱落、破损,印纹是否不清、不符;校验商品名称、箱件数与商品运单上填写的名称、箱件数是否相符;等。

(2)卸车过程中正确操作。要按车号、品名、规格分别堆放,按外包装的指示标志,正确勾挂、铲兜、升起、轻放,防止包装和商品损坏;妥善处理苫盖,防止受潮和污损;对品名不符、包装损坏或受损的商品,应另外堆放,写明标志,并会同承运部门进行检查,编制记录;正确使用装卸机具、工具和安全防护用具,确保人身和商品安全;等。

2.车站、码头提货

凭提货单到车站、码头提货时,应根据运单和有关资料认真核对商品的名称、规格、数量、收货单位等。货到库后,接运人员应及时将运单连同提取回的商品向保管人员当面清点,然后由双方办理交接手续。

3.到供货单位提货

仓库接受货主委托直接到供货单位提货时,应根据提货通知,了解所提货物的性能、规格、数量,准备好提货所需的机械、工具、人员,配备保管员在供方当场检验质量、清点数量,并做好验收记录,接货与验收合并一次完成。

4.供货单位送货到库

存货单位或供货单位将商品直接运送到仓库储存时,应由保管员或验收人员直接与送货人员办理交接手续,当面验收并做好记录。若有差错,应填写记录,由送货人员签字证明,据此向有关部门索赔。

5.承运单位送货到库

交通运输等承运部门受供货单位或货主委托送货到仓库,接货要求与供货单位送货到库的要求基本相同。所不同的是发现错、缺、损等问题后,除了要送货人当场出具书面证明、签章确认外,还要及时向供货单位和承运单位发出查询函电并做好有关记录。

6.过户

过户是指对已入库的货物通过购销业务使货物所有权发生转移,但仍储存于原处的一种入库业务。此类过户入库手续,只要收下双方下达的调拨单和入库单,更换户名就可以了。

7.转库

转库是因故需要出库,但未发生购销业务的一种入库形式,仓库凭转库单办理入库手续。

8.零担到货

各种形式的零担到货应由零担运输员负责填写零担到货台账并填发到货通知单。

## 四、交接与初检

接货人员或运输单位送货到仓库与理货员办理内部交接时,理货员须根据到货凭证,对货物进行初检,初检内容如下。

**(一)核对凭证**

货物运抵仓库后,理货员首先要检验商品入库凭证,然后按商品入库凭证所列的收货单位、货物名称、规格及数量等具体内容,与商品各项标志核对。经复核复查无误后,即可进行下一道程序。通常入库商品应该具备下列证件:存货单位提供的入库通知书、订货合同等;存货单位提供的质量证明书或合格证、装箱单、磅码单、发货明细等;运输单位提供的运单,如入库前在运输途中发生残损,应有笔录内容。验收时若发现问题,应根据具体情况做具体分析,采取相应措施。

**(二)大数点收**

大数点收是按照商品的大件包装(即运输包装)进行数量清点。点收的方法有两种:一是逐件点数计总,二是集中堆码点数。

对于花色品种单一,包装大小一致,数量大或体积小的商品,适于用集中堆码点数法,即将入库的商品堆成固定的垛形(或置于固定容量的货架),排列整齐,每层、每行件数一致,一批商品进库完毕,货位每层(横列)的件数乘以层数可得出每垛总数。再乘以总垛数即可得出商品总数。最后一垛其顶层的件数往往是零头,与以下各层的件数不一样。

**(三)检查货物的表面状态**

在大数点收的同时,对每件货物的外表状态要进行认真查验。如发现包装破损、内容外泄、油污、散落、标志不当等不良质量状况,必须单独存放,并详细检查内部有无短缺、破损和变质。逐一查看包装标志,其目的在于防止不同商品混入,避免差错,并根据标志指示操作确保入库储存安全。

**(四)办理交接手续**

入库货物经过上述工序,在检查完毕后,就可以与接货人员办理货物交接手续。交接手续通常是仓库保管员在送货回单上签名盖章表示货物收讫。如果在上述程序中发现差错、破损等情形,必须在送货单上详细注明或由接货人员出具差错、异状记录,详细写明差错数量、破损情况等,以便与运输部门分清责任,作为查询处理的依据。

货物入库交接除了要履行规范的手续外,还要进行卸车作业。把入库卸车、验收和堆码作业连续一次性完成,即进行一次性作业,对于减少入库环节、提高作业效率、降低成本有着十分重要的意义,应力争实现一次性作业。

## 五、货物入库验收

货物入库验收,是仓储工作的起点,是分清仓库与货主或仓库与运输部门责任的界线,并为保管养护打下基础。商品入库的验收工作,主要包括数量验收、质量验收和包装验收三个方面。在数量和质量验收方面应分别按商品的性质、到货情况,来确定验收的标准和方法。

**(一)商品验收的基本要求**

**1.及时**

到库商品必须在规定的期限内完成入库验收工作。这是因为商品虽然到库,但未经过验收的商品没有入账,不算入库,不能供应给用料单位。只有及时验收,尽快做出验收报告才能保证商品尽快入库入账,满足用料单位需求,加快商品和资金的周转。同时商品的托收承付和索赔都有一定的期限,如果验收时发现商品不合规定要求,要提出退货、换货或赔偿等要求,均应在规定的期限内,否则,供方或责任方不再承担责任,银行也将办理拒付手续。

### 2. 准确

以商品入库凭证为依据,准确查验入库货物的实际数量和质量状况,并通过书面材料准确地反映出来。做到货、账、卡相符,提高账货相符率,降低收货差错率,提高企业的经济效益。

### 3. 严格

仓库的各方都要严肃认真地对待商品验收工作。验收工作的好坏直接关系到各方的利益,也关系到以后各项仓储业务的顺利开展。因此,仓库领导应高度重视验收工作,直接参与验收的人员要以高度负责的精神来对待这项工作,明确每批商品验收的要求和方法,并严格按照仓库验收入库的业务操作程序办事。

### 4. 经济

商品在验收时,多数情况下,不但需要检验设备和验收人员,而且需要装卸搬运机具和设备及相应工种工人的配合。这就要求各项工作密切协作,合理组织调配人员、设备,以节省作业费用。此外,在验收工作中,应尽可能保护货物原包装,减少或避免破坏性试验,这也是提高作业经济性的有效手段。

（二）商品验收准备

验收准备是货物入库验收的第一道程序。仓库接到到货通知后,应根据商品的性质和批量提前做好验收的准备工作。准备工作包括以下五方面内容。

### 1. 人员准备

安排好负责质量验收的技术人员、用料单位的专业技术人员及配合数量验收的装卸搬运人员。

### 2. 资料准备

收集、整理并熟悉待验商品的验收凭证、资料和有关验收要求,如技术标准、订货合同等。

### 3. 器具准备

准备好验收用的计量器具、卡量工具和检测仪器仪表等,并检验好准确性。

### 4. 货位准备

落实入库货物的存放货位,选择合理的堆码垛型和保管方法,准备所需的苦垫堆码物料。

### 5. 设备准备

大批量商品的数量验收,必须有装卸搬运机械的配合,应做好设备的申请调用。

此外,对特殊商品的验收,如毒害品、腐蚀品、放射品等,还须配备相应的防护用品,采取必要的应急防范措施,以防万一。对进口货物或存货单位要求对货物进行内在质量检测时,要预先联系商检部门或检验部门到库进行检验或质量检测。

（三）核对凭证

核对凭证应从以下三个方面进行。

1.审核验收依据

包括业务主管部门或货主提供的入库通知单、订货合同、协议书等。

2.核对供货单位提供的验收凭证

包括质量保证书、装箱单、码单、说明书、保修卡及合格证等。

3.核对承运单位提供的运输单证

包括提货通知单和货物残损情况的货运记录、普通记录和公路运输交接单等。

在整理、核实、查对以上凭证时,如果发现证件不齐或不符等情况,要与货主、供货单位、承运单位和有关业务部门及时联系解决。

(四)确定验收比例

由于受仓库条件和人力的限制,对某些批量大在短时间内难以全部验收,或全部打开包装会影响商品的储存和销售,或流水线生产的产品质量有代表性无须全部验收等情况,可采用抽验方法。抽验比例应首先考虑以合同规定为准,合同没有规定时,抽验比例的确定一般应考虑以下因素。

1.商品的价值

商品价值高的,抽验比例大,反之则小。有些价值特别大的,商品应全验。

2.商品的性质

商品性质不稳定的或质量易变化的,抽验比例大,反之则小。

3.气候条件

在雨季或黄梅季节,怕潮商品抽验比例大,在冬季怕冻商品抽验比例大,反之则小。

4.运输方式和运输工具

对采用容易影响商品质量的运输方式和运输工具运输的商品,抽验比例大,反之则小。

5.厂商信誉

厂商信誉好,抽验比例小,反之则大。

6.生产技术

生产技术水平高或流水线生产的商品,产品质量较稳定,抽验比例小,反之则大。

7.储存时间

入库前,储存时间长的商品,抽验比例大,反之则小。

在按比例抽验时,若发现商品变质、短缺、残损等情况,应考虑适当扩大验收比例,直至全验,彻底验清商品的情况。

(五)实物验收

实物验收包括内在质量、外观质量、数量、重量和精度验收。当商品入库交接后,应将商品置于待检区域,仓库管理员及时进行外观质量、数量、重量及精度验收,并进行质量送检。

1.外观质量验收

外观质量验收的方法主要采用看、听、摸和嗅等感官检验方法。要准确进行外观质量检验,就要求保管员拥有丰富的识货能力和判断经验。外观质量验收的内容包括:外包装完好情况、外观质量缺陷、外观质量受损情况,以及受潮、霉变和锈蚀情况等。

2.数量验收

主要包括以下三种方法。

（1）点数法

这是指逐件清点，一般适用于散装的或非定量包装的商品。

（2）抽验法

这是指按一定比例开箱点件的验收方法，适合批量大、定量包装的商品。

（3）检斤换算法

这是指通过重量过磅换算该商品的数量，适合商品标准和包装标准的情况。

3.重量验收

商品的重量一般有毛重、皮重、净重之分。人们通常所说的商品重量是指商品的净重。重量验收是否合格，是根据验收的磅差率与允许磅差率的比较判断的。若验收的磅差率未超出允许磅差率范围，说明该商品合格；若验收的磅差率超出允许磅差率范围，说明该批商品不合格。磅差是指不同地区的地心引力差异、磅的精度差异及运输装卸损耗的因素造成的重量过磅数值的差异。

表 4-1 所示为金属允许的磅差率范围。

表 4-1　金属允许的磅差率范围

| 品种 | 有色金属 | 钢铁制品 | 钢材 | 生铁、废钢 | 贵金属 |
|---|---|---|---|---|---|
| 允许磅差率 | ±1‰ | ±2‰ | ±3‰ | ±5‰ | 0 |

重量验收方法包括以下几种。

（1）检斤验收法

这是指对于非定量包装的、无码单的商品，进行打捆、编号、过磅和填制码单的一种验收方法。磅码单如表 4-2 所示。

表 4-2　磅码单

供货单位_____　　　　　　　　　　　品　　名_____

合同编号_____　　　　　　　　　　　型号规格_____

| 序号 | 重量 | 序号 | 重量 | 序号 | 重量 |
|---|---|---|---|---|---|
| 1 | | 6 | | 11 | |
| 2 | | 7 | | 12 | |
| 3 | | 8 | | 13 | |
| 4 | | 9 | | 14 | |
| 5 | | 10 | | 15 | |

实际磅差率和索赔重量的计算公式为

实际磅差率＝（实际重量－应收重量）/应收重量×1000‰

索赔重量＝应收重量－实收重量

（2）抄码复衡抽验法

这是指对定量包装的、附有码单的商品，按合同规定的比例抽取一定数量商品过磅的验收方法。

抽验磅差率和索赔重量的计算公式为

抽验磅差率＝（$\sum$ 抽验重量－$\sum$ 抄码重量)/$\sum$ 抄码重量×1000‰

索赔重量＝抽验磅差率×应收总重量

（3）平均扣除皮重法

这是指按一定比例将包装拆下过磅,求得包装物的平均重量,然后再将未拆除包装的商品过磅,从而求得该批货物的全部皮重和毛重。在使用这种方法时,一定要合理选择应拆包装物数量,使净重更趋准确。

（4）除皮核实法

这是指选择部分商品拆开过磅,分别求得商品的毛重和净重,再与包装上标记的重量进行核对。核对结果未超过允许差率,即可依其数值计算净重。

（5）约定重量法

这是指存货单位和保管单位在签订仓储保管合同时,双方对商品的皮重已按习惯数值有所约定,则可遵从其约定净重。

（6）整车复衡方法

这是指大宗无包装的商品,如生铁、煤、砂石等,检验时要将整车引入专用地磅,然后扣除空车重量,即可求得商品的净重。这种方法适合散装的块状、粒状或粉状的商品。

（7）理论换算法

该方法适合于定尺长度的金属材料、塑料管材等。仓库在重量验收过程中,要根据合同规定的方法进行。为防止人为因素造成磅差,一旦验收方法确定后,出库时必须用同样的方法检验商品,这就是进出库商品检验方法的一致性原则。

4.精度验收

精度验收主要包括仪器仪表精度和金属材料尺寸精度检验两个方面。

对仪器、仪表精度进行检验时,除简易的指标在仓库验收时检验外,质量检验一般专门由质检部门或厂方负责,仓库免检。

对金属材料的尺寸精度检验是仓库的一项十分重要的工作。金属材料的尺寸,分公称尺寸和实际尺寸两种:公称尺寸是指国际标准和国家标准中规定的名义尺寸,即在生产过程中希望得到的理想尺寸,是生产、储运使用的依据;实际尺寸是指验收中直接测得的长、宽和直径等尺寸。在实际生产中,产品的实际尺寸与理想尺寸总存在着一定的差距。

尺寸精度是用公称尺寸与实际尺寸的差异范围来表示的,包括偏差和公差。偏差是实际尺寸与公称尺寸之间的差数。实际尺寸小于公称尺寸,两者差数为负数,则称负偏差;实际尺寸大于公称尺寸,两者差数为正数,则称正偏差。公差是指尺寸允许的误差。

金属材料在交货时,都有一定的正负偏差范围。在偏差范围内,材料也符合尺寸检验要求。

(六)商品验收过程中发现问题的处理

在商品验收中,可能会发现一些问题,验收人员应根据不同情况,在有效期内进行处理。处理问题要做到及时、准确,并要认真填写商品验收记录。在问题未解决之前,有问题的商品应分开存放,妥善保管,尽量保持原包原捆,不得发放出库。商品验收过程中发现的各类问题的处理方法主要有以下几种。

（1）证件未到或不齐全时,应及时向供货单位或存货单位索取,将到库商品作为待检验商品堆放在待检区,妥善保管,待证件到齐后再进行验收。证件未到之前,不能验收,不能入库,更不能发料。

(2)凡质量不符合规定的,验收人员应如实慎重填写商品验收记录,并及时通知存货单位,由存货单位向供货单位交涉处理。

(3)数量、型号、规格不符合规定,主要有以下几种原因:供货单位少发、错发;承运部门错装、错运、错送或者在运输过程中造成货损、货差;提货人员在车站、码头等错提、少提、多提、串提或在途中造成货物丢失、被盗等。遇到这种情况时,提货人员应积极查询,追回少提部分,退回多提部分,换回错提、串提部分,无法追回的部分由仓库处理,并负责赔偿。

(4)入库通知单或其他证件已到,但在规定的时间内商品未到库时,应及时向存货单位反映,以便存货单位向供货单位或承运部门查询。

(5)价格不符时,供方多收部分应予拒付,少收部分经检验核对后,供方应主动及时更正。如果总额计算错误,应通知供货单位及时更正。

(6)对仓库收到的无存货单位的无主商品,仓库收货后应及时查找该批货物的产权部门,主动与发货人联系了解货物的来龙去脉,并将其作为待处理商品,不得动用,依其现状做好记录,待查清后再做处理。

(7)发现货物出现残损、潮湿、短件等情况时,必须取得承运部门的货运记录和普通记录单。验收人员应将残损、潮湿、短件等详细情况记入商品验收记录,并和承运部门的记录一并交回存货单位处理。如属供货单位或承运部门的责任,由存货单位与供货单位或承运部门交涉处理;如系仓库责任(在提、接、运过程中发生的),则由仓库与存货单位协商处理或赔偿。

## 六、商品入库手续

商品检验合格,即应办理入库手续,这是商品验收入库阶段的最后环节,也是一项严肃的基础工作。

### (一)安排货位

安排货位时,必须将安全、方便、节约的思想放在首位,使货位合理化。货物因自身的自然属性不同而具有不同的特性,如有的商品怕冻,有的易受潮等。货位如果不能适应储存货物的特性,就会影响货物质量,要尽可能缩短收、发货时间;以最少的仓容,储存最大限量的货物,提高仓容使用效能。

### (二)搬运

经过充分的入库准备及货位安排后,搬运人员就可把验收场地上经过点验合格的入库货物,按每批入库单开制的数量和相同的品种集中起来,分批送到预先安排的货位,要做到进一批、清一批,严格防止品种互串和数量溢缺。分类工作应力争送货单位的配合,在装车起运前,就做到数量准、批次清。对于批次多和批量小的入库货物,分类工作一般可由保管收货人员在单货核对、清点件数过程中同时进行,也可将分类工作结合在搬运时一起进行。

在搬运过程中,要尽量做到"一次连续搬运到位",力求避免入库货物在搬运途中的停顿和重复劳动。对有些批量大、包装整齐的货物,仓库具备机械操作能力的,应尽量采用机械搬运方式。

(三)堆码

货物堆码是指货物入库存放的操作方法和方式。堆码时要保证人身和货物的安全、清点数量的便利及仓库容量利用率的提高。

(四)登账

商品入库登账,除仓库的财务部门有商品记账凭证用以结算外,保管业务部门则要建立详细反映库存商品进、出和结存的保管明细账,现一般用仓库与库存管理系统来进行,用以记录库存商品动态,并为对账提供主要依据。登账必须以正式合法的凭证为依据,如商品入库单和出库单、领料单等。

(五)立卡

"卡"又称"料卡"或"商品验收明细卡",能够直接反映该垛商品品名、型号、规格、数量、单位及进出动态和积存数,一般挂在上架货物的下方或挂在堆垛商品的正面。货卡按其作用不同可分为货物状态卡、商品保管卡。商品保管卡包括标识卡和储存卡等。商品保管卡采用何种形式,应根据仓储业务需要来确定。

货物状态卡是用于表明货物所处业务状态或阶段的标识。根据 ISO 9000 国际质量体系认证的要求,在仓库中应根据货物的状态,按可追溯性要求,分别设置待检、待处理、不合格和合格等状态标识。

标识卡用于表明货物的名称、规格、供应商和批次等。根据 ISO 9000 国际质量体系认证的要求,在仓库中应根据货物的不同供应商和不同入库批次,按可追溯性要求,分别设置标识卡。

储存卡是用于表明货物的入库、出库与库存动态的标识。卡片应按"入库通知单"所列内容逐项填写。商品入库堆码完毕,应立即建立卡片,一垛一卡。对于卡片的处理,通常有两种方式:一是由保管员集中保存管理。这种方法有利于责任制的贯彻,即专人专责管理。但是如果有进出业务而该保管员缺勤,业务就难以及时进行。二是将填制的料卡直接挂在物资垛位上。挂放位置要明显、牢固。这种方法的优点是便于随时与实物核对,有利于物资进、出业务的及时进行,可以提高保管人员作业活动的工作效率。

(六)建立商品档案

建立商品档案将与物资入库业务全过程有关的资料证件进行整理、核对,建立资料档案,以便管理货物并与客户保持联系,为将来可能发生的争议提供依据,同时也有利于总结和积累仓库管理经验,为物资的保管、出库业务创造良好的条件。

1.档案资料的范围

(1)货物出厂时的各种凭证、技术资料。

(2)货物到达仓库前的各种凭证、运输资料。

(3)货物入库验收时的各种凭证、资料。

(4)货物保管期间的各种业务技术资料。

(5)货物出库和托运时的各种业务凭证、资料。

2.建档工作的具体要求

(1)应一物一档

建立商品档案应该是一物(一票)一档。

（2）应统一编号

商品档案应进行统一编号，并在档案上注明货位号，在"实物保管明细账"上注明档案号，以便查阅。

（3）应妥善保管

商品档案应存放在专用的柜子里，由专人负责保管。

（七）签单

商品入库后，应及时按照"仓库商品验收记录"要求签回单据，以便向供货单位和货主表明收到商品的情况。另外，如果出现短少等情况，签单也可作为货主向供货方交涉的依据，所以签单必须准确无误。

## 七、商品入库单证流转

货物验收工作由理货员、计量员、复核员、业务受理员分工负责。理货员负责作业的组织与货物的数量与外观质量验收、计量、堆码、记录等，并向业务受理员提交货物验收的结果和记录。主要环节如下。

（1）业务受理员接受存货人的"验收通知"（也可由存货人委托仓库开具）、货物资料（如质保书、码单、装箱单、说明书和合格证等），建立货物档案，并将存货人验收通知单以货物储存保管合同附件的形式进行管理，其信息录入计算机中生成验收通知单。然后将存货人验收通知单作为验收资料和"收货单"及其他验收资料一并交理货员。

（2）理货员根据业务受理员提供的收货单、验收资料、计量方式等确定验收方案、储存货位、堆码方式、所需人力、设备等，做好验收准备工作。

（3）由理货员开具作业通知单，进行验收入库作业，做好有关记录和标志。

（4）货物验收完毕后，理货员手工出具"验收单"，一式一联，一并交给复核员。同时负责作业现场与货位的清理和货牌的制作、悬挂。

（5）复核员依据收货单、验收单对实物的品名、规格、件数、数量、存放货位等逐项核对，签字确认后返回给理货员。

（6）理货员在经复核员签字的收货单、验收码单诸联上加盖货物验收专用章后，将验收码单录入到计算机中，据此生成仓单附属码单，根据验收结果填写存货人验收通知和收货单，并与其他验收资料一并转回业务受理员处。

（7）业务受理员对理货员返回的单据和验收资料审核无误后，由计算机打印仓单附属码单一式两联，依据收货单、验收码单、计算机打印的仓单附属码单一、二联，存货人验收通知，以及有关验收资料、记录，报经主管领导或授权人签字后，连同存货人验收通知、收货单、仓单附属码单一、二联转给收费员。

（8）收费员依据仓单、货物储存保管合同约定的收费标准，结算有关入库费用并出具收费发票。

（9）业务受理员将仓单正联、存货人验收通知、仓单附属码单一联及收费单据等一并转交（寄）给存货人，其余单证资料留存并归档管理。

# 第二节　商品在库管理

## 一、在库商品的养护与保管

商品在储存过程中,由于本身自然属性及外界因素的影响,随时会发生各种各样的变化,从而降低甚至丧失使用价值。保管是指对物品进行储存,并对其进行物理性管理的活动。商品保管的目的就在于根据各种不同商品的特点,为储存商品提供、创造适宜的保管条件;采取相应的措施和手段,最大限度地减少或延缓商品的自然损耗,以保证商品的使用价值。

要做好商品养护和保管工作,首先必须了解商品质量变化的形式及导致商品质量变化的因素。

(一)库存商品质量变化的形式

商品在库存过程中的质量变化归纳起来有物理机械变化、化学变化、生理生物变化等。

1.商品的物理机械变化

物理变化是指只改变物质本身的外表形态,不改变其本质,没有新物质的生成,并且有可能反复进行的质量变化现象。物品的机械变化是指物品在外力的作用下,发生形态变化。物理机械变化的结果不是数量损失,就是质量降低,甚至使物品失去使用价值。物品常发生的物理机械变化主要有挥发、熔化、溶化、渗漏、串味、沉淀、沾污、破碎与变形等。

(1)挥发

这是指低沸点的液体商品在空气中经汽化而散发到空气中的现象。这种挥发的速度与气温的高低、空气流动速度的快慢、液体表面接触空气面积的大小成正比关系。防止商品挥发的主要措施是加强包装密封性。此外,要控制仓库温度,高温季节要采取降温措施,保持商品在较低温度条件下储存,以防挥发。

(2)熔化

这是指低熔点的商品受热后发生软化以致熔化为液体的现象。商品的熔化与否,除受气温高低的影响外,还与商品本身的熔点、商品中杂质的种类和含量高低密切相关。熔点越低,越易熔化;杂质含量越高,越易熔化。商品熔化,有的会造成商品流失、粘连包装、沾污其他商品;有的因产生熔解热而体积膨胀,使包装爆破;有的因商品软化而使货垛倒塌。预防商品的熔化应根据商品的熔点高低,选择阴凉通风的库房储存。在保管过程中,一般可采用密封和隔热措施,加强库房的温度管理,防止日光照射,尽量减少温度的影响。

(3)溶化

这是指有些固体商品在保管过程中,能吸收空气和环境中的水分,当吸收数量达到一定程度时,就会溶化成液体。易溶性商品具有吸湿性和水溶性两种性能。商品溶化与否与空气温度、湿度及商品的堆垛高度有密切关系。商品溶化后本身的性质并没有变化,但由于形态改变,给储存带来很大的不便。对易溶性商品应按商品性能,分区分类存放在干燥阴凉的库房内,避免与含水分较大的商品同储。在堆码时要注意底层商品的防潮和隔潮,垛底要垫得高一些,并采取吸潮和通风相结合的温、湿度管理方法来防止商品吸湿溶化。

（4）渗漏

这是指液体商品,特别是易挥发的液体商品,由于包装容器不严密、包装质量不符合商品性能的要求及在搬运装卸时碰撞震动破坏了包装,而发生跑、冒、滴、渗的现象。商品渗漏与否,与包装材料性能、包装容器结构及包装技术优劣有关,还与仓储温度变化有关。因此,对液体商品应加强入库验收、在库商品检查及温、湿度控制。

（5）串味

这是指吸附性较强的商品吸附其他气体、异味,从而改变本来气味的变化现象。商品串味与否与其表面状况、与异味物质接触面积的大小、接触时间的多少及环境中的异味的浓度有关。预防商品的串味,应对易被串味的商品尽量采取密封包装,在储存中不得与有强烈气味的商品同库储藏,同时还要注意仓储环境的清洁卫生。

（6）沉淀

这是指含有胶质和易挥发成分的商品,在低温和高温等因素影响下,部分物质凝固,进而发生沉淀和膏体分离的现象。预防商品的沉淀,应根据不同商品的特点,防止阳光照射,做好商品冬季保温工作和夏季降温工作。

（7）沾污

这是指商品外表沾有其他赃物、染有其他污秽物的现象。其主要原因是生产、运输、储存中卫生条件差及包装不严。对一些外观质量要求较高的商品,如服装、仪器等要特别注意。

（8）破碎与变形

这是常见的机械变化,指商品在外力作用下所发生的形态上的改变。对于容易破碎和变形的商品,要注意妥善包装,轻拿轻放。在库房内堆垛高度不能超过一定的压力限度。

2.商品化学变化

商品的化学变化与物理变化有本质的区别。它的产生,不仅改变了商品的外表形态,也改变了商品的本质,并且有新物质生成,且不能恢复原状。商品化学变化过程即商品质变过程,严重时会使商品失去使用价值。商品的化学变化形式主要有氧化、分解、水解、化合、聚合、锈蚀、风化等形式。

（1）氧化

这是指商品与空气中的氧及其他能放出氧的物质,所发生的与氧结合的变化。商品发生氧化,不仅会降低商品的质量,有的还会在氧化过程中,产生热量,发生自燃,有的甚至会发生爆炸事故。容易发生氧化的商品品种比较多,所以对此类商品,要储存在干燥、通风、散热和温度比较低的库房,才能保证其质量安全。

（2）分解

这是指某些性质不稳定的商品,在光、热、电、酸、碱及潮湿空气的作用下,由一种物质生成两种或两种以上物质的变化现象。商品发生分解反应后,不仅使其数量减少、质量降低,有的还会在反应过程中,产生一定的热量和可燃气体,并引起事故。

（3）水解

这指某些商品在一定条件下,遇水发生分解的现象。如硅酸盐和肥皂,其水解产物是酸和碱,这样就同原来的商品具有不同的性质。

（4）化合

这是指在商品储存期间，在外界条件的影响下，两种或两种以上的物质相互作用而生成一种新物质的反应。此种反应，一般不是存在于单一化学反应中，而是两种反应（分解和化合）依次先后发生。如果不了解这种情况，就会给保管和养护此类商品造成损失。

（5）聚合

这是指某些商品，在外界条件的影响下，能使同种分子互相加成后，结合成一种更大分子的现象。储存和保管养护此类商品时，要特别注意日光和储存温度的影响，以便防止发生聚合反应，造成商品质量的降低。

（6）锈蚀

这是指金属或金属合金，同周围的介质相接触时，相互间发生了某种反应，而逐渐遭到破坏的过程。金属商品之所以会发生锈蚀，其一是由于金属本身化学性质不稳定，在其组成中存在着自由电子和成分的不纯；其二是由于受到水分和有害气体的作用而发生的变化。

（7）风化

这指含结晶水的商品，在一定温度和干燥空气中，失去结晶水而使晶体崩解，变成非结晶状态的无水物质的现象。

3. 商品的生理生物变化及其他生物引起的变化

生理生物变化是指有生命活动的有机体商品，在生长发育过程中，为了维持它的生命，本身所进行的一系列生理变化。这些变化主要有呼吸、发芽、胚胎发育、后熟，其他生物引起的变化有霉腐、虫蛀等。

（1）呼吸

这是指有机体商品在生命活动过程中，不断地进行呼吸，分解体内有机物质，产生热量，维持其本身的生命活动的现象。呼吸作用可分为有氧呼吸和无氧呼吸两种类型。不论是有氧呼吸还是无氧呼吸，都要消耗营养物质，降低商品的质量。保持正常的呼吸作用，是有机体的基本生理活动，商品本身也具有一定的抗病性和耐储存性。因此，鲜活商品的储藏应保证它们正常而最低的呼吸，利用它们的生命活性，减少商品损耗、延长储藏时间。

（2）发芽

这是指有机体商品在适宜条件下，冲破"休眠"状态，发生的发芽、萌发现象。发芽的结果会使有机体商品的营养物质，转化为可溶性物质，供给有机体本身的需要，从而降低有机体商品的质量。在发芽、萌发过程中，通常伴有发热、生霉等情况，不仅增加损耗，而且降低质量。因此对于可能发芽、萌发的商品必须控制它们的水分，并加强温、湿度管理，防止发芽、萌发现象的发生。

（3）胚胎发育

主要是指鲜蛋的胚胎发育。在鲜蛋的保管过程中，当温度和供氧条件适宜时，胚胎会发育成血丝蛋、血环蛋。经胚胎发育的禽蛋新鲜度和食用价值将大大降低，为抑制鲜蛋的胚胎发育，应加强温、湿度管理，最好是低温储藏或减少供氧，亦可采用石灰水浸泡、表面涂层等方法。

（4）后熟

这是指瓜果、蔬菜等类的食品在脱离母株后继续其成熟过程的现象。瓜果、蔬菜等的后熟，能改进色、香、味及适口的硬脆度等食用性。但当后熟作用完成后，则容易腐烂变质，难以继续储藏甚至失去食用价值。因此,对于这类鲜活食品,应在其成熟之前采收并采取控制储藏条件的办法,来调节其后熟,以达到延长储藏期限、均衡上市的目的。

(5)霉腐

这是指商品在霉腐微生物作用下所发生的霉变和腐败现象。在气温高、湿度大的季节,如仓库温、湿度控制不好,有些商品将会生霉或腐烂,使商品受到不同程度的损失,严重的可使商品完全失去使用或食用价值,甚至造成人畜食用后的中毒。

(6)虫蛀

商品在储存期间,常常会遭到仓库害虫的蛀蚀。经常危害商品的仓库害虫有多种,仓库害虫不仅破坏商品的组织结构,使商品发生破碎和孔洞,而且其排泄的各种代谢物污染商品,影响商品质量和外观,降低商品使用或食用价值,因此害虫对商品危害性是很大的。凡是含有有机化合物的商品,都容易遭受害虫蛀蚀。

(二)影响库存商品质量变化的因素

商品在储存期间发生的质量变化,是由一定因素引起的。为了确保商品的安全,了解商品质量变化的规律,必须找出其变化原因。通常引起商品变化的因素有内因和外因两种,内因是变化的根据,外因是变化的条件。

1.商品质量变化的内因

(1)商品的物理性质

主要包括商品的吸湿性、耐热性、透气性、透水性等。吸湿性是指商品吸收和放出水分的特性,很多商品质量变化都与其含水量的多少及吸水性的大小有直接关系;耐热性是指商品耐温度变化而不致被破坏或显著降低强度的性质;透气性是指商品能被水蒸气透过的性质;商品能被水透过的性质叫透水性。

(2)商品的机械性质

这是指商品的形态、结构在外力作用下的反应。商品的这种性质与其质量关系极为密切,它包括商品的弹性、可塑性、强度等,这些商品的机械性质对商品的外形及结构变化有很大的影响。

(3)商品的化学性质

这是指商品的形态、结构及商品在光、热、氧、酸、碱、温度、湿度等作用下,发生改变商品本质的性质。与商品储存密切相关的商品的化学性质包括:商品的化学稳定性、商品的毒性、腐蚀性、燃烧性、爆炸性等。

2.商品质量变化的外因

(1)空气中的氧

在空气中氧气约占21%。氧元素是非常活跃的,能和许多商品发生作用,对商品质量变化影响很大。因此,在商品养护中,对受氧气影响比较大的商品,要采取各种方法隔绝氧气对商品的影响。

(2)日光

日光中含有热量、紫外线、红外线等,它对商品起着正反两方面的作用:一方面,日光能够加速受潮商品的水分蒸发,杀死杀伤微生物和商品害虫,在一定条件下,有利于商品的养护;另一方面,某些商品在光的直射下,又会发生破坏作用,如挥发、褪色、老化等。因此,要根据各种不同商品的特性,注意避免或减少日光的照射。

（3）微生物和仓库害虫

微生物和害虫的存在是商品霉腐、虫蛀的前提条件。微生物可使商品产生腐臭味和色斑霉点，影响商品的外观，同时使商品受到破坏、变质、丧失其使用或食用价值；害虫在仓库里，不仅蛀食动植物性商品和包装，有些仓虫还能危害塑料、化纤等化工合成商品。此外，白蚁和老鼠还会蛀蚀仓库建筑物和纤维质商品。

（4）温度

气温是影响商品质量变化的重要因素，温度能直接影响物质微粒的运动速度，一般商品在常温或常温以下，都比较稳定。高温能够促进商品的挥发、渗漏、熔化等物理变化及各种化学变化；而低温又容易引起某些商品的冻结、沉淀等变化；温度忽高忽低，会影响到商品质量的稳定性；此外，温度适宜时会给微生物和仓库害虫的生长繁殖创造有利条件，加速商品腐败变质和虫蛀。因此，控制和调节仓储的温度是商品养护的重要工作之一。

（5）空气的湿度

空气湿度的改变，能引起商品的含水量、化学成分、外形或体态结构发生变化。湿度降低，将使商品因放出水分而降低含水量，减轻重量。所以，在商品养护中，必须掌握各种商品适宜的湿度要求，尽量创造商品适宜的空气湿度。

（6）卫生条件及有害气体

卫生条件不良，不仅使灰尘、油垢、垃圾等污染商品，造成某些外观疵点和感染异味，而且还为微生物、仓库害虫创造了活动场所。因此在储存过程中，一定要搞好储存环境的卫生，保持商品本身的卫生，防止商品之间的感染。大气中的有害气体，主要来自燃料燃放时放出的烟尘及工业生产过程中的粉尘和废气。商品储存在有害气体浓度大的空气中，其质量变化明显，特别是金属商品，必须远离二氧化硫。

（三）库存商品保管措施

商品保管不仅是技术问题也是管理问题，它是一门综合性应用科学。对于普通商品的养护工作而言，维持它们质量、数量、包装的完好，重要的不是技术措施的保证而是管理水平的高低。制定必要的管理制度和操作规程，并严格执行是各项管理工作的基础。"以防为主，以治为辅，防治结合"是商品保管工作的方针。具体应做好以下几方面的工作。

1.坚持在库检查

商品在储存期间会受到各种因素的影响，而它的变化往往会经历一个量变到质变的过程。有些商品在进入仓库前未发现异状，可是经过一段时间会发生变质。如果仓库的管理人员能够及时地发现并采取相应的措施和手段，有效地控制外界因素的影响，就可以避免商品受到损失。这就要求仓库的管理人员根据储存商品的性质、保管条件、气候变化，确定检查对象、检查周期，经常对商品进行检查测试。

商品在库检查时不可能每批每件都查，可以排出重点，有计划、有步骤地进行定期检查。一般可将下列商品作为重点排查对象。

（1）入库时发现已有问题的商品。

（2）性能不稳定或不够熟悉的商品。

（3）堆放场所不妥的商品。

（4）已有轻微异状但尚未处理的商品。

（5）储存时间较长的商品（即久储商品）。

(6)储存在最易发生问题的部位的商品,如近窗、沿墙、垛底、垛心等处的商品。

必要时可进行翻堆倒垛、抽芯挖底检查,以便深入发掘问题。总之,对库存商品的质量情况,应进行定期或不定期的检查,及时发现在库商品存在的异常情况。同时,要检查库场的虫、鼠害等方面的情况。

**2.确保仓库清洁卫生**

垃圾、尘土、杂草为霉菌、害虫提供了生存空间,而霉菌、害虫的繁殖直接导致了仓储商品霉变、虫蛀、变质等。因此,要保管好商品,必须经常清除这些杂物,保持库房环境的整洁。

库房内要做到墙壁、窗台、墙沟、垛底无垃圾、污土;垛顶无积尘,走道、支道要每天打扫,货垛出清后要清扫货位,尾角、垛顶要清除蛛网、积尘。为了防止尘土飞扬,在水泥地坪上可用湿木屑洒地。露天场地要做到货位四周无积水、无垃圾、无杂草,保持环境整洁。

**3.加强仓库的温、湿度管理**

存储商品质量的变化及变化的快慢,取决于其自身的某些特性和保管环境两方面的因素。商品自身的特性仓库无法控制,但保管环境对仓库来说是可控因素,也就是说,仓库无法阻止商品质量发生变化,但可以通过改善保管条件来延缓变化的速度,在合理的时间范围内维持合乎要求的商品质量。

保管环境中的温度和湿度是保证商品质量的决定性因素。各种商品按其内在特性,有不同的温、湿度要求,如果仓库内的温、湿度长期超过适度范围,就会加速商品质量变化。例如,沥青制品受热后会软化、水泥受潮之后会结块,降低使用性能。所以,仓库必须根据气候条件,采取各种措施,使库房内的温度、湿度得到控制与调节,创造适宜商品储存的温、湿度条件。

仓库平时要做好温、湿度监测工作,并填写好仓库温、湿度记录表,早晚各监测一次。仓库温、湿度记录表所提供的资料即为采取相关措施的主要依据。常见的温、湿度控制措施如下。

**(1)密封**

密封即采用一定方法把整厅、整垛或整件商品尽可能严密地封闭起来,减弱外界不良气候条件的影响,切断外界虫、霉菌感染和空气氧化途径,以达到商品安全储存的目的。密封是温、湿度调节的基础。没有良好的密封,通风、吸湿等措施形同虚设。在商品密封前应对其进行检查,如发现有锈蚀、发黏、变质等现象,必须立即处理,待商品处于良好状态后方进行密封。密封时要选择适当的气候条件,一般选择在空气湿度较低的情况下进行。密封之后要定期检查,及时发现和纠正不良状况。

**(2)通风**

通风即根据空气流动的规律,科学地利用库内外的空气交换,调节库内的温、湿度。通风是利用自然条件的好办法,费用低廉,一般仓库均可运用,常用的有自然通风和机械通风两种方法。例如,利用库外干燥空气的大量流通,能降低库内商品的含水量;利用库外的低温空气,能降低库内商品的温度等。合理的通风可以保持库内适宜的温、湿度,从而保证商品质量的稳定性。通风不是随时随地都可以进行的。仓库必须结合商品的保管需要,选择适当的通风时机,合理运用通风措施。通风与否主要是根据当时的库内外温、湿度的比较来判定的。一般来讲,通风具有季节性,秋冬季空气干燥适于通风,春季机会不多,夏季机会更少。即使在冬季也要尽可能利用好的气象条件,一般西北风较干燥,东南风较潮湿,所以,最好在刮西北风时进行通风降湿,但是风力超过五级的风沙天气,以及雾天、雪天、空气含有有害气体时,尽量不要通风。否则通风效果会适得其反。

(3)吸潮

梅雨季节或阴天,当库内湿度过高对商品保管很不利,而库外湿度又过大、不宜进行通风降湿时,可以在密封库内采用吸潮的办法降低库内湿度。目前,国内常用的吸潮方法包括去湿机吸潮和吸潮剂吸潮。

①去湿机吸潮

空气去湿机吸湿量较大,操作方便、效率较高、成本较低、无污染。目前,市场上去湿机的品牌和型号比较多,仓库可根据库场的实际情况,选择合适的品牌和型号。吸潮剂吸潮。

②吸潮剂吸湿

吸潮剂具有较强的吸潮性,能够迅速吸收库内空气中的水分,从而降低空气中的相对湿度。吸潮剂的媒质很多,常见的仓库使用的吸潮剂有生石灰、氯化钙、硅胶。

(4)降温

降温措施很多,普通商品可采用苫盖遮阳,避免放在阳光直射的地方;对温度敏感的商品,气温高时可采用直接或间接洒水降温;对于容易自燃的商品,必要时可以采取在库内存放冰块、释放干冰的方法降温,以保证库内温度的适宜。

以上各种温、湿度控制措施应根据当时情况择优选用或者与其他方法结合使用,以达到综合治理的效果。

4.专项养护

(1)金属制品锈蚀的防治

金属表面受到周围各种介质的化学及电化学作用后会引起锈蚀。仓库中商品的腐蚀绝大部分是由空气引起的,属于大气腐蚀。金属制品一旦出现了锈蚀,就应该及时除锈,否则会造成设备维修、零部件更换、停工减产的损失,金属构件因腐蚀后安全系数降低而引发的损失更是难以估量。根据金属表面锈蚀的程度及金属制品种类的不同,可分别采用手工除锈、机械除锈、化学药剂除锈等方法;除锈之后需要及时进行防锈处理,以巩固除锈工作的成果。对于金属制品的防锈,仓库除了提供不易产生锈蚀的储存条件(如清洁场地、疏通排水、通风、干燥),还应该保护金属制品的防护层或包装不受破坏。防护层是在金属材料表面上涂抹防锈材料而形成的,使金属与环境中的特定介质隔离,以起到一定时期内的防锈效果。针对不同的金属制品,可分别采用涂油防锈、涂漆防锈、造膜防锈、气相防锈等方法。

(2)仓库虫鼠害的防治

据统计资料表明,常见的仓库害虫已多达60多种,它们会对粮食、油料、饲料等动植物产品造成严重的和大范围的危害。仓库害虫的生存能力强,耐热、耐冻、耐干、耐饥,有的具有抗药性,有的繁殖能力很强。对此,仓库一方面要做好库内外的环境卫生工作,特别是在害虫藏匿和过冬之处杜绝虫源,彻底清除害虫生长繁殖的环境;另一方面,要根据各仓库的具体情况及储存商品的性质,采用化学药剂防治虫害。常用的化学药剂有樟脑等除虫剂。对于已经生虫的商品,可采用熏蒸剂杀虫。有条件的仓库还可使用紫外线、微波、辐射等杀虫法。防鼠方法最重要的是断绝食物来源,拆除或封堵鼠类栖身之所。对于易受鼠害的商品采取密闭、安装防护网和挡鼠板等防范措施,仓库要经常检查鼠害情况,一旦发现鼠害,要及时采取器械捕鼠、毒饵诱杀等方法灭鼠,以保证库存商品的安全。

（3）仓储商品霉变的防治

商品发生霉变的原因,一方面是商品本身含易腐霉物质,另一方面,是存在适宜微生物繁殖的因素,如温度、湿度、氧气、酸碱度等。对于易发生霉变的商品,在保管时,要注意破坏利于微生物生长的环境。例如,利用日光曝晒、对商品采用密封、除氧等方法,都可以预防商品霉尘。另外,还可以使用多菌灵、水杨酰苯胺等化学药剂防止霉变。有条件的仓库也可采用紫外线、微波、辐射等物理方法防霉。

## 二、堆码与苫垫

（一）堆码

堆码是指根据货物的包装、外形、性质、质量和数量,结合季节和气候情况,以及储存时间的长短,将物品按一定的规律码成各种形状的货垛。

1.堆码的基本要求

（1）合理

合理是指要求不同性质、品种、规格、等级、批次和不同客户的物品,应分开堆放。货垛形式适应物品的性质,有利于物品的保管,能充分利用仓容和空间;货垛间距符合作业要求及防火安全要求;大不压小,重不压轻,缓不压急,不会围堵物品,特别是后进物品不能堵先进物品,确保先进先出。

（2）牢固

牢固指堆放稳定结实,货垛稳定牢固,不偏不斜,必要时采用衬垫物固定,不压坏底层物品或包装,不超过库场地坪承载能力。货垛较高时,上部适当向内收小;易滚动的物品,使用木楔或三角木固定,必要时使用绳索、绳网对货垛进行绑扎固定。

（3）定量

定量是指每一货垛的物品的数量一致。每一垛采用固定长度和宽度,且为整数,每层货量相同或成固定比例递减,做到过目成数。每垛的数字标记清楚,货垛牌或料卡填写完整,摆放在明显位置。

（4）整齐

整齐是指货垛堆放整齐,垛形、垛高、垛距标准化和统一化,货垛上每件物品都摆放整齐,垛边横竖成列,垛不压线。物品外包装的标记和标志一律朝垛外。

（5）节约

节约则是指尽可能地堆高,避免少量物品占用一个货位,以节约仓容,提高仓库利用率。妥善组织安排,做到一次作业到位,避免重复搬运,节约劳动消耗。合理使用苫垫材料,避免浪费。

（6）方便

方便是指选用的垛形、高度、堆垛方法应方便堆垛、搬运装卸作业,提高作业效率。垛形方便理数、查验物品,方便通风、苫盖等保管作业。

2.货物堆码的类型

根据物品的性质、形状、重量等因素,结合仓库储存条件,将物品堆码成一定的货垛。货品在仓库内的存放和堆码方式一般有自身堆码、托盘堆码、货架存放、散堆存放和集装箱存放等几种方式。

(1)自身堆码

自身堆码就是将同一种货物,按其形式、质量、数量和性能等特点,码垛成一个个货堆。在货堆与货堆之间留有供人员或搬运设备出入的通道。常见的堆码方法有重叠式堆码、纵横交错式堆码、仰伏相间式堆码、压缝式堆码、通风式堆码、栽柱式堆码、衬垫式堆码、直立式堆码等。

①重叠式堆码

即各层码放方式相同,上下对应。这种方式的优点是工人操作速度快,包装货物的四个角和边重叠垂直,承载能力大。缺点是各层之间缺少咬合作用,容易发生塌垛。在货物底面积较大的情况下,采用这种方式具有足够的稳定性,如果再配上相应的紧固方式,则不但能保持稳定,还可以保留装卸操作省力的优点,如图4-1所示。

图 4-1　重叠式堆码

②纵横交错式堆码

相邻两层货物的摆放旋转90度,一层横向放置,另一层纵向放置。每层间有一定的咬合效果,但咬合强度不高。适用于管材、捆装、长箱装等物品,如图4-2所示。

③仰伏相间式堆码

对上下两面有大小差别或凹凸的物品,如槽钢、钢轨等,将物品仰放一层,再反一面伏放一层,仰伏面相同相扣。该垛极为稳定,但操作不便,如图 4-3 所示。

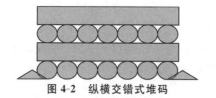

图 4-2　纵横交错式堆码

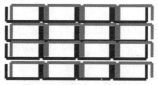

图 4-3　仰伏相间式堆码

④压缝式堆码

将底层并排摆放,上层放在下层两件物品之间。如果每层物品都不改变方向,则形成梯形形状。如果每层都改变方向,则类似于纵横交错式,如图 4-4 所示。

⑤通风式堆码

物品在堆码时,每件相邻的物品之间都留有空隙,以便通风。层与层之间采用压缝式或纵横交叉式堆码。通风式堆码

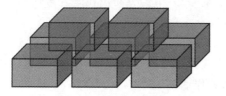

图 4-4　压缝式堆码

可用于所有箱装、桶装及裸装物品,可起到通风防潮、散湿散热的作用,如图 4-5 所示。

图 4-5　通风式堆码

⑥栽柱式堆码

码放物品前在货垛两侧栽上木桩或者钢棒，然后将物品平码在桩柱之间，几层后用铁丝将相对两边的桩柱拴连，再往上摆放物品。此方法适用于棒材、管材等长条状物品，如图 4-6 所示。

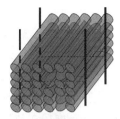

**图 4-6　栽柱式堆码**

⑦衬垫式堆码

码垛时，隔层或隔几层铺放衬垫物，平整牢靠后，再往上码。适用于不规则且较重的物品，如无包装电机、水泵等。

⑧直立式堆码

根据商品的属性，将其保持垂直方向码放的方法，一般是将每批商品按件排成行列的形式，每行或列堆放一层或数层，垛形成长条形。适用于不能侧压的商品，如玻璃、片状砂轮易碎品，桶装、罐装、坛装商品，橡胶、塑料、沥青等侧压易粘制品。

采用自身堆码时，货堆的高度受货物强度的制约，一般以最低层货物不被压坏为前提，另外货堆的高度还受堆垛设备（如叉车）提升高度的限制。故货堆的高度一般小于 4 米。这种堆码方式是一种最简单、最原始的堆码方式。如果货物的包装比较规整，而且有足够的强度，则可采用无托盘的自身堆码方式。在叉车上装一些属具，如纸箱夹、推出器等进行作业。

（2）托盘堆码

托盘堆码即将货物码在托盘上，货物在托盘上码放方式可采用自身堆码采用的码放形式，然后用叉车将托盘一层层堆码起来。对于一些怕挤压或形状不规则的货物，可将货物装在货箱内或带立柱的托盘上。由于货箱堆码时，是由货箱或托盘立柱承受货垛的重量，故这种托盘应具有较高的强度和刚度。

采用托盘堆码时，其堆码和出入库作业常采用叉车或其他堆垛机械完成，采用桥式堆垛机时，堆垛高度可达 8 米以上，故其仓库容积利用率和机械化程度比自身堆码有较大的提高。

（3）货架存放

货架存放是指在仓库内设置货架，将货物或托盘放在货架上。采用货架存放的最大优点为：货物的重量由货架支撑，互相之间不会产生挤压，可实现有选择的取货或实现先进先出的出库原则。总之，货架存放形式为仓库的机械作业和计算机管理提供了必要的条件。

（4）散堆存放

散堆存放适用于露天存放的、没有或不需要包装的各种大宗商品，如煤炭、矿石、黄沙等散装货物。由于散货具有较强的流动性和散落性，且多在露天存放。所以，堆码的货垛要注意保持规定的温度、湿度，做到热天不自燃，下雨不流失，刮风不飞扬，损耗不超过国家标准。

（5）集装箱存放

集装箱存放是指在仓储过程中，以集装箱将一定大小和重量的单元组合存放于集装箱堆场。这种方法可以直接以集装箱作为媒介，使用机械装卸搬运，装卸效率高，能大大降低商品在装卸和仓储过程中的货损、货差，是一种理想的存储方式。

（二）垫垛

1.垫垛的目的

垫垛是指在商品堆垛前，在预定的货位地面位置上，使用各种衬垫材料进行铺垫。其主要目的是隔离地面的潮气和积水的侵蚀，并便于通风透气，防止商品受潮、霉变、残损，避免重物损坏地坪。常见的衬垫材料有废钢轨、钢板、枕木、木板、水泥墩、垫石、货板架、油毡、帆布、芦席、塑料薄膜等。

2.垫垛的基本要求

商品如何垫底,取决于所存商品的性能和库场的现实情况。具体要求如下。

(1)所选衬垫物不会影响待存商品的品质。堆存商品时,要选择坚固耐压的衬垫物。

(2)堆场在使用前,必须平整夯实,衬垫物要铺平放正,保持同一方向,露天堆场要布置畅通的排水系统。

(3)衬垫物不能露在货垛外面,以防遇水顺着衬垫物内流浸湿商品。

(4)垫底高度应视商品特性、气候条件、库场地理位置等具体情况而定,如无通风要求的商品存放在地面干燥的库房内,在垛底铺层油毡或帆布、芦席即可。一般情况下,露天货场垫高不低于30厘米,库房内垫高不低于20厘米。

(三)苫盖

苫盖是指为了减少日晒雨淋、扬尘湿气、风雪冰冻等自然环境对商品的直接侵蚀,利用专门的遮盖材料对货垛采取的保护性措施。常用的苫盖材料有苫布(包括各种篷布、塑料布、帆布等)、塑料薄膜、油毡纸、芦席、竹席、玻璃钢瓦、铁皮等。

1.苫盖的方法

(1)就垛苫盖法

直接使用苫盖物覆盖在货垛上。该法操作方便,但不具备通风条件,适用于起脊垛或大件商品的苫盖,可用帆布、油布或塑料布作为苫盖物。

(2)鱼鳞式苫盖法

将苫盖材料从货垛底部开始,自下而上成鱼鳞式逐层交叠围盖,每件苫盖材料都需要固定,可于苫盖材料下端处加隔离板或向内反卷以达到通风透气的效果。该法通风条件较好,但操作比较烦琐。

(3)隔离苫盖法

苫盖材料与商品货垛不直接接触,用竹竿、木条、隔离板等架空苫盖物,使之与货垛间留有一定空隙。该法有利于隔热,又便于排水通风。

(4)活动棚苫盖法

将苫盖物制成一定形状的棚架,棚架支脚装有滑轮,可整体推动到达或退出货位。该法操作方便,具有良好的通风条件,但购买成本较高而且棚身还占用一定的仓库面积。

2.苫盖的要求

苫盖的目的是防晒、防雨、防风、防尘。为了实现这个目的,苫盖必须具备下列基本要求。

(1)选料合理

苫盖材料的选用应符合"防火、安全、经济、耐用"的要求。还要结合商品对苫盖物的要求,如在易燃易爆品仓库,不得使用芦席、油毡纸等易燃苫盖物。

(2)符合苫盖的技术规范

无论采用何种苫盖方法,苫盖材料都应该加以固定,确保风刮不开。苫盖的接口要有一定程度的叠盖,不能留有空隙。苫盖材料表面平整没有凹陷,避免雨雪后积水渗入货垛。苫盖的底部与垫垛平齐,不腾空或拖地,一般离开地面10厘米以上,既防雨水渗入,又利于垛底通风。

## 三、盘点作业

在商品储存过程中,其本身性质、自然条件的影响、计量器具的合理误差或人为的原因,都易造成商品数量和质量的变化。为及时了解和掌握商品在储存过程中的变化,就需要经常地进行盘点和检查。

(一)商品盘点目的

1. 确定现存量

多记、误记和漏记,会使库存资料记录不实;商品损坏、丢失、验收和发货清点有误,会造成库存量不实;盘点方法不当,产生误盘、重盘和漏盘,会造成库存不实。为此,必须确认现存数量。

2. 确认企业损益

企业的损益与总库存金额有着极其密切的关系,而库存金额与商品库存及单价成正比,为准确计算出企业实际损益,必须进行商品的盘点。

3. 核实商品管理成效

通过盘点,可以发现呆品和废品及其呆废品处理情况、存货周转率,以及商品保管、保养、维修情况,从而采取相应的改善措施。

(二)商品盘点的种类与方法

1. 商品盘点的种类

盘点分为账面盘点及现货盘点。

账面盘点又称为永续盘点,就是把每天入库及出库商品的数量及单价,记录在电脑或账簿上,而后不断地累计加总算出账面上的库存量及库存金额。

现货盘点亦称为实地盘点或实盘,也就是实地去点数、调查仓库内商品的库存数,再依商品单价计算出库存金额的方法。

在实际工作中将账面盘点与现货盘点的结果进行对比,如存在差异,即是产生账货不符的现象,就应分析寻找错误原因,弄清究竟是账面盘点记错还是现货盘点点错,从而划清责任。

2. 商品盘点的方法

(1)动态盘点法

这种又叫永续盘点,是指对有动态的商品即发生过收、发业务的商品,及时核对该批商品余额是否与账、卡相符的一种盘点方法。动态盘点法有利于及时发现差错和问题处理。

(2)循环盘点法

这是指每天、每周按顺序一部分一部分地进行盘点,到了月末或期末则每项商品至少完成一次盘点的方法。这种方法是按照商品入库的前后顺序,不论是否发生过进出业务,有计划地循环进行盘点的方法。

(3)重点盘点法

这是指对商品进出动态频率高的,或者是易损耗的,或者是昂贵商品的一种盘点方法。

(4)定期全面盘点法

这是指利用半年或年终财务结算,在一定时间内对在库商品进行全面的盘点清查的一种方法。这种盘点方法的工作量大,检查的内容多,是把数量盘点、质量检查、安全检查结合在一起进行的方法。

(三)定期全面盘点的步骤

1.做好盘点准备

盘点是一项费时、费力、工作量相当大的工作,没有充分的准备、严密的操作流程及员工高度的责任心是无法顺利完成的。

(1)成立盘点组织

定期盘点需要建立临时性的、具有一定形式的联合组织。盘点组织由保管机构、技术管理机构、财务管理机构派人参加。

(2)人员的集训

盘点前必须对盘点人员进行必要的指导和培训,特别是对新进入公司的员工,应讲清盘点要求、盘点常犯错误及异常情况的处理方法等。

(3)准备好盘点工具

需准备盘点表,红、蓝色圆珠笔,复写纸,计算器,大头针等。

(4)告知顾客

最好在3天前以各种方式通知顾客、供应商在盘点期间不收货、不退货、不发货。

(5)盘点工作分派

由于品项繁多、差异性大,不熟悉商品的人员进行盘点难免会出现差错,所以在初盘时,最好还是由管理该类商品的理货员来实施盘点,然后再由后勤人员及部门主管来进行交叉的复盘及抽盘工作。

(6)整理储存场所

一般应在盘点前1日做好环境整理工作,包括:检查各个区位的商品陈列情况及仓库存货的位量和编号是否与盘点布置图一致;对尚未办理入库手续或出库手续的商品,应予以标明,不在盘点之列;整理货垛、货架,使其整齐有序,以便点算。

2.盘点时间确定

一般来说,为保证账物相符,货物盘点次数越多越好,但盘点需投入人力、物力、财力,有时大型全面盘点还可能引起生产的暂时停顿,所以,合理确定盘点时间非常必要。

一般性货品就货账相符的目标而言,导致盘点误差的关键原因主要在于出入库的过程。出入库越频繁,引起的误差也会随之增加,可能是因出入库作业单据的输入、检查点数的错误,或是出入库搬运造成的损失。因此一旦出入库作业次数多,误差也随之增加。

仓库物品的流动速度较快,在尽可能投入较少资源的同时,要加强库存控制,可以根据物品的不同特性、价值大小、流动速度、重要程度来分别确定不同的盘点时间,盘点时间间隔可以从每天、每周、每月到每年盘点一次不等。另外,必须注意的问题是,每次盘点持续的时间尽可能短,全面盘点以2~6天内完成为佳,盘点的日期一般会选择在财务决算前夕,这样通过盘点决算损益,以查清财务状况。也可以在淡季进行,因淡季储货较少,业务不太频繁,盘点较为容易,投入资源较少,且人力调动也较为方便。对仓库来说,通常盘点时间的确定可参考表4-3。

表 4-3　盘点时间确定

| 盘点的对象 | 盘点的时间 |
|---|---|
| 主要物品(A 类物品) | 每天或每周盘点一次 |
| 一般物品(B 类物品) | 每二三周盘点一次 |
| 次要物品(C 类物品) | 每月盘点一次 |

**3.盘点具体作业**

盘点时,因工作单调琐碎,人员较难持之以恒。为了确保盘点质量,除在进行人员培训时加强宣传教育外,工作进行期间应加以领导和督促。

在计算机信息管理系统里,通常是按仓卡编号和仓位编号进行盘点,打印出盘点清单供盘点人员使用;保管员将盘点结果输入计算机,并对盘点中产生差异的物品进行复核,对所报的物品损益进行复核,打印出盘点损益单;最后生成损益结算的财务凭证。

盘点作业的关键是点数,其工作强度极大,且手工点数差错率较高。通常可使用手掌机进行盘点,以提高盘点的速度和精确性。

**4.查找盘点差异的原因**

盘点结束后,会将一段时间以来积累的作业误差及其他原因引起的账物不符暴露出来。发现账物不符且差异超过容许误差时,应立即追查产生差异的主要原因。

盘点差异的原因通常可能来自以下一些方面。

(1)记账员素质不高。登录数据时发生错登、漏登等情况。

(2)账务处理系统管理制度和流程不完善,导致数据出错。

(3)盘点时发生漏盘、重盘、错盘现象,盘点结果出现错误。

(4)盘点前数据资料未结清,使账面数不准确。

(5)出入库作业时产生误差。

(6)货物损坏、丢失等。

**5.盘点盘盈、盘亏的处理**

差异原因查明后,应针对主要原因进行适当的调整与处理,至于呆滞品、废品、不良品减价的部分需与盘亏一并处理。除了盘点时产生的盈亏外,有些货品价格上会产生增减,这些变更经主管审核后必须利用货品盘点盈亏及价目增减更正表修改。

**6.盘点结果的评估检查**

进行盘点的目的主要是希望能借助盘点来检查货品出入库及保管状况,从而借助盘点了解问题所在。例如,在这次盘点中,实际存量与账面存量的差异是多少;这些差异是发生在哪些品项上;平均每一差异量对公司损益造成多大的影响;每次循环盘点中,有几次确实存在误差;平均每品项货品发生误差的次数又是多少。

盘点的结果经常会出现较大的盈亏,因此,通过盘点可以查出作业和管理中存在的问题,并通过解决问题提高管理水平,减少损失。

盘点结果的评价主要指标是:盘点数量差错、盘点数量差错率、盘点品项误差率、平均每件盘差品金额、盘差次数比率、平均每品项盘差次数率。

## 四、订单处理作业

仓库与其他经济实体一样,具有明确的经营目标和服务对象。因此,在仓库规划建设、开展配送活动之前,必须根据订单信息,对顾客分布、物品特性及品种数量、送货频率等资料进行分析,以此确定未来所要配送的货物种类、规格、数量和配送时间等。订单处理是仓库组织、调度的前提和依据,是其他各项作业的基础。

由于物流配送的业务活动是以客户订单发出的订货信息作为其驱动源的,因此,在配送活动开始前应根据订单信息,对客户的分布、所订物品的品名、物品特性与订货数量、送货频率与要求等资料进行汇总和分析,以此确定所要配送的货物种类、规格、数量和配送时间,最后由调度部门发出配送信息(如拣货单、出货单等)。订单处理是调度、组织配送活动的前提和依据,是其他各项作业的基础。

订单处理是配送服务的第一个环节,也是配送服务质量得以保证的根本。其中,订单的分拣和集合是订单处理过程中的重要环节。

订单处理是实现企业顾客服务目标最重要的影响因素。改善订单处理过程,缩短订单处理周期,提高订单满足率和供货的准确率,提高订单处理全程跟踪信息,可以大大提高顾客服务水平与顾客满意度,同时也能够降低库存水平,降低物流成本,使企业获得竞争优势。

一般的订单处理过程主要包括五个部分,即订单准备、订货方式与订单传递、订单登录、按订单供货、订单处理状态跟踪,如图 4-7 所示。

| 1.订单准备 | 2.订货方式<br>与订单传递 | 3.订单登录 | 4.按订单供货 | 5.订单处理<br>状态跟踪 |

图 4-7　订单处理过程

(一)订单准备

订单准备是指顾客寻找所需产品或服务的相关信息并做出具体的订货决定。具体内容包括选择合适的厂商和品牌,了解产品的价格、功能、售后服务及厂商的库存可供水平等信息。减少顾客订单准备的时间,降低顾客的搜寻成本,能够显著地增加企业产品的市场份额。

仓库在接到订货通知后,要在规定的送货截止时间之前将各个用户的订货单进行汇总,以此来确定所要配送的货物的种类、规格、数量和配送时间等。

(二)订货方式与订单传递

1.订货方式

接收客户订单的方式分为传统订货方式和电子订货方式。

(1)传统订货方式

①厂商铺货

供应商直接将货物放在货车上,一家家去送货,缺多少补多少,适用于周转率快的物品,或新上市物品。

②厂商巡货、隔天送货

供应商派巡货人员前一天先到各客户处巡查需补充的物品,隔天再予以补货。可利用巡货人员为商店整理货架、贴标签或提供经营管理意见、市场信息等,也可促销新品。传统的供应商采用这种方式,但成本较高,可能造成零售业者难以管理。

③电话口头订货

订货人员将物品名称及数量以电话口述的方式向厂商订货。由于每天需向许多供应商要货,且需订货的品项可能达数十种,故花费时间长,错误率高。

④传真订货

客户将缺货信息整理成文,利用传真机传给供应商。利用传真机虽然可以快速地传递订货信息,但传送资料的品质不良,可能难以确认。

⑤客户自行取货

客户自行到供应商处看货、补货,此种方式多为传统杂货店因地缘较近而采用。客户自行取货可省却物流中心的配送作业,但个别取货可能影响物流作业的连贯性。

⑥业务员跑单接单

业务员到各客户处去推销产品,而后将订单带回或紧急时用电话先与公司联系,通知客户订单。

上述几种订货方式都需人工输入资料而且需要经常重复输入、重复填写传票,并且在输入输出间常造成时间耽误及产生错误。

(2)电子订货方式

随着市场竞争的日趋加剧,传统的订货方式已无法应付订货的高频率和快速响应需求。于是,新的订货方式便应运而生,这就是电子订货方式。

电子订货方式借助计算机进行信息处理,以取代传统人工书写、输入、传送的订货方式,将订货信息转为电子信息由通信网络传送,故被称为电子订货系统(electronic ordering system,EOS)。

电子订货系统具体做法有以下三种。

①订货簿或货架标签配合手持终端机及扫描器

订货人员携带订货簿及手持终端机巡视货架,若发现物品缺货就用扫描器扫描订货簿或货架上的物品条形码标签,再输入订货数量,当所有订货资料皆输入完毕后,利用数据机将订货信息传给供应商或总公司。

②POS

客户若有 POS(point of sale)收银机,则可在物品库存档内设定安全存量。每当销售一笔物品时,电脑自动扣除该物品库存。当库存低于安全存量时,便自动生成订单,经确认后便通过通信网络传给总公司或供应商。

③订货应用系统

客户的计算机信息系统里有订单处理系统,可将订货信息通过与供应商约定的共同格式在约定的时间里将订货信息传送出去。

2.订单传递

订单传递就是把订货信息从顾客传递到产品的供应商处。包括三种:手工传输、电话或传真传输、网络传输。一般而言,通过电脑直接连线的方式最快也最准确,而手工传输、电话或传真传输的方式较慢。由于订单传递时间是订货前置时间内的一个因素,其可经由存货水准的调整来影响客户服务及存货成本,因而传递速度快、可靠性及正确性高的订单处理方式,不仅可大幅提升客户服务水准,对存货相关的成本费用也能有效地缩减。网络传输方式由于速度快,运行成本低,可靠性好,准确性高,逐渐成为最重要的订货信息传输方式。

(三)订单登录

接受订单后应对订单的内容进行确认,确认内容主要有以下几个方面。

1.需求品项数量及日期的确认

此项为对订货资料项目的基本检查,即检查品名、数量、送货日期等是否有遗漏、笔误或不符合公司要求的情形。尤其当要求送货时间有问题或出货时间延迟的时候,更需要再与客户确认一遍订单内容或更正期望运送时间。若采用电子订货方式接单,也需要对订货资料加以检查确认。

2.客户信用的确认

不论订单是以何种方式传至公司,配销系统的第一步骤就是查核客户的财务状况,以确定其是否有能力支付该批订单的账款,多检查客户的应收账款是否已超过其信用额度。一般可以通过两个途径来核查客户的信用状况。

(1)客户代号或客户名称输入

当输入客户代号、名称等资料后,系统即加以审核客户的信用状况,当客户应收账款已超过其信用额度时,系统就加以警示,以便输入人员决定是否继续输入其订货资料或拒绝其订货。

(2)订购品项资料输入

若客户此次的订购金额加上以前累计的应收账款,超过信用额度,系统将锁定此笔订单资料,以便主管来审核。

原则上顾客的信用调查应由销售部门来负责,但有时销售部门往往为了争取订单并不太重视这种核查工作,因而有些公司会授权运营部门来负责客户的信用核查工作,运营部门一旦发现有问题,便会将订单送回销售部门处理。

3.订单形态确认

物流中心虽有整合传统批发商的功能,且拥有高效的物流和信息处理能力,但在面对众多交易对象时,似乎仍需针对不同的客户需求采取不同的做法。反映到订单业务上,即可看出其具有多种订单交易类型。常见的订单形态有一般交易订单、现销式交易订单、间接式交易订单、合约式交易订单、寄库式交易订单、兑换券交易订单。不同的订单交易类型有不同的订货处理方式,因而接单后必须再对客户订单或订单上的订货品项加以确认,以便让系统针对不同类型的订单提供不同的处理功能。

4.订单价格确认

不同的客户(大盘、中盘、零售)、不同的订购量,可能有不同的售价,输入价格时系统应加以检查。若输入的价格不符(输入错误或因业务员降价强接单等),系统应加以锁定,以便主管审核。

5.加工包装确认

遇到客户对订购的商品有包装、分装、贴标等特殊要求的,或是对相关赠品的包装等有要求的,需要详加确认后记录。

6.设定订单号码

每一订单都要有其单独的订单号码,此号码由控制单位或成本单位来指定,除了便于计算成本外,可用于制造、配送等一切有关工作,且所有工作说明及进度报告均应附此号码。

**7.建立客户主档**

建立客户主档,即将客户状况详细记录,以利于日后合作。客户档案的内容应包括客户名称、客户代号、客户等级、客户信用额度、客户销售付款及折扣率的条件、开发或负责此客户的业务员资料、客户配送区域、客户收账地址、客户点配送路径顺序、客户点适合的送货车辆形态、客户点卸货特性、客户配送要求、延迟订单(过了订货时间的订单)的处理方式等。

**(四)按订单供货**

**1.存货查询及按订单分配存货的方式**

如确认库存能否满足客户需求,订单分配存货的方式,以及优先分配权问题等。

优先分配通常需掌握以下原则。

(1)具有优先权者先。

(2)依客户等级来取舍,将客户重要性程度高的做优先分配。

(3)依订单交易量或交易金额来取舍,将对公司贡献度大的订单优先处理。

(4)依客户信用状况,将信用较好的客户订单优先处理。

**2.计算拣取的标准时间**

由于要有计划地安排出货时程,因而对于每一订单或每批订单可能花费的拣取时间应要事先掌握,因此要计算订单拣取的标准时间,方法如下。

(1)首先计算每一单元(如一栈板、一纸箱、一件货物)的拣取标准时间,且将之设定于电脑记录标准时间档,并将单元拣取时间记录下来,则不论数量多少,都很容易推导出整个标准时间。

(2)有了单元的拣取标准时间后,即可依每品项订购数量(多少单元)再配合每品项的寻找时间,来计算出每品项拣取的标准时间。

(3)最后,根据每一订单或每批订单之订货品项,并考虑一些纸上作业的时间,计算出整张或整批订单的拣取标准时间。

**3.依订单排定出货时间及拣货顺序**

前面根据存货状况进行了存货的分配,但对于这些已分配存货的订单,应如何安排其出货时间及拣货先后顺序——通常会再依客户需求、拣取标准时间及内部工作负荷来拟定。

**4.分配后存货不足的处理**

若现有存货数量无法满足客户需求,且客户又不愿以替代品替代时,则应依客户意愿与公司政策来决定应对方式,可采取重新调拨、补送、延迟交货、取消订单等方式。

**(五)订单处理状态跟踪**

订单资料经由上述的处理后,即可开始打印一些出货单据,以展开后续的物流作业。

**1.拣货单**

拣货单(出库单)是提供商品出库的指示资料,可作为拣货的依据。拣货资料的形式需配合物流中心的拣货策略及拣货作业方式来加以设计,以提供详细且有效率的拣货信息,便于拣货的进行,比如可以考虑打印商品储位、拣货数量等。

**2.送货单**

物品交货配送时,通常附上送货单据给客户清点签收。因为送货单主要是给客户签收、确认出货资料的,所以其正确性及明确性很重要。要确保送货单上的资料与实际送货资料相符,除了出货前的清点外,出货单据的打印时间及修改也须注意。

**3.缺货信息**

待配货完毕后,对于缺货的物品或缺货的订单资料,系统应提供查询信息或报表,以便采购人员紧急采购。

## 五、拣选作业

每张客户的订单中都至少包含一项以上的商品,如何将这些不同种类数量的商品由仓储中心取出集中在一起,这就是拣货作业。

**(一)拣货作业的目的及功能**

在仓储中心内部所涵盖的作业范围里,拣货作业是其中十分重要的一环,拣货作业的目的是正确而且迅速地集合顾客所订购的商品。从成本分析的角度来看,物流成本约占商品最终销售价格的30%,一般而言,拣货成本占物流搬运成本的绝大部分。因此若要降低物流搬运成本,由拣货作业上着手改进,可达事半功倍的效果。

从人力需求的角度来看,目前大多数的仓储中心仍属劳动力密集型产业,其中与拣货作业直接相关的人力成本更占到50%以上,且拣货作业的时间投入占整个物流中心的30%~40%。由此可见规划合理的拣货作业方法,对于日后物流中心的运作效率具有决定性的影响。

**(二)拣货单位**

基本上,拣货单位可分成栈板、箱及单品三种。一般而言,以栈板为拣货单位的体积及重量最大,其次为箱,最小单位为单品,为了能够做出明确的判别,进一步做以下划分。

**1.栈板**

由箱叠栈而成,无法用人手直接搬运,必须利用堆高机或拖板车等机械设备拣取。

**2.箱**

由单品组成,可由栈板上取出,必须用双手拣取。

**3.单品**

拣货的最小单位,单品可由箱中取出,可以用人手单手拣取。

**4.特殊品**

体积大且形状特殊,无法按栈板、箱归类,或必须在特殊条件下作业的货品,如大型家具、桶装油料、长杆形货物、冷冻货品等,都属于特殊的商品特性,拣货系统的设计将严格受限。

拣货单位是根据由订单分析出来的结果而做决定的,如果订货的最小单位是箱,则不要以单品为拣货单位。库存的每一品项都需要做以上分析,判断出拣货的单位,但一些品项可能有两种以上的拣货单位,则在设计上要针对每一种情况区分考虑。

**(三)拣货策略**

拣货策略的决定是影响日后拣货效率的重要因素,因而在决定拣货作业方式前,必先对常见的拣货基本策略有所了解,一般可做如下划分。

1. 按订单拣取

按订单拣取(single-order-pick)作业方式是针对每一张订单,作业员巡回在仓库内,将客户所订购的商品逐一从仓储中挑出集中的方式,是较传统的拣货方式。

优点:作业方法单纯;前置时间短;导入容易且弹性大;作业员责任明确,派工容易、公平;拣货后不用再进行分类作业,适用于量大订单的处理。

缺点:商品品项多时,拣货行走路径加长,拣取效率降低;拣货区域大时,搬运系统设计困难。

2. 批量拣取

批量拣取(batch pick)是指把多张订单集合成一批,依商品类别将数量加总后再进行拣取,之后依客户订单做分类的拣货方式。

优点:适合订单数量庞大的系统;可以缩短拣取时行走搬运的距离,增加单位时间的拣货量。

缺点:对订单的到来无法做即时的反应,必须等订单累积到一定数量时才做处理,因此会有停滞的时间产生。只有根据订单到达的状况做等候分析,决定批量大小,才能将停滞时间减到最低。

订单拣取和批量拣取是两种最基本的拣货策略,比较而言,订单拣取弹性较大,临时性的产能调整较为容易,适合客户少样、多量订货且订货大小差异较大、订单数量变化频繁、有季节性趋势的货品订单,适用于存储的货品外形体积变化较大、货品特性差异较大、分类作业较难进行的物流中心。批量拣取的作业方式通常在系统化、自动化后产能调整能力较小,适用于订单变化小,订单数量稳定,且存储的货品外形体积较规则、固定的物流中心。

3. 其他拣货策略

除上述两项基本的拣货策略外,由此两策略引申出的拣货策略还包括下述五项。

(1)复合拣取

复合拣取为订单拣取及批量拣取的组合;可依订单品项、数量决定哪些订单适于订单拣取,哪些订单适合批量拣取。

(2)分类式拣取

一次处理多张订单,且在拣取各种商品的同时,把商品按照客户订单分类放置的拣取方式。举例来说,一次拣取5张订单时,每次拣取用台车或笼车带上5家客户的篮子,边拣取边按不同客户将货品放置在相应的篮子中。如此可减轻事后分类的麻烦,有利于提升拣货效率,较适合每张订单量不大的情况。

(3)分区、不分区拣取

不论是采用订单拣取还是批量拣取,从效率上考虑皆可配合采用分区或不分区的作业策略。所谓分区作业就是将拣取作业场地做区域划分,每一个作业员负责拣取固定区域内的商品。而其分区方式又可分为拣货单位分区、拣货方式分区及工作分区。事实上在做拣货分区时亦要考虑到储存分区的部分,必须先针对储存分区进行了解、规划,才能使得系统整体的配合趋于完善。

(4)接力拣取

此种方法与分区拣取类似,先决定出拣货员各自分担的产品项目或料架的责任范围后,各个拣货员只拣取拣货单中自己所负责的部分,然后以接力的方式交给下一位拣货员。

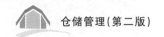

（5）订单分割拣取

当一张订单所订购的商品项目较多，或欲设计一个讲求及时快速处理的拣货系统时，为了使其能在短时间内完成拣货处理，利用此策略将订单切分成若干子订单，并将子订单交给不同的拣货人员同时进行拣货作业，以提高拣货的效率。订单分割策略必须与分区策略联合运用才能有效发挥长处。

## 六、仓储加工和包装作业

### （一）仓储加工作业

仓储加工是流通加工的一种，可以大大提高客户的满意程度，提高配送质量，增加配送效益，减轻生产企业的负担，提高配送的总体经济效益。

仓储加工是仓储企业在进行配送作业时，按用户要求，改变或部分改变商品的形态和包装形式的一种生产性辅助加工活动。如根据用户的需求对物品进行套裁、简单组装、分装、贴标、包装等加工活动，以及卷板展平、开片、下料，原木锯材，型煤加工，玻璃集中套裁等。

仓储企业必须按照所配送物品的特点和用户的基本要求来确定其加工内容，并设置加工设备，配备一定加工及其技术管理人才，按生产加工程序组织生产，努力提高劳动生产率和加工质量，降低劳动消耗，提高配送加工的经济效益。

仓库所进行的加工作业在整个物流配送作业系统中处于可选择性的附带货物作业，它是一项可提高服务水平、增加附加价值的作业。

#### 1.仓储加工的主要目的

虽然仓储加工的加工目的单一，但是可以取得多种社会效果，比如可以提高运输效率、降低消耗、减轻生产企业负担、满足用户需要、提高配送质量、增加配送效益等。同时，也可以完善配送功能，提高配送的总体经济效益。

①方便运输

铝制门窗框架、自行车、缝纫机等产品若在制造厂装配成完整的产品，在运输时会耗费很高的运输费用。为了运输方便一般都是把它们的零部件，如铝制门窗框架的杆材、自行车车架和车轮分别集中捆扎或装箱，到达销售地点或使用地点以后再分别组装成成品，这样不仅运输方便，而且经济。而作为加工活动的组装环节，是在流通过程中完成的。

②方便用户

由于用户需要的多样化，必须在流通部门按照顾客的要求进行加工。

③便于综合利用，节约物流总成本

为了综合利用，在流通中将货物分解，分类处理。猪肉和牛肉等在食品中心进行加工，将肉、骨分离，其中肉只占65％左右，向零售店输送时就能大大提高输送效率。骨头则送往饲料加工厂，制成骨粉加以利用。由于流通加工属于深加工性质，直接面对终端用户，综合多家需求，集中下料，合理套裁，充分利用边角余料，做到最大限度的"物尽其用"，节约大量原材料，因此，流通加工这一环节的发展，使流通与加工总体过程更加合理化。流通加工一般都在干线运输和支线运输的结点进行，这样能使大量运输合理分散，有效地缓解长距离、大批量、少品种的物流与短距离、小批量、多品种物流的矛盾，实现物流的合理流向和物流网络的最佳配置，从而避免不合理的重复、交叉、迂回运输，大幅度节约运输、装卸搬运和保管等费用，降低物流总成本。

**2.仓储加工的方式**

一般较常见的仓储加工主要有:初级加工活动,如按照用户的要求下料、套裁、改制等;辅助性加工活动,如给物品加贴条码、贴标签、简单包装等;深加工活动,如把蔬菜、水果等食品进行冲洗、切割、过秤、分级和装袋,把不同品种的煤炭混合在一起,加工成"配煤"等。加工作业不仅是一种增值性经济活动,而且完善了仓库的服务功能。

①贴标签作业

贴标签作业大致可分为贴中文说明标签和贴价格标签。贴中文说明标签的大部分是以进口物品为主。当物品运入后就开始进行作业,标签贴完后再入库。这主要是针对贸易进口商的一种物流服务项目。另外一种是贴价格标签,这是针对零售店的要求所进行的流通加工,其作业大部分是在拣货完成后进行的。

②热缩包装

在流通加工作业中,热缩包装作业也是一种比较常见的加工方式,主要是针对超市或大卖场的需求,把某些物品按促销要求组合用热收缩塑料包装材料固定在一起。常用的薄膜收缩温度范围为88～149℃,受热时变软,冷却后收缩,收缩强度相当大,可承受较大、较重的物品。

③礼品包装

主要是针对逢年过节时,有部分物品必须组合成礼品销售盒销售,如礼酒礼盒、南北货礼盒、食品礼盒等。

④小包装分装

主要是针对国内外厂商的大包装物品或散装物品,将计量(或计重)包装方式改为物品的销售包装方式。

⑤钢板剪切

汽车、冰箱、冰柜、洗衣机等生产制造企业,每天需要大量的钢板。除了大型汽车制造企业外,一般规模的生产企业如若自己单独剪切,难以解决用料高峰和低谷的差异引起的设备忙闲不均和人员浪费问题,但如果委托专业钢板剪切加工企业,就可以解决这个矛盾。这类专业加工企业不仅提供剪切加工服务和配送服务,还出售加工原材料和加工后的成品。

⑥水泥加工

在水泥流通服务中心,将水泥、沙石、水及添加剂按比例进行初步搅拌,然后装进水泥搅拌车。事先计算好时间,水泥搅拌车一边行走,一边搅拌。到达工地后,搅拌均匀的混凝土直接进行浇注。

⑦玻璃加工

平板玻璃的运输货损率较高,玻璃运输的难度比较大。在消费比较集中的地区,建立玻璃流通加工中心,按照用户的需要对平板玻璃进行套裁和开片,这样可使玻璃的利用率从62%～65%,提高到90%,大大降低了玻璃破损率,增加了玻璃的附加价值。

⑧自行车、助力车加工

自行车和助力车整车运输,保管和包装费用多、难度大、装载率低,但这类产品装配简单,不必进行精密调试和检测,所以,可以将同类部件装箱,批量运输和存放,在商店出售前现场组装。这样做可以大大提高载运率,有效地衔接批量生产和分散消费。这是一种只改变物品状态、不改变物品功能和性质的流通加工形式。

⑨水产品、肉类、蔬菜、水果等食品加工

鱼等海产品的开膛、去鳞,猪肉、鸡肉等肉类食品的分割、去骨,常常在运到商店后进行并分类出售。超市货架上摆放的各类洗净的蔬菜、水果、肉末等无一不是配送加工的产物。

(二)包装作业

在国家标准《中华人民共和国国家标准:物流术语》(CB/T 18354—2006)中对包装所下的定义是:"所谓包装是指为在流通过程中保护商品、方便运输、促进销售,按照一定技术方法而采用的容器、材料及辅助物等的总体名称,也指为了达到上述目的而在采用容器、材料和辅助物的过程中施加一定技术方法等的操作活动。"现代物流观认为,包装是生产的终点,物流的始点,包装贯穿于整个物流活动的始终,可以说,没有完善的包装,就没有现代化的物流。

1. 包装的作用

包装主要有保护功能、便利功能和促销功能。

(1)保护功能

包装的第一项功能,便是对于物品的保护作用。如避免搬运过程中的脱落,运输过程中的振动或冲击,保管过程中由于承受重物压力所造成的破损,避免异物的混入和污染,防湿、防水、防锈、防光,防止因为化学或细菌的污染而出现的腐烂变质,防霉变、防虫害等。

(2)便利功能

恰当的包装能有利于运输和使用(消费),有利于物流各个环节衔接作业。如对运输环节来说,包装尺寸、重量和形状最好能配合运输、搬运设备的尺寸、重量,以便于搬运和保管;对仓储环节来说,包装则应方便保管、移动简单、标志鲜明、容易识别、具有充分的强度。

(3)促销功能

包装的商品功能是因为包装能够创造商品形象,促进商品销售。对于以大量销售方式为特征的商品,如超市、便利店销售的由顾客在购物架上自由选择的商品,大都采用预先包装(pre-packaging)的方式,使顾客由包装就能选购自己所需的商品,因此,包装具有连接商品与消费者的作用。商品包装外部的文字图画有利于对商品的介绍,美观的商品包装可以通过文字、图案和色彩效果引起顾客的购买欲,起到商品促销的作用。

(4)包装在物流中比较重要的其他功能

①成组化功能

为了材料搬运或运输的需要而将物品整理成适合搬动、运输的单元,如使用托盘包装,将托盘上的货物与托盘一起构成一个物流运作的单元。

②效率功能

恰当的包装设计充分考虑到物流系统各环节处理的需要,对提高物流系统各环节的作业效率都有重要的影响。例如,多数货物经过成组包装后进行运输,以便于运输过程中的搬运和装卸,缩短作业时间,减轻劳动强度,提高机械化作业的效率。另一方面,一类货物的统一包装能使货物堆放、清点变得更加容易,从而提高了仓储工作的效率。

③跟踪功能

良好的货物包装能使物流系统在收货、储存、取货、出运的各个过程中跟踪商品,如将印有时间、品种、货号、编组号等信息的条形码标签贴在物品上供电子仪器识别,能使生产厂家、批发商和仓储企业迅速准确地采集、处理和交换有关信息,加强了对货物的控制,减少了物品在流通过程中的货损货差,提高了跟踪管理的能力和效率。

2.包装容器技术

(1)包装袋

包装袋是柔性包装中的重要技术,包装袋材料是柔性材料,有较高的韧性、抗拉强度和耐磨性。一般包装袋结构是筒管状结构,一端预先封死,在包装结束后再封装另一端,包装操作一般采用充填操作。包装袋广泛适用于运输包装、商业包装、内装、外装,因而使用较为广泛。包装袋一般分成下述三种类型:集装袋、一般运输包装袋、小型包装袋(普通包装袋)。集装袋适于运输包装,一般运输包装袋适于外包装及运输包装,小型包装袋适于内装、个装及商业包装。

(2)包装盒

包装盒是介于刚性和柔性包装两者之间的包装技术。包装材料有一定柔性,不易变形,有较高的抗压强度,刚性高于袋装材料。包装结构是规则几何形状的立方体,也可裁制成其他形状,如圆盒状、尖角状,一般容量较小,有开闭装置。包装操作一般采用码入或装填,然后将开闭装置闭合。包装盒整体强度不大,包装量也不大,不适合做运输包装,适合做商业包装、内包装,适合包装块状及各种异形物品。

(3)包装箱

包装箱是刚性包装技术中的重要一类。包装材料为刚性或半刚性材料,有较高强度且不易变形。包装结构和包装盒相同,只是容积、外形都大于包装盒,两者通常以10升为分界。包装操作主要为码放,然后将开闭装置闭合或将一端固定封死。包装箱整体强度较高,抗变形能力强,包装量也较大,适合做运输包装、外包装,包装范围较广,主要用于固体杂货包装。主要包装箱有瓦楞纸箱、木箱、塑料箱、集装箱。

(4)包装瓶

包装瓶是瓶颈尺寸有较大差别的小型容器,是刚性包装中的一种。包装材料有较高的抗变形能力,刚性、韧性要求一般也较高,个别包装瓶介于刚性与柔性材料之间,瓶的形状在受外力时虽可发生一定程度的变形,但一旦外力撤除,仍可恢复原来的瓶形。包装瓶结构是瓶颈口径远小于瓶身,且在瓶颈顶部开口;包装操作是填灌操作,然后将瓶口用瓶盖封闭。包装瓶包装量一般不大,适合美化装潢,主要做商业包装、内包装使用。主要包装液体、粉状货。包装瓶按外形可分为圆瓶、方瓶、高瓶、矮瓶、异形瓶等若干种。瓶口与瓶盖的封盖方式有螺纹式、凸耳式、齿冠式、包封式等。

(5)包装罐(筒)

包装罐(筒)是罐(筒)身各处横截面形状大致相同,罐(筒)颈短,罐(筒)颈内径比罐(筒)身内颈稍小或无罐(筒)颈的一种包装容器,是刚性包装的一种。包装材料强度较高,罐(筒)体抗变形能力强。包装操作是装填操作,然后将罐(筒)口封闭,可做运输包装、外包装,也可做商业包装、内包装用。包装罐(筒)主要有小型包装罐(筒)、中型包装罐(筒)、集装罐(筒)。

3.包装的保护技术

(1)防震保护技术

防震包装又称缓冲包装,在各种包装方法中占有重要的地位。产品从生产出来到开始使用要经过一系列的运输、保管、堆码和装卸过程,被置于一定的环境之中。在任何环境中都会有力作用在产品之上,并使产品发生机械性损坏。为了防止产品遭受损坏,就要设法减小外力的影响,所谓防震包装就是指为减缓内装物受到冲击和振动,保护其免受损坏所采取的一定防护措施的包装。防震包装主要有以下三种方法:全面防震包装方法、部分防震包装方法、悬浮式防震包装方法。

(2)防破损保护技术

缓冲包装有较强的防破损能力,因而是防破损包装技术中有效的一类。此外还可以采取以下几种防破损保护技术:捆扎及裹紧技术、集装技术、高强保护材料。

(3)防锈包装技术

主要包括防锈油防锈蚀包装技术和气相防锈包装技术。防锈油包装技术就是将金属涂封防止锈蚀,使金属表面与引起大气锈蚀的各种因素隔绝,将金属表面保护起来,就可以达到防止金属大气锈蚀的目的。气相防锈包装技术就是用气相缓蚀剂(挥发性缓蚀剂),在密封包装容器中对金属制品进行防锈处理的技术。

(4)防霉腐包装技术

在运输包装内装运食品和其他有机碳水化合物货物时,货物表面可能生长霉菌。在流通过程中如遇潮湿,霉菌生长繁殖极快,甚至延伸至货物内部,使其腐烂、发霉、变质,因此要采取特别防护措施。包装防霉烂变质的措施,通常是采用冷冻包装、真空包装或高温灭菌方法。

(5)防虫包装技术

防虫包装技术,常用的是驱虫剂,即在包装中放入有一定毒性和气味的药物,利用药物在包装中挥发气体杀灭和驱除各种害虫。常用驱虫剂有萘、对位二氯化苯、樟脑精等。也可采用真空包装、充气包装、脱氧包装等技术,使害虫无生存环境,从而防止虫害。

(6)危险品包装技术

危险品有上千种,按其危险性质,交通运输及公安消防部门将其分为十大类,即爆炸性物品、氧化剂、压缩气体和液化气体、自燃物品、遇水燃烧物品、易燃液体、易燃固体、毒害品、腐蚀性物品、放射性物品等,有些物品同时具有两种以上的危险性能。对这些物品可以采用相应的物理和化学方法来处理。

(7)特种包装技术

特种包装技术主要包括充气包装、真空包装、收缩包装、拉伸包装和脱氧包装等。

# 第三节　出库作业管理

## 一、商品出库的依据

商品必须依据货主开的"商品调拨通知单",才能出库。不论在何种情况下,仓库都不得擅自动用、变相动用或者外借货主的库存商品。

"商品调拨通知单"的格式不尽相同,不论采用何种形式,都必须是符合财务制度要求的、有法律效力的凭证。要坚决杜绝凭信誉发货或无正式手续发货。

## 二、商品出库的要求和基本方法

（一）商品出库要求：做到"三不三核五检查"

"三不"，即未接单据不登账，未经审单不备货，未经复核不出库；"三核"，即在发货时，要核实凭证、核对账卡、核对实物；"五检查"，即对单据和实物要进行品名检查、规格检查、包装检查、件数检查、重量检查。具体地说，商品出库要求严格执行各项规章制度，提高服务质量，使用户满意，包括对品种规格的要求的核查，积极与货主联系业务，为用户提货创造各种方便条件等，杜绝差错事故。

（二）商品出库的形式

1.送货

仓库根据货主单位预先送来的或电脑传递的"商品调拨通知单"，通过发货作业，把应发商品交由运输部门送达收货单位，这种发货形式就是通常所称的送货制。仓库实行送货，要划清交接责任。仓储部门与运输部门的交接手续，是在仓库现场办理完毕的。运输部门与收货单位的交接手续，是根据货主单位与收货单位签订的协议，一般在收货单位指定的到货目的地办理。送货具有"预先付货、按车排货、发货等车"的特点。仓库实行送货具有多方面的好处：仓库可预先安排作业，缩短发货时间；收货单位可避免因人力、车辆等不便而发生的取货困难；在运输上，可合理使用运输工具，减少运费。仓储部门实行送货业务，应考虑到货主单位不同的经营方式和供应地区的远近，既可向外地送货，也可向本地送货。

2.自提

由收货人或其代理持"商品调拨通知单"直接到库提取，仓库凭单发货，这种发货形式就是仓库通常所称的提货制。它具有"提单到库，随到随发，自提自运"的特点。为划清交接责任，仓库发货人与提货人在仓库现场，对出库商品当面交接清楚并办理签收手续。

3.代办托运

代办托运是由仓库将货物通过运输单位托运，发到货物需用单位的一种出库方式。它是在仓库备完货后，到承运单位办理货运手续，通过铁路、水路、公路、航空、邮局等将货物运到购货单位指定的地点，然后由用户自行提取的方式。在办理托运前，仓库应按需用单位的要求备好货，并做好发运记录，适用于异地、同地业务单位之间购货。仓库按照规定程序办理完托运手续并取得运输部门的承运凭证，将应发货物全部点交承运部门后，责任才开始转移。

（三）商品出库的作业程序

出库作业程序是保证出库工作顺利进行的基本保证，为防止仓库工作失误，在进行出库作业时必须严格履行规定的出库业务工作程序，使出库有序进行。商品出库的程序主要包括商品出库前的准备—审核出库凭证—出库信息处理—拣货与分货—出货检查—包装—刷唛—点交—装车发运—发货后的清理等。

1.出库前的准备

通常情况下，在接到客户通过网络传来或送来的提货单后，为了能准确、及时、安全、节约地搞好商品出库，提高工作效率，仓库应根据出库凭证的要求做好如下准备工作。

（1）选择发货的货区、货位。

（2）检查出库商品,拆除货垛苫盖物。

（3）安排好出库商品的堆放场地。

（4）安排好人力和机械设备。

（5）准备好包装材料等。

（6）送货上门的商品要备好运输车辆,需代办托运的商品出库要与铁路、公路、水路等承运部门联系。

2.审核出库凭证

仓库部门接到出库凭证(提货单、领料单)后,必须对出库凭证进行以下审核。

（1）对出库凭证的合法性、真实性的审核。

（2）审核出库凭证手续是否齐全,内容是否完整。

（3）核对出库商品的品名、型号、规格、单价、数量。

（4）核对收货单位、到站名称、开户行和账号是否齐全和准确。

凡在证件审核中,发现有物品名称、规格、型号不对的,印鉴不齐全的,数量有涂改的,手续不符合要求的均不能发料出库。但在特殊情况(如救灾、抢险等)下,可经领导批准先发货,事后及时补办手续。

3.出库信息处理

出库凭证经审核确认无误后,将出库凭证信息进行处理。

当采用人工处理方式时,记账员将出库凭证上的信息,按照规定的手续登记入账时在出库凭证上批注出库商品的货位编号,并及时核对发货后的结存数量。

当采用计算机进行库存管理时,出库凭证的信息录入微机后,由出库业务系统进行信息处理,并打印生成相应的拣货信息即拣货单。

4.拣货与分货

拣货作业就是依据客户出库单或仓储部门的拣货单,将货物按其规格与数量从其存储的位置或其他区域拣取出来的作业过程。分货作业又称配货作业。在拣货作业完成后,根据客户订单进行货物分类工作,即分货。

5.出货检查

出货检查即复核,为了保证出库商品不出差错,配好货后企业应立即进行出货检查。出货检查就是将货品一个个点数并逐一核对出货单,进而查验出货物的数量、品质及状态情况。

出货检查由复核员按出库凭证对出库商品的品名、规格、单位、数量等进行复核。既要复核单货是否相符,又要复核货位结存量来验证出库量是否正确。检查无误后,复核人在出库凭证上签字,方可包装或交付装运。在包装装运过程中要再次进行复核。

6.包装

出库商品有的不需要包装,直接装运出库,如钢管、螺纹钢等。有的则需要经过包装才可装运出库,特别是发往外地的商品,为了适应安全的要求往往需要进行重新组装或加固原包装。

7.刷唛

包装完毕后,要在外包装上写清收货单位、收货人、到站名称、本批商品的总包装件数、发货单位等。字迹要清晰,书写要准确。并在相应位置上印刷或粘贴条码标签,重复利用的包装,应彻底清除原有标识,以免造成标识混乱,导致差错。

### 8.点交

出库商品无论是要货单位自提,还是交付运输部门发送,发货人员必须向收货人或运输人员按车逐件交代清楚,划清责任。如果本单位内部领料,则需将商品和单据当面点交给提货人,办清交接手续。若是送料或将商品调出本单位办理托送的,则需与送货人或运输部门办理交接手续,当面将商品交点清楚。交清后,提货人员应在出库凭证上签字盖章。发货人员在经过接货人员认可后,在出库凭证上加盖商品付讫印戳,同时给接货人员签发出门证,门卫按出门证核检无误后方可放行。

### 9.装车发运

点交手续办完后,应装车发运,装车应遵循以下原则。

(1)为了减少或避免差错,尽量把外观相近、容易混淆的货物分开装载。

(2)重不压轻,大不压小,轻货应放在重货上面,包装强度差的应放在包装强度好的上面。

(3)尽量做到"后送先装"。由于配送车辆大多是后开门的箱式货车,先卸车货物应装在车厢的后部,靠近车厢门,后卸车的货物装在前部。

(4)货与货之间,货与车辆之间应留有空隙并适当加衬垫,防止货损。

(5)不将散发臭味的货物与具有吸臭性的货物混装。

(6)尽量不将散发粉尘的货物与清洁的货物混装。

(7)切勿将渗水货物与易受潮货物一同存放。

(8)包装不同的货物应分开装载,如板条箱货物不要与纸箱、袋装货物堆放在一起。

(9)具有尖角或其他突出物的货物应和其他货物分开装载,或用木板隔开,以免损伤其他货物。

(10)装货完毕,应在门端处采取适当的稳固措施,防止开门卸货时,货物倾倒造成货损或人身伤亡。

### 10.发货后的清理

货物出库后,应对原存货空间进行现场清理、打扫,以为下一次入库做准备。

## 三、商品出库出现问题时的处理

由于仓库储存商品的种类较多,在商品出库过程中出现的问题也是多方面的,若发现有问题应及时进行处理。

(一)出库凭证上的问题

(1)发货前验单时,凡发现提货凭证有问题,如抬头、印鉴不符,或者情况不清楚,应及时与出具出库单的单位或有关部门联系,妥善处理。

(2)出库凭证有假冒、复制、涂改等情况时应及时与仓库保卫部门联系,妥善处理。

(3)凡用户自提出库,出库凭证超过提货期限的,用户前来提货,必须先办理相关手续,按规定缴足逾期仓储保管费,然后方可发货。

(4)任何白条都不能作为发货凭证,特殊情况(如救灾等)发货必须符合仓库有关规定。

(5)提货时,用户发现规格开错,保管员不得自行调换规格发货。必须通过制票员重新开票方可发货。

(6)商品进库未验收,或者期货未进库的出库凭证,一般暂缓发货,并通知供应商,待货到并验收后再发货。提货期顺延,保管员不得以发代验。

(7)如客户因各种原因将出库凭证丢失,客户应凭本单位出具的证明及时与仓库发货员和财务人员联系挂失,原制票员签字作为旁证。如果挂失时货已被提走,仓储部门不负责任,但有义务协助客户找回商品。如果货品还未被提走,经保管员与财务人员查实后,做好挂失登记,将原凭证作废,缓期发货。之后,发货员应时刻警惕,防止有人持作废凭证前来提货,一旦发现应及时与保卫部门联系处理。

**(二)漏记账和错记账**

漏记账是指在商品出库作业中,由于未及时核销商品明细账,而造成账面数大于实存数现象。错记账是指在商品出库后核销明细账时,没有按实际发货的商品名称、数量等登记,从而造成账实不符的情况。若出现出库计划数与商品实存数不符的情况,通常是实存数小于提货数。造成这种问题的原因主要有以下几方面。

(1)商品入库时,由于验收问题,增大了实收商品的签收数量,从而造成账面数大于实存数。

(2)仓库保管人员和发货人员在以前的发货过程中,因错发、串发等差错而形成实际商品库存量小于账面数的情况。

(3)用户单位没有及时核减开出的提货数,造成库存账面数大于实际存储数,从而使开出的提货单提货数量过大。

(4)配送中心仓储过程中所造成的货物减损,也会造成实际商品库存量小于账面数。

当遇到提货数量大于实际商品库存数量时.要认真分析原因,根据具体情况及时进行处理;属于入库时错账,可以使用报出报人方法进行调整,即先按库存账面数开具商品出库单销账,然后再核实际库存数量重新入库登账,并在入库单上签明情况;属于用户单位漏记账而多开出库数,应由用户单位出具新的提货单,重新组织提货和发货;属于仓储过程中的损耗,需要考虑损耗数量是否在合理的范围之内,并与货主单位进行协商,合理范围之内的损耗应由货主单位承担,超过合理范围之外的损耗,则由仓库负责赔偿。

**(三)串发货和错发货**

所谓串发货和错发货,主要是指发货人员对商品种类规格不熟悉或者由于工作中的疏漏把错误规格、数量的商品发出库的情况。如提货单开具某种商品的甲规格出库,而在发货时将该商品的乙规格发出。造成甲规格账面数小于实存数、乙规格账面数大于实存数。在这种情况下,如果商品尚未出库,应立即组织人力重新发货,如果商品已经提出仓库,保管人员要根据实际库存情况,如实向本库主管部门和运输单位讲明串发货、错发货商品的品名、规格、数量、提货单位等情况,会同货主单位和运输单位共同协商解决。一般在无直接经济损失的情况下,由货主单位重新按实际发货数冲票解决。如果形成直接经济损失,应按赔偿损失单据冲转调整保管账。

**(四)包装破漏**

包装破漏是指在发货过程中商品外包装破散、砂眼等现象引起的商品渗漏、裸露等问题。包装损坏主要是由于存储过程中的堆垛挤压,发货时装卸操作不慎等造成的,发货时对商品外包装有破损、脱钉、松绳的,应整修加固,以保证运输途中的商品安全。若发现包装内的商品有破损、变质等质量问题或数量短缺,不得以次充好。以溢余补短缺,这样方可出库,否则造成的损失由仓储部门承担。

# 第四节　储位管理

## 一、储位管理概述

仓储储位存在的意义是保证管理者可以随时控制货物的"状态"，即通过对储位的管理实现对物品的跟踪、控制，以达到在高效率高质量地保管货品的基础上有效掌握货品的去向及数量的目的。

储位管理的重点已经从静态存储作业的"保管"向配送作业的"动管"转移。储位管理的目的就是辅助其他作业顺利进行，方便存取作业并掌握货品库存，提供其他作业进行的判断依据，而其最主要的辅助作业对象就是拣货作业。

一般而言，储位管理必须达到以下目标。

(1)空间的最大化使用。

(2)劳力及设备的有效使用。

(3)储存货品特性的全盘考虑。

(4)做到所有品项皆能随时准备存取。

(5)货品的有效移动。这一点尤其要注意，有效移动不光要有工作效率和经济效益，还需要对货品物理位置和时间位置进行有效把握。

(6)货品品质的确保。

## 二、储存要素的分析

储位管理的基本考虑要素有储位空间、物品、人员，以及储放设备、搬运与输送设备、作业目标、资金等关联要素。

(一)储位空间

不同形态的仓储中心，其所重视的功能也不同，有的重视保管机能，有的重视分类配送功能。故在储位空间的考虑上，重视保管功能的仓储中心主要关注仓库保管空间的储位分配；重视分类配送的仓储中心则主要关注拣货动管及补货的储位配置。而在储位配置规划时，需要先确定储位空间。那就必须考虑到空间大小、柱子排列、梁下高度、走道、机器回旋半径等基本因素，再配合其他外在因素，方可做出完善的配置。

(二)物品

如何管理放置在储位空间中的物品？以下进行简要介绍。

1.必须考虑物品的影响因素

常见的物品影响因素包括以下几个方面。

(1)供应商：即商品是别处供应而来，还是自己生产而来，有无自身的行业特性，等。

(2)商品特性：即商品的体积大小、重量、单位、包装，周转率快慢，季节性特征，物理化学性质(腐蚀或溶化等)，温、湿度的要求，是否受气味的影响，等。

(3)量的影响：如生产量、进货量、库存决策、安全库存量等。

(4)进货时效：如采购前置时间、采购作业特殊要求。

(5)品项:如种类类别、规格大小等。

**2.考虑如何摆放商品**

摆放商品时主要需考虑以下几个方面。

(1)储位单位:即储位的单位是单品、是箱,还是栈板,且其商品特性为何。

(2)储位策略的决定:即决定是定位储放、随机储放、分类储放,还是分类随机储放,抑或其他的分级、分区储放等。

(3)储位指派原则的运用:靠近出口,以周转率为基础。

(4)商品相依需求性。

(5)商品特性。

(6)补货的方便性。

(7)单位在库时间。

(8)订购概率。

**3.考虑如何进行在库管理**

商品摆放好后,就要做好有效的在库管理,随时掌握库存状况,了解其品项、数量、位置、入出库状况等所有资料。

(三)人员

人员包括了仓管人员、搬运人员、拣货和补货人员等。仓管人员负责管理及盘点作业,拣货人员负责拣货作业,补货人员负责补货作业,搬运人员负责入库、出库作业、翻堆作业(为了商品先进先出、通风、气味避免混合等目的)。而人员在存取搬运商品时,讲求的是省时、有效率。而在照顾员工的条件下,讲求的是省力。因此要达成存取效率高、省时、省力的要求,则作业流程方面要合理化,精简作业;而储位配置及标示要简单、清楚,一目了然;且要好放、好拿、好找。在作业流程中使用的表单要简单、统一且标准化。

(四)储放设备、搬运与输送设备

除了上述三项基本要素,其他主要的关键要素为储放设备、搬运与输送设备。亦即当物品储放不是直接堆叠在地板上时,则必须考虑相关之栈板、料架等。而人员不是以手抱、捧物品时,则必须考虑使用输送机、笼车、堆高机等输送与搬运设备。

**1.储放设备**

储放设备要考虑商品特性、物品的单位、容器、栈板等商品的基本条件,再选择适当的设备配合使用,如使用自动仓库设备,或是选择使用固定料架、流利架等。有了料架设备时,必须将其做标示、区隔,或是颜色辨识管理等。若是进行拣货作业,则需应用电子辅助标签。而出货、点货时,无线电传输设备的导入等皆要纳入考虑范围。而后,将各储位及料架等做统一编码,以方便管理。而编码原则,则必须简明易懂,容易作业。

**2.搬运与输送设备**

在选择搬运与输送设备时,需考虑商品特性、物品的单位、容器、栈板等因素,以及人员作业时的流程与状况,再加上储位空间的配置等,选择适合的搬运与输送设备。当然还要考虑设备成本与人员使用操作的方便性。

(五)作业目标

除了上述的基本要素与关联要素之外,作业目标也应考虑。作业目标是决策时的指导原则。常见的作业目标如下。

(1)空间使用率要高。

(2)作业方便。

(3)进出货效率快。

(4)先进先出。

(5)商品好管理。

(6)盘点容易。

(7)库存掌握无浪费。

(8)配送快,无缺货。

(六)资金

所有的考虑和规划,最后仍需要归结到花费多少,是否超出预算能力的问题上。因此投入成本及经济效益具有决定性的影响,不可不慎。

综合以上所述,做储位管理时,要事先考虑到方方面面,方能做到有效的管理。从图 4-8 可以清楚地看出储位管理的构成要素。

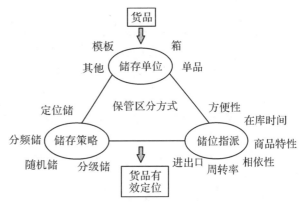

图 4-8　储位管理的构成要素

## 三、储区空间规划布置

(一)储位规划的必要性

物流配送中心的作业是一连串的"存"和"取"的动作组合。随着需求向着小批量、多品种和时效性方向发展,储存作业中货物流动频率、货物品种和数量迅速增加。据统计,仓库中的卸货、取货、分拣和装车环节的作业一般占整个配送中心总作业时间的大约 40%,而其余约 60% 的作业时间却是作业人员的行走耗时。考虑到劳动力成本在仓库的成本比例比较高且许多行走耗时是储位规划不合理导致的,所以如何使"存"和"取"的动作快速而有效,做到"好存好取",对储位进行有效的管理就变得非常必要。

储位规划管理是研究如何将仓库储位合理地安排以便最快地存放、提取货物,从而实现仓库货物搬运时间最优化和提高空间利用率的目标的操作。

从上面的定义可以看出,优化货物搬运时间包括两个部分:最小化行走距离和最小化存放、提取货物时间。前者与货物在仓库中存放的位置有关;后者与货物存放在储位上的高低位置有关。优化仓库的储位规划方案,可以同时节约入库时的搬运时间和出库时提货和运送的时间。合理的储位摆放方法是一种既能节省投资,又能理想地提高仓库效率的有效手段。

不但在仓库投入使用的初期需要进行储位规划,而且日常运作中也要经常性地再规划。储位调整是一种日常性的工作,仓储中心应当在问题积累严重之前就进行储位优化调整,避免陷入仓库空间不足的窘境。

(二)储位规划的基本原则

储位规划的基本原则如下。

1.储位明确化

在仓储中心中,储放的每一种货物必须有明确的存放位置。因此货物储存区必须经过详细规划区分,每一储位要编码。

2.货物存放有效合理

把货物有效合理地存于指定储位要经过精细的安排,储位安排常见的原则如下。

(1)存取频率高的货物对应的存放储位与收货区、发货区或仓库出入口的距离小,即考虑横向距离。

(2)存取频率越低的货物存放的纵向相对位置越高;相反地,存取频率越高的货物存放的纵向相对位置越低,但最好接近于最佳纵向存取位置,即不需弯腰或上架的存取高度。

(3)重量大的货物存放的储位纵向相对位置低;相反地,重量小而体积大的货物存放的纵向相对位置高一些。

(4)需要专门存储环境的货物,要放在指定的库区,如冷冻品要存于冷库,易燃易爆品要存于防火防爆库。

(5)必须考虑到货物相关性,即相关性强的货物,一起出库的可能性大,最好置于相邻储位。

(6)必须考虑货物的相容性。相容性低的货物决不能储存在一起,以免损害品质,如烟、香皂和茶叶绝对不能放在一起。

(7)寿命周期短的产品,要遵循先入先出原则,即先入库的货物应先出库。比如,感光纸、胶卷、食品、药品等。

3.储位上货物存放状况明了

当货物放入储位后,要对货物的数量、品种、存放位置、拣货取出、淘汰更新和损耗损伤情况进行详细的登记建账,做到货物与账物完全吻合。

(三)储位布局的主要形式

储存场所布置是将各种物资合理地布置到库房、物料棚或货场的某个具体位置。储存场所的合理布置对提高物资保管质量、充分利用仓储能力、加速物资收发、降低仓储费用等具有重要意义。

储存场所布置分为平面布置和空间布置。

1.平面布置

储存场所的平面布置是指在有效的平面上,对库房、物料棚、货场内的货垛、货架、通道、收发料区、垛间距、墙间距等进行合理的安排布置。主要要注意正确处理相互之间位置的关系。在平面布置过程中,必须考虑仓储业务的顺利进行,同时要确保最大限度利用仓库面积。平面布置常见的形式如下。

(1)横列式

横列式是指货位、货架或货垛与库房的宽向平行排列布置。其特点是:货垛整齐美观、存取盘点方便、通风采光良好,但仓容利用率较低。

(2)纵列式

纵列式是指货位、货架或货垛与库房的宽向垂直排列布置。其特点是仓容利用率较高,主干道货位利于存放周转期短的物品,支干道货位存放周转期长的物品。但不利于通风采光及机械化作业。

（3）混合式

混合式是指横列式和纵列式在同一库房内混合布置的一种形式。其兼有上述两种方式的特点，是最常用的一种方式。

（4）倾斜布置

货垛的长度方向与运输通道成一锐角（30°、45°或60°）时的货位或货架布置，具体可分为货垛倾斜和通道倾斜两种情况。倾斜式布置有一定的优点，但有很大的局限性，仅适用于单一品种、大批量、集装单元堆垛和利用叉车作业的场合。

露天货场货位的布置一般采取与货场的主作业通道成垂直方向排列的形式，以便于装卸和搬运。

2.空间布置

从有效利用仓储空间的角度出发，必须综合考虑储存场所的平面和高度两方面的因素，才能使仓储空间得到充分利用。储存场所的空间布置，就是库存物资在库房、物料棚和货场高度方向上的布置，通常有以下几种形式。

（1）物资堆垛

物资堆垛是大批量物资的垂直布置形式，它是将物资的单位包装直接堆码到垛基上，层层堆码到一定高度。可利用原包装堆码或利用托盘和集装箱堆码。

（2）利用货架

物资进行竖向布置的主要手段是利用各种货架，货架的类型和高度决定了竖向布置的形式和高度。有的物品利用原包装直接存入货架，有的可装入货箱或码到托盘上再存入货架，这样可以充分利用仓储空间，并利于迅速发货。

（3）采用架上平台

在库房净空比较高，货架比较矮的情况下，可以采用架上平台的方式充分利用空间，在货架的顶部铺设一层承压板构成两层平台，这样可以在平台上直接堆放货物，也可排布货架。

（四）储位存储策略

良好的储存策略，可以减少出入库移动距离，缩短作业时间，充分利用储存空间。一般常见的储存方法有以下五种。

1.定位储存

定位储存，即每一项货物都有固定的储位。例如，有的货物要求控制温度储存条件，易燃易爆物必须存于具有一定高度并满足安全标准及防火条件的储位。按照管理要求某些货物必须分开存储，一般化学原料和药品必须分开存储，重要保护物品要有专门的储位。这种定位储位方法易于管理，搬运时间较少，但是需要较多的储存空间。

2.随机储存

随机储存是每一个货物的储位不是固定的，而是随机产生的。这种方法的优点在于共同使用储位，最大限度地提高了储区空间的利用率。但是，这种方法对货物的出入库管理及盘点工作会带来困难，特别是周转率高的货物可能被置于离出入口较远的储位，增加了出入库的搬运距离。一个良好的储位系统中，采用随机储存能有效利用货架空间。通过模拟实验，随机储存比定位储存节约35%的移动储存空间，并可增加30%的储存空间。这种方法适用于空间有限、货物品种少而体积小的情况。

**3.分类储存**

分类储存,通常是按照产品相关性、流动性、尺寸、重量及产品特性来分类储存。

**4.分类随机储存**

这种方法是每一货物有固定的存放储区,在各类储区中,每个储位的指定是随机的。其优点在于吸收分类储存的部分优点,又可节省储位数量,提高储区利用率。

**5.共同储存**

这种方法是当确切知道各货物进出库的时间时,不同货物只要相容,就可以共用相同的储位。这虽然在管理上会带来一定的困难,但是减少了对储位空间的占用,缩短了搬运时间,有一定的经济性。

## 四、储位编码与货物编号

储存定位的含义是储物位置的确定。储存定位管理的前提条件是储位编号。所谓储位编号,就是按照一定的排列规则,采用统一标记对仓库储位编上顺序号码,并做出明显标志。如果定位系统有效,能大大节约寻找、存放、取出的时间,节约不少物化劳动及活劳动,而且能防止差错。储存定位既可以采取先进的计算机管理,也可以采取一般的人工管理。

(一)储位编码

1.储位编号的要求

在品种、数量很多,进出库频繁的仓库里,保管员必须正确掌握每批货物的存放位置。货位编号就好比货物在库的"住址",做好货位编号工作,应根据不同仓库条件、货物类别和批量整零情况,搞好货位划分及编排序号,以符合"标志明显易找、编排循规有序"的要求。

(1)标志设置

货位编号的标志设置,要因地制定,采取适当方法,选择适当位置。例如,仓库标志,可在库门外挂牌;多层建筑库房的走道、支道、段位的标志,一般都刷置在水泥或木板地坪上。但存放粉末类、软性笨重类货物的库房,其标志也有印制在天花板上的;泥土地坪的简易货棚内的货位标志,可利用柱、墙、顶、梁刷置或悬挂标牌。

(2)标志制作

目前,仓库货位编号的标志制作很不规范、统一,可谓五花八门。储位编号应按照统一的规则进行。储位编号所用的代号和连接符号必须一致,每种代号的先后顺序必须固定,每个代号必须代表特定的位置。根据仓库的规模和经营状况,储位编号方法可以有所不同。例如,有以甲、乙、丙、丁为标志的,有以 A、B、C、D 为标志的,也有以东、西、南、北为标志的。这样很容易造成单据串库、货物错收、错发等事故。若统一使用阿拉伯字码制作为货位编号标志,则可以避免以上弊病。

另外,制作库房、走道和支道的标志,可在阿拉伯字码外,辅以圆圈标示。可用不同直径的圆标示不同处的标志。例如,库房标志圆的直径为 24 厘米;走道、支道标志圆的直径为 6厘米。走道、支道的标志还可以在圆圈上附加箭头指示标志。

(3)编号顺序

仓库范围的库房、货棚、货场及库房内的走道、支道、段位的编号,基本上都可以按进门的方向左单右双或自左而右的规则进行。

（4）段位间隔

段位间隔的宽窄,取决于储存货物批量的大小。

**2.储位编号的方法**

货位编号应按照统一的规则和方法进行,根据仓库货位的多少、储存条件等具体情况和使用上的习惯而加以区别。

（1）库房、货棚货位编号

在编号时,对库房、货棚应有明显区别,可加注"库""棚"等字样,或加注"K""P"字样。若库房是多层,首先对多层库房进行编号,可采用 3 个数字号码表示,个位数表示仓间编号,十位数表示楼层编号,百位数表示仓库的编号。例如,352 号楼库,就是 3 号库、第 5 层、第 2 号仓间。库房或货棚内的货位编号,一般采用"四号定位"法,就是一个货位号用 4 位表示。从左到右分别为:"库房和货棚"编号,用油漆写在库房或货棚大门口和货物入口处。"货区或货架"位置编号,顺序数码写在货位上方顶梁上或悬挂在顶梁上。"货区排次或货架层次"编号,写在货架或货垛上。"商品具体位置、顺序"编号,写在地面上或货架的货格上,或用标签插在商品的包装上。例如,有一商品存放在第 4 号库房、第 7 货区、第 5 排、第 6 货位上,它的货位缩号就可写 4 库 - 7 - 5 - 6。

货位号要记入保管账、卡的"货位号"栏中,如果商品调整货位,账、卡号的货位号同时调整,这样可以做到"见账知物"和"见物知账"。

（2）货架货位编号

在以整件货物进出的仓库里,货架的作用主要是提高库房高度利用率。货架的货位编号一般都是从属于段位编号,只需在段位末尾加注"上"字样,即可按位找货。

（二）商品编码

**1.商品编码的概念**

商品编码是指用一组有序的代表符号来表示分类体系中不同类商品的过程。在进货时,商品本身大部分已有商品代码及条码,但有时为了物流及存货管理,配合自身的物流作业资讯系统,而将商品重新编一个商品代号及物流条码,以方便储存管理系统运作,并能掌握商品的动向。

**2.商品编码的作用**

（1）增加商品资料的正确性,提高商品储存活动的工作效率。

（2）可以利用电脑整理分析,节省人力、减少开支、降低成本。

（3）可便于储存或拣取商品并进行核对,便于拣货及送货。

（4）因统一编码,可以防止重复订购相同的商品,并能够削减存货。

（5）可考虑选择作业的优先性,并达到商品先进先出的目的。

**3.商品编码的原则**

（1）唯一性

虽然同一个编码对象可以有很多不同的名称,也可以按不同方式对其进行描述,但在一个分类编码标准体系中,每个编码对象有一个代码,一个代码只表示一个编码对象,即一个代码只代表一项商品。

（2）简易性

代码结构应尽量简单,长度尽量短,以便于记忆,也可以节省机器存储空间,减少代码处理中的差错,提高信息处理效率。

（3）完全性

每一种货物都有一种代码来表示,而且必须统一,有连贯性。

（4）可扩充性

代码要为将来可能增加的商品留有扩充编号的余地。

（5）适应性

代码要尽可能反映商品的特点,易于记忆、暗示和联想。此外,代码还必须适应管理工作的具体需要。

4.商品编码的方法

代码的种类很多,常见的有无含义代码和有含义代码。无含义代码通常可以采用顺序码和无序码来编排;有含义代码则通常是在对商品进行分类的基础上,采用序列顺序码、数值化字母顺序码、层次码、特征组合码及复合码等编排。不同的代码,其编码方法不完全一样,在商品编码中,常见的方法如下。

（1）顺序码

顺序码又称流水编码法,即将阿拉伯数字或英文字母按顺序往下编码。其优点是代码简单,使用方便,易于延伸,对编码对象的顺序无任何特殊规定和要求。缺点是代码本身不会给出任何有关编码对象的其他信息。在物流管理中,顺序码常用于账号及发票编号等。在少品种多批量配送中心也可用于商品编码,但为使用的方便,必须配合编号索引。

（2）层次码

层次码是以编码对象的从属层次关系为排列顺序组成的代码。编码时,将代码分成若干层次,并与分类对象的分类层级相对应,代码自左至右表示的层级由高到低,代码的左端为最高位层级代码,右端为最低位层级代码,每个层级的代码可采用顺序或系列顺序码(见表4-4)。层次码的优点是能明确表明分类对象的类别,有严格的隶属关系,代码结构简单,容量大,便于计算机统计,但其层次较多,代码位数较长。

表4-4  层次码示例(1010050312)

| 层级 | 大类 | 小类 | 品名 | 形状 | 规格 |
| --- | --- | --- | --- | --- | --- |
| 编码 | 1 | 01 | 005 | 03 | 12 |
| 含义 | 烤烟型 | 一类烟 | 帝豪 | 铁盒 | 12支装 |

（3）实际意义编码

这种方法根据商品的名称、重量、尺寸,以及分区、储位、保存期限或其他特性的实际情况来考虑编号。这种方法的特点在于通过编号即能很快了解商品的内容及相关信息(见表4-5)。

表4-5  实际意义编码示例(YY259B01)

| 编码 | 意义 | |
| --- | --- | --- |
| YY259B01 | YY | 云南烟 |
| | 259 | 表示尺寸大小为$2 \times 5 \times 9$ |
| | B | 表示B区,货物储存区号 |
| | 01 | 表示第一排货架 |

（4）暗示编码

暗示编码用数字与文字的组合编号，编号暗示货物的内容和有关信息（见表4-6）。

表4-6 暗示编码示例（BY05WB10）

| 属性 | 货物名称 | 尺寸 | 颜色与型式 | 供应商 |
|---|---|---|---|---|
| 编码 | BY | 05 | WB | 10 |
| 含义 | 自行车 | 大小为5号 | 白色、小孩型 | 供应商号码 |

## 五、储位指派方式

在库管中心的保管空间、储位设备、储位编码等一切工作完成后，系统就可以实现储位的指派。储位的指派可以分成人工指派方式、计算机辅助指派方式、计算机指派方式等三种。

（一）三种储位指派方式

1.人工指派方式

人工指派法是指完全由管理人员的人脑来安排储位的方式，受管理者本身对储位管理的相关经验与应用程度的影响较大。优点是电脑及相关事务机器投入少，费用不必投入太多；以人脑来调配储位，弹性大。缺点是过分依赖管理者的经验，执行效率差。在执行过程中要求做好以下要点工作。

（1）要求仓管人员必须熟记储位指派原则，并能灵活应用。例如，进行ABC分析来排列货架，因为从货架上存取货物以腰部的高度为最容易取出货品的高度，而在人体工学上也认为此高度最适合存取作业，因此若将货架分成三段，把经常存取的A类商品放在中段，下段则放置出货量仅次于A类品的B类商品，而进出货频率不高的C类商品则放在上段。

（2）仓储人员必须按指派单证把商品放在指定储位上，并做好详细记录。

2.计算机辅助指派方式

计算机辅助指派方式是利用图形监控系统，收集储位信息，并显示储位的使用情况，把这作为人工指派储位依据进行储位指派作业的方法。计算机辅助指派是在做进货批次作业时，管理者由计算机查询出库存储位状况，指示进货人员摆放货品，且在货品摆放后，由读取条形码的掌上型终端机做储位变动记录。

3.计算机指派方式

计算机指派方式是计算机通过分析后直接完成储位指派工作的派位方式。计算机全自动指派则是储位指派全由计算机运算分析，并指示进货人员完成的派位方式。进货人员由无线电传输终端机接收储位摆放指示将货品上架，并将储位变动信息输入无线电传输终端机中传入计算机主机计算，以便计算机进行下一次进货作业指派。

后两种方式由于其资料输入/输出均以条形码读取机扫入，故错误率低，且其一切控制均为实时控制方式。被扫读后，回馈资料透过无线电或网络即刻传回，而整个过程中储位的搬移布置又用软件明确设立，决不会有人为的主观影响，其效率远胜人工指派方式。缺点是设备费用高，维护困难。

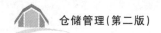 

## (二)储位单元与指派方式

### 1.储位单元

货品指派储位单元就是每一次指派时的计算管理单位,由于其进货量的大小或储存设备的使用种类不同,指派货品上架时会有大小数量不同的指派单元,其大致可分为以下三种。

(1)个别储位单元表示每一储位的储存状况均列入管理状态。

(2)纵深储位单元表示以每道纵深的储位为一个管理单元,每单元以放置一种货品为原则,其储存状况均列入管理状态。主要储放设备为后推式料架、驶入式料架、流动式栈板料架。

(3)区域储位单元表示以客户单一货品的最常进货批量、最适宜进货批量或最小进货批量为公倍数,设置一个储区作为管理单元,例如十个栈板所占的区域为一单元,每区域单元储位以放置一种货品为原则,其储存状况均列入管理状态。

个别储位单元作业繁杂,故在管理上必须较为严密;而区域储位单元则作业单纯,管理上较不严密,且各区域货品存量多,因此存量掌握不易精确。

### 2.储位单元与指派方式

对于不同的仓储中心管理模式,可以采用不同的储位指派模式,并不是全由计算机来自动指派储位的方式就是最佳的储位指派方式,必须因地制宜,配合物料的储存单元来互相评价。具体如表4-7所示。

表4-7　储位单元与指派方式

| 计算机化程度 | 个别储位单元 | 纵深储位单元 | 区域储位单元 |
|---|---|---|---|
| 未应用计算机,以人工管理指派储位 | × | × | ○ |
| 应用计算机,建立货品储位管理文件,以人工管理指派储位 | × | △ | ○ |
| 应用计算机,辅助人工管理指派储位 | △ | ○ | ○ |
| 计算机全自动管理指派储位 | ○ | ○ | ○ |

注:×表示不适合,△表示勉强可用,○表示适合。

 复 习 题

第四章复习题

# 第五章　仓储安全与特殊货物管理

海口开展仓储场所消防安全专项整治

　　海口市决定从 2018 年 5 月 22 日起至 9 月 20 日在全市范围内开展仓储场所消防安全专项整治行动,切实消除火灾隐患,确保消防安全。

　　此次专项整治行动共分动员部署、排查整治、总结验收等三个阶段,整治范围包括全市各类仓储场所,其中物流产业园区、大型物流公司的货物仓库(堆场)等场所为整治重点。

　　排查整治内容包括:是否依法通过消防行政许可或消防备案抽查;建筑物或场所使用情况是否与消防验收或者竣工验收消防备案时的使用性质相符;消防安全布局、防火间距、消防车通道等是否符合消防技术标准要求;建筑物是否按照消防技术标准设置防火分区和疏散设施,疏散通道和安全出口是否畅通;建筑消防设施的设置是否符合国家工程建设消防技术标准,并保持完好有效;电器设备安装使用和线路敷设是否符合相关技术标准;用火用电管理是否到位;等。

　　此次消防安全专项整治对深入推进海口火灾防控工作具有重要意义。

　　　　　　　　案例来源:陈望,杨宇鑫.海口市开展仓储场所消防安全专项整治[EB/OL].
　　　　　　　　(2018-05-15)[2019-08-26].http://news.eastday.com/eastday/
　　　　　　　　13news/auto/news/china/20180515/u7ai7712171.html.

思 考 题

　　1.简述仓储安全管理的基本内容。

　　2.结合案例,讲一讲如何防范仓库安全事故发生?

本 章 要 点

　　学习本章要了解消防安全知识、仓储安全新技术;重点掌握危险品的仓储管理、粮食的仓储管理,树立安全管理的理念,建立安全管理责任制,对安全管理进行考核等,通过执行严格的安全管理措施,保证安全工作总目标的实现。

# 第一节　仓库安全管理

## 一、概述

### (一)仓库安全管理的概念

仓库安全管理是仓库管理的重要组成部分。在仓库物资管理过程中,由于仓库存储物资具有易燃、易爆、易腐蚀、有毒等不安全因素,危险性大,一旦发生事故,将可能造成人员伤亡和物资的大量损失,因此应重视仓储安全管理。仓库安全管理的基本任务是发现、分析和消除仓库物资管理过程中的各种危险,保护仓库中的人、财、物不遭受损害、破坏和损失,并在一定条件下取得最佳的经济效益和社会效益。基本目的为保护仓储工作人员安全,对仓储设施设备进行良好管理避免发生安全事故,妥善保管货物避免发生货物变质及被盗等现象。

现代安全管理的对象是特定的系统安全,所以安全工作也是一项复杂的系统工程,其基本程序为:①总结本仓库的历史经验并吸取和借鉴其他仓库安全管理的经验,找出管理方面的差距及失误;②从仓库实际出发,分析现实的需要和可能,全面地研究,有选择地吸收仓库安全管理的制度和方法;③综合研究应用各种管理的基本原则、方法及其实践成果,确立必须遵循的基本原则和适用的方法;④运用现代科学技术提供的先进手段,为安全管理的决策提供科学的依据,并为安全管理的组织实施提供可靠的保障。

### (二)现代仓库安全管理的基本特点

现代仓库安全管理就是如何应用现代科学知识和工程技术去研究、分析、评价、控制及消除物资储存过程中的各种危险,有效地防止灾害事故发生,避免损失。加强仓库安全管理,重要的是找出仓库事故发生发展的规律,弄清仓库安全管理工作的特殊规律,有针对性地采取相应措施,实施现代仓库安全管理,其基本内容和要求主要有以下特点。

**1.以预防事故为中心,进行预先安全分析与评价**

为保障仓库安全,对于储存危险性的物资,即有足够潜在能量形成足以毁坏大量库存物资或造成人员伤亡的条件,而且有引起火灾、爆炸等灾害的实际可能性的情况,必须预先建立完善的和可靠的安全防护系统。对各项安全设施与装置的选择及设置的数量,应通过安全评价确定。其评价方法预测和分析系统可能发生的故障、事故及具有的潜在危险性为主,通过有组织的评价活动,确定危险度等级,并以此为依据,制定相应的合理的安全措施。

**2.从总体出发,实行系统安全管理**

系统安全管理应当从仓库储存规划可行性研究中的安全论证开始,包括安全设计、安全审核、安全评价、安全制度、安全检查、安全教育与训练及事故管理等各项管理工作。由于仓库安全管理内容繁多,各个环节之间形成相互联系、相互制约的体系。因此,仓库安全管理不能孤立地从个别环节或在某一局部范围内分析和研究安全保障,必须从系统的总体出发,全面地观察、分析和解决问题,才可能实现系统安全的目标。

**3.对安全环节进行数量分析,为安全管理、事故预测和选择最优化方案提供科学的依据**

对安全环节进行数量分析,是安全科学日益发展完善的一个标志。运用数学方法和计算技术研究故障和事故同其影响因素之间的数量关系,揭示其间的数量变化及规律,就可以对危险性等级及可能导致损失的严重程度进行客观的评定,从而为选取最优的安全措施方案和决策提供依据。安全的定量化分析包括以事故发生频率、事故严重率、安全系数、安全极限和以预选给定数值作为尺度进行分析比较的相对方法,以及用时间发生的频率值作为安全量度的概率方法。

## 二、消防安全基础知识

(一)燃烧的基本原理和燃烧的类型

1.燃烧的基本原理

可燃物质与氧化剂作用发生放热反应,通常伴有火焰发光和发烟的现象,称为燃烧。人们通常所说的"起火""着火",就是燃烧一词的习惯叫法。对于燃烧的认识,从三个方面加以阐述:燃烧三要素,燃烧类型和火灾蔓延。

(1)燃烧三要素

燃烧需要一定的条件才能发生,它必须具备三个条件,又称为三要素。这三个要素是指可燃物质、助燃物质和着火源。如果这三个要素不同时具备和相互作用,燃烧就不会发生。

①可燃物质

凡能与氧化剂反应,同时发光、发热的物质都称为可燃物质。可燃物质有固体燃料、液体燃料和气体燃料三种。

a.固体燃料

最明显的固体燃料是木头、纸和布。如索具、垫舱板、家具、胶合板、抹布和床垫等。可燃固体货物如包装货、纸筒货、散装货(如粮食)及轻金属(如镁、钠、钛)等。

b.液体燃料

最常见的液体燃料是燃油、润滑油、柴油、煤油、油漆及其他溶剂等。

c.气体燃料

常见的易燃气体包括乙炔、丙烷和丁烷等。

②助燃物质

与可燃物质相互结合能导致燃烧的物质都叫助燃物质。如氧气、氯气等。一般来说,空气中的氧气含量至少有11%时才能够维持燃烧。但是,闪燃只需要3%的氧气。所以,如棉花等物质仅需要很少的氧气就可闪燃,而且一旦获得氧气的补充容易死灰复燃。

③着火源

在火灾发生初期提供燃烧赖以维持的热能源被称为着火源。如明火、电器火花、摩擦撞击产生的火花、静电火花、雷击、辐射热、化学反应热等。

(2)燃烧类型

物质的燃烧可分为闪燃、着火、自燃和爆炸四类。

①闪燃

这是固态或液态物质因蒸发、升华或分解产生的可燃气体或蒸汽与空气混合后,借助火焰发生的瞬间燃烧过程。

②着火

可燃物在空气中受着火源的作用而发生持续燃烧的现象为着火(点燃)。在规定的条件下可燃物质开始持续燃烧所需的最低温度称着火点(燃点)。燃点越低,越容易着火。灭火时,当燃烧中的物质的温度降低到燃点以下时,火就熄灭。

③自燃

可燃物受热升温,在没有明火作用的条件下,能自行着火的现象,称为自燃。

④爆炸

爆炸是指物质氧化还原反应的速度急剧增加,并在极短的时间内放出大量能量的一种破坏力很大的现象。

### (二)灭火的基本方法

#### 1.隔离法

针对可燃物,可将在火场周围的可燃物与燃烧物分隔开来不使火势蔓延,并使燃烧因缺乏可燃物而停止。如将燃烧物迅速转移到安全地点或投入水中;移走火源附近的可燃物、易燃、易爆物品;关闭可燃气体或液体进入燃烧地点的开关等。

#### 2.窒息法

这是用一种不燃的物质覆盖燃烧物表面使之与空气隔绝,或者释放某种惰性气体冲淡空气中的含氧量,或关闭火场的通风筒、门窗,停止或减少氧气的供给,使燃烧因得不到足够的助燃物而熄灭的方式。常用的覆盖物有:石棉毯、砂土、泡沫等。常用于冲淡火场空气中含氧量的不燃气体有:二氧化碳气体、卤代烃、水蒸气和氮气等。

#### 3.冷却法

将灭火剂喷洒到燃烧物上,迅速降低其温度,当燃烧的温度降低到燃点以下时,火就会熄灭。通常用水来冷却降温。另外将水洒在火场附近的建筑物或燃烧物上,使之降温可以阻止火灾的蔓延。

#### 4.抑制法(中断法)

这是将灭火剂渗入燃烧反应中,使助燃的游离基消失,或产生稳定的或活动性很低的游离基,使燃烧反应中止的方法。如用卤代烃灭火。

### (三)灭火剂

灭火剂的最重要特性是它的不燃性。燃烧是物质与氧的化合反应,故常用灭火剂是已被氧化了的物质,因而不能再与氧化合。灭火剂的一般功能是使可燃物与氧气有效地分离。

#### 1.水

由于水蒸发时从液态转化为气态,能够吸收热量,因而是一种良好的灭火剂。水具有吸收较大热量的能力,液体水蒸发形成水蒸气时,吸收的热量最大,其吸热量为539千卡/千克,并产生1.7立方米的蒸汽。水的汽化热很高故用水来灭火十分有效。液体汽化必须从某些热源吸收热量,把水喷到火焰上时,即从燃烧物质中吸收热量并最终得以汽化,当热量由高温物质转移给冷水时,物质的温度下降,从而使火熄灭。

#### 2.二氧化碳

二氧化碳由于能减少火场空气中的氧气含量使火焰熄灭而被作为一种良好的灭火剂。与水相反,二氧化碳对火场破坏很少,而且二氧化碳不导电,因此可用于气体火灾的扑灭。在一般情况下,二氧化碳是化学性质不活泼的气体,但在高温下,它能与钠、钾、镁等金属起反应。例如金属镁能在二氧化碳中燃烧,在反应中释放大量的热,因此二氧化碳不能用作锂、钾、镁、锑、钛、镉、铀的金属及其氢化物的灭火剂,同样也不能用于扑灭那些惰性介质中自身供氧燃烧的物质(如硝化纤维素火药)引起的火灾。

3.泡沫

灭火的泡沫是泡沫液与水混合,通过化学反应或机械方法产生的。泡沫能在燃烧物表面形成覆盖层,使之与空气隔绝,起窒息和防止辐射热的作用;泡沫受热蒸发可起到冷却作用,产生的水蒸气又可降低氧气的浓度。泡沫灭火剂也有它的局限性,对可以溶解于水的易燃液体,它的灭火作用就不显著,如对于醇类、酮类、酸酐类及有机酸引起的火灾,用一般的水溶性蛋白空气泡沫施救,泡沫里的水分会很快被这些易燃液体所溶解,起不到隔绝空气的作用。因而必须用抗溶性的泡沫液来代替一般的水溶性船用泡沫液。另外,由于泡沫带水,没切断电源的电器火灾、忌水化学物品火灾均不宜使用泡沫。

4.化学干粉

干粉灭火剂主要用于扑救液体、可燃气体的火灾和一般带电设备的火灾,液化气船上也广泛使用干粉灭火剂。由于干粉无多大冷却作用,故扑救炽热物后,容易引起复燃。另外,干粉对蛋白泡沫和一般泡沫有较大的破坏作用,因此干粉不能与上述两种泡沫联用。干粉使用时,粉末飞扬,会影响救火人员呼吸,须加以注意。

5.砂土

砂土、干土也常被用作灭火剂。主要用于初期小火,火灾初始时常是一个火点,面积不大,产生热量不多。如没有其他灭火机在附近,随手使用砂土、干土等去覆盖,也能起到隔绝空气,阻止氧气进入并灭火的效果。对于镁粉、铝粉、闪光粉等易燃固体引起的火灾,使用砂土扑救是很适宜的。应该注意的是,砂土不能用来扑救爆炸品引起的火灾。

## 三、仓储安全管理措施

(一)仓储安全管理措施的基本内容

仓储管理首先要树立安全管理的理念,做到全员参与安全管理,这主要通过严格执行仓储安全管理措施来实现。仓储安全管理措施分析仓储对象及所需的仓储设施设备,制定仓储安全管理目标,制定仓储安全管理的相关制度,建立安全管理责任制,并对安全管理进行考核管理,对相关的事故进行分析,做到预防安全事故的发生等。其中仓储安全目标管理是目标管理方法在安全工作上的应用。安全目标管理是目标管理的重要组成部分,是围绕实施安全目标开展安全管理的一种综合性较强的管理方法。

(二)安全目标管理

安全目标管理的基本内容包括:安全目标体系的设定、安全目标的实施、安全目标的考核与评价。

1.安全目标体系的设定

安全目标体系的设定是安全目标管理的核心,目标设立是否恰当直接关系到安全管理的成效。目标体系设定之后,各级人员依据目标体系层层展开工作,从而保证安全工作总目标的实现。

(1)目标设定的依据

①党和国家的安全生产方针、政策,上级部门的重视和要求。

②本系统、本部门安全生产的中、长期规划。

③工伤事故和职业病统计数据。

④部门长远规划和安全工作的现状。

⑤部门的经济技术条件。

（2）目标设定的原则

①突出重点。目标应体现组织在一定时期内在安全工作上主要需达到的目的，要切中要害，体现组织安全工作的关键问题；要集中控制重大伤亡事故和后果严重的工伤事故、急性中毒事故及职业病的发生、发展。

②先进性。目标要有一定的先进性，目标要促人努力、促人奋进，要有一定的挑战性；要高于本部门前期的安全工作的各项指标，要略高于同行业平均水平。

③可行性。目标制定要结合本组织的具体情况，经广泛论证、综合分析，确保经过努力可以实现，否则会影响操作者参与安全管理的积极性，失去实施目标管理的作用。

④全面性。制定目标要有全局观念、整体观念，目标设定既要体现组织的基本战略和基本条件，又要考虑外部环境的影响。既要考虑组织的全面工作和在经济、技术方面的条件及安全工作的需要，也要考虑各职能部门、各级各类人员的配合与协作的可能性。

⑤尽可能数量化。目标要具体并尽可能数量化，这样不但有利于对目标的检查、评比、监督与考核，而且有利于调动操作者努力工作实现目标的积极性。

⑥目标与措施要对应。目标的实现需要具体措施做保证，只设立目标而没有实现目标的措施，目标管理就会失去作用。

⑦灵活性。所设定的目标要有可调整性。在目标实施过程中组织内部、外部的环境均有可能发生变化，这要求主要目标的实施有多种措施做保证，使环境的变化不影响主要目标的实现。

（3）目标设定的内容

①安全目标是全体人员在计划期内完成的劳动安全的工作成果，一般包括以下几个方面：重大事故次数，包括死亡事故、重伤事故、重大设备事故、重大火灾事故、急性中毒事故等；死亡人数指标；伤害频率或伤害严重率；事故造成的经济损失，如工作日损失天数、工伤治疗费、死亡抚恤费等；作业点尘害达标率；劳动安全卫生措施计划完成率、隐患整改率、设施完好率；全员安全教育率、特种作业人员培训率等。

②保证措施包括技术措施、组织措施、措施进度和责任者。保证措施大致有以下几方面：安全教育措施，包括教育的内容、时间安排、参加人员规模、宣传教育场地；安全检查措施，包括检查内容、时间安排、责任人，检查结果的处理等；危险因素的控制和整改，对危险因素和危险点要采取有效的技术和管理措施进行控制和整改，并制定整改期限和完成率；安全评比，定期组织安全评比，评出先进班组；安全控制点的管理，制度无漏洞、检查无差错、设备无故障、人员无违章。

（4）目标的分解

总目标设定以后，必须按层次逐级进行目标的分解落实，将总目标从上到下层层展开，从纵向、横向或时序上分解到各级、各部门直到每个人，形成自下而上层层保证的目标体系。

目标分解的结果对目标的实现和管理绩效将产生重要影响，分解时应注意：上层目标应具有战略性和指导性，下层目标要具有战术性和灵活性，上层目标的具体措施就是下层的目标；不论目标分解的方法和策略如何，只要便于目标实现都可以采用；落实目标责任的同时要明确利益和授予相应的权利，做到责权统一；上下级之间、部门之间、人员之间的目标、责任和权利要协调一致,责权要与单位、个人的能力相符;目标分解要便于考核。

目标分解的形式多种多样,常见的有以下三种。

①按管理层次纵向分解,即将总目标自上而下逐级分解为每个管理层次直至每个人的分目标。

②按职能部门横向分解,即将目标在同一层次上分解为不同部门的分目标。如安全目标的实现涉及安全专职机构、生产部门、技术部门、计划部门、动力部门、人事部门等。

③按时间顺序分解,即总目标按照时间的顺序分解为各时期的分目标。企业在一定时期内的安全总目标可以分解为不同年度的分目标,不同年度的分目标又可分为不同季度的分目标等。

在实际应用中,上述三种方法往往是综合应用。只有横向到边,纵向到底,结合不同时期的工作重点,才能构成科学、有效的目标体系。

在安全目标分解的实践中,要编制各种形式的安全目标管理责任书,也叫目标管理卡。目标管理卡分单位目标管理卡和个人目标管理卡(见表 5-1、表 5-2),其内容一般包括目标项目、权限、目标值、对策措施、目标要求、惩罚规定、自我评价、领导评价、签发日期、签发人等。

表 5-1　单位目标管理卡

| 责任单位 | | | 授权单位 | | | 签发日期 | |
|---|---|---|---|---|---|---|---|
| 目标项目 | 权限 | 目标值 | 对策措施 | 目标要求 | 惩罚规定 | 自我评价 | 领导评价 |
| | | | | | | | |
| | | | | | | 签名 | 签名 |

表 5-2　个体目标管理卡

| 目标项目 | | | | |
|---|---|---|---|---|
| 责任者 | | | 签发者 | |
| 目标要求 | 权限及保障条件 | 奖惩办法 | 自我评价 | 领导评价 |
| | | | | |

2.安全目标的实施

安全目标的实施是指在落实保障措施、促使安全目标实现的过程中所进行的管理活动。主要是各级目标责任者充分发挥主观能动性和创造性,实行自我控制和自我管理,辅之以上级的控制与协调的过程。

(1)目标实施中的控制

控制是管理的一项基本职能,它是指管理人员为保证实际工作与计划相一致而采取的管理活动。控制要以实现既定目标为目的,鼓励目标责任者的创造精神,目标责任相关的部门和人员要相互协调、配合。控制分为以下几种方式。

①自我控制。它是目标实施中的主要控制形式,通过责任者自我检查、自行纠偏达到目标的有效实施。

②逐级控制。它是指按目标管理的授权关系,由下达目标的领导逐级控制被授权人员,一级控制一级,形成逐级检查、逐级调节、环环相扣的控制链。逐级控制可以使发现的问题及时得到解决。

③关键点控制。关键点是指对实现安全总目标有决定意义和重大影响的因素。控制的关键点可以是重点目标、重点措施和重点单位等。

(2)目标实施中的协调

通过有效的协调可以消除实施过程中各阶段、各部门之间的矛盾,保证目标按计划顺利实施。目标实施中协调的方式大致有以下三种。

①指导型协调。它是管理中上下级之间的一种纵向协调方式,采取的方式主要有指导、建议、劝说、激励、引导等。

②自愿型协调。它是横向部门之间或人员之间自愿寻找配合措施和协作方法的协调方式。其目的在于相互协作、避免冲突,更好地实现目标。

③促进型协调。它是各职能部门、专业小组或个人,相互合作,充分发挥自己的特长和优势,为实现目标而共同努力的协调方式。

3.安全目标的考核与评价

(1)为做好安全目标的考评工作,考评中应遵循以下原则。

①考评要公开、公正。考评标准、考评过程、考评内容和考评结果及奖惩要公开,要增加考评的透明度。考评要有统一的标准,标准要定量化,无法定量的要尽可能细化,使考评便于操作。

②以目标成果为考评依据。目标管理是强调结果的管理,对达到目标的过程和方法不做规定。这一方法激励人们的创造精神,工作中讲究实效,避免形式主义。

③考评标准简化、优化。考评涉及的因素较多,标准尽量简化,避免项目过多,引起考评工作的烦琐和复杂。考评标准要优化,要抓反映目标成果的主要问题,评定等级要客观。

④实行逐级考评。安全目标的设定和分解是逐级进行的,进而构成目标体系,由上至下逐级考评,有利于考评的准确性。

(2)目标的考评内容包括:①目标的完成情况,包括完成的数量、质量和时间。②协作情况,目标实施过程中组织内部各部门或个人间的联系与配合情况等。考评可采取分项计划方法、目标成果考评法、岗位责任考评法等。

4.做好安全目标管理工作应注意的问题

(1)加强各级人员对安全目标管理的认识

领导对安全目标管理要有深刻的认识,要结合本单位实际情况,制定总目标,并参加全过程的管理,对目标实施进行指挥、协调;加强对中层和基层干部的思想教育,提高他们对安全目标管理重要性的认识和组织协调能力;还要加强对职工的宣传教育,普及安全目标管理的基本知识与方法,充分发挥职工在目标管理中的作用。

(2)要有完善系统的安全基础工作

安全基础工作的水平,直接关系着安全目标制定的科学性、先进性和客观性。如要制定可行的伤亡事故频率指标和保证措施,需要有完善的工伤事故管理资料和管理制度;需要有毒、有害作业的监测数据。

(3)安全目标管理需要全员参与

安全目标管理是以目标责任者为主的自主管理,将目标落实到每个人身上,渗透到每个环节,使每个操作者在安全管理上都承担一定目标责任。因此,必须充分发动群众,将全体人员科学地组织起来,实行全员、全过程参与,才能保证安全目标的有效实施。

(4)安全目标管理需要责、权、利相结合

实施安全目标管理时要明确操作者在目标管理中的职责,没有职责的责任制只能流于形式。要赋予各级人员在日常管理中的权力,还要给他们应得的利益,责、权、利有机结合才能调动广大人员的积极性和持久性。

(5)安全目标管理要与其他安全管理方法相结合

安全目标管理是综合性很强的科学管理方法,它是安全管理的纲,是一定时期内安全管理的集中体现。在实现安全目标过程中,要依靠和发挥各种安全管理方法的作用,如建立安全生产责任制、制定安全技术措施计划、开展安全教育和安全检查等。只有两者有机结合,才能使安全管理工作做得更好。

## 四、仓储安全新技术

### (一)安全管理信息系统

管理信息系统(management information system,MIS)主要包括对信息的搜集录入、信息的存储、信息的传输、信息的加工和信息的输出与反馈五种功能。仓储部门推行的事故控制技术,其中的事故隐患检查方法是一种适合仓库的安全管理手段,它是根据危险源辨识和系统安全分析的结果,把主要的潜在事故隐患作为检查和控制的对象,编制成各类标准安全检查表。这就需要获取大量的事故信息量,需要及时对事故信息进行处理和综合分析判断,仓库安全管理信息系统可完成这些工作。

1.安全管理信息系统分析及设计

(1)信息反馈回路

安全管理系统的主要症结在于安全管理中作为决策依据的信息流通不畅,因此,根据事故控制的基本模式,在系统设计时,要考虑以下两个信息反馈回路。

①制表(安全检查表)—检查(工作岗位)—隐患评价—打印(整改通知)—有关部门—整改(工作岗位)。

②隐患总库—制表(安全检查表)—检查—发现新隐患—(新隐患)存档—总库。

(2)仓库安全管理信息系统运行方式

通过危险源辨识发现来自各仓库的事故隐患,输入计算机,经汇总分析后,建立两个事故隐患档案:一个是按不同岗位区分的事故隐患档案,作为安全检查表的制订依据;另一个是按其所属的不同部门区分的事故隐患档案,可用来区分事故隐患的类型,以便制订出各种报表,将其发送至各部门和作业岗位。工作人员依表进行安全检查和事故隐患整改。

在系统中,还可建立伤亡事故档案,以及仓库特殊作业岗位工作人员的素质、岗位安全教育培训档案等。

2.仓库安全管理信息系统说明

(1)危险源辨识

危险源辨识是建立安全管理信息系统的基础。进行危险源辨识时,不仅要分析以往发生的伤亡事故资料,还要参照来自系统外部的其他有关信息资料。危险源辨识,应掌握下列几项内容。

①仓库设施、设备本质安全化水平,设计缺陷及作业环境缺陷。

②人机匹配问题。

③事故严重度和发生概率。

④事故可能发生的模式及波及范围预测。

(2)仓库信息管理系统

该系统的模块设计包括两方面:数据存储设计和处理过程设计。数据存储设计主要是确定存储的内容和文件的组织方式,包括各类档案文件的建立及分类。处理过程设计把模块分为四类:输入汇总、查询、打印报表和复制。

3. 安全检查

安全检查表依据从危险源辨识和系统安全分析得到的事故隐患档案确定,因而其内容全面、客观,具有严格的科学性。检查表的主要内容包括:检查项目、检查内容及标准、检查结果、检查人和检查日期。仓库各部门人员应严格按照检查表进行检查,及时将事故隐患反馈给安全管理部门。发现的事故隐患如已由仓库作业人员解决,也须记入检查表内。

4. 隐患整改

隐患整改是安全管理信息系统的最后实施体现,是系统起作用的极为重要的手段。应建立以仓库业务管理、仓库设施设备、仓库车辆、仓库库区警卫、仓库安全监控等为主体的隐患整改机制,这种按系统管理、分级负责的方法有利于充分发挥各部门的仓库安全责任。事故隐患整改过程是一个系统调节反馈的过程,是控制危险因素,及时消除事故隐患,实施安全作业的重要环节。

(二)仓储安全监控电子化

仓储安全管理要突破传统的经验管理模式,增加安全管理的科技含量,推广应用仓储安全监控技术,提高仓储安全水平。如智能探头可以持续不断地测量探头所在环境的物理量变化,可以对干扰效应和因素按照给定的结构和算法进行测定予以消除,能够根据现场火灾的特征与探头内存储的火灾特性曲线参数进行比较预测火灾,提高火灾预报的可靠性。

仓储安全监控模式将由集中监视、集中控制向集中监视、集中管理、分散控制转变;中央计算机监控系统通过通信网络将分散控制现场的区域智能分站连接起来,实现对仓库内各种保安防范措施和功能的集中监控管理、报警处理和联动控制。

# 第二节　特殊货物管理

特殊货物的仓储管理就是根据特殊货物的特性,确定所需的设施设备,制定并执行相应的管理措施,而实现对特殊货物的仓储管理。特殊货物是指在仓储过程中需要采取特殊措施的货物,如冷藏品、化学品、易燃易爆品等,这些货物在仓储过程中容易造成人身伤害,发生火灾和爆炸、腐败变质等事故。

## 一、危险品的仓储管理

### (一)危险品概述

仓储中的危险品是指具有燃烧、爆炸、腐蚀、有毒、放射性或在一定条件下具有这些特性,并能致人伤亡或造成财产损失而需要特别防护的货物。危险品储存在仓库的类型、布局、结构和管理上有其特别要求。

危险品的特征就是具有危险性,根据其首要危险性将危险品分为 9 大类:第 1 类是爆炸品,第 2 类是压缩气体和液体气体,第 3 类是易燃液体,第 4 类是易燃固体,第 5 类是自燃物品和遇湿易燃物品,第 6 类是氧化剂和有机过氧化剂,第 7 类是有毒品,第 8 类是腐蚀品,第 9 类是杂类。

(二)危险品管理制度与法规

国家对危险品实行严格的管理,实行相应管理部门审批、发证、监督、检查的系列管理制度。危险品管理按照依法管理的原则,严格根据法规的规定和国家标准实施管理。涉及危险品仓储和运输的主要管理法规有:《危险化学品安全管理条例》《危险货物分类和品名编号》(GB6944)、《危险货物品名表》(GB12268),以及《环境保护法》《消防法》的相关规范和其他安全生产的法律和行政法规,涉及危险货物的国际运输还需要执行《国际海运危险货物规则》。

(三)危险品仓库的建筑要求

危险品仓库,一般占地面积较大。在布局上,应以"安全第一"为原则,区别各类商品的性能,搞好仓库的区域规划。要按照所储存危险品的类别和性能,充分利用地形,合理划分各类物品的存放地区;并按地势的标高和气象资料设置必要的防雷网;按安全需要科学布置消防系统。此外,危险品仓库在库区布局上要按公安部建筑设计防火规范的要求,预留符合规定的防火安全距离。典型危险品仓库的建筑要求如表 5-3 所示。

表 5-3 典型危险品仓库的建筑要求

| 仓库分类 | 建筑要求 |
| --- | --- |
| 爆炸性商品仓库 | 专库专用,最好是利用山势、洼地作为屏障,建筑地下式库,要有 1/3~2/3 的高度设在地面以下,外露墙壁砌成 45°斜坡,库顶要用轻质不燃材料覆盖;地上库应与四周保持足够的安全距离,并在周围筑堤(堤基离库墙 1~3 米,堤顶宽度不小于 1 米,且高出屋檐 1.5 米以上),采用轻质隔热库顶;每幢建筑面积在 100 米² 以内,要通风良好,四壁做防水层,地坪用沥青抹平;为防日光照射,库房门窗需安装不透明玻璃或用白色涂料涂刷,库内照明可安装电灯(最好安装防爆式电灯),电源开关应设在库房外避雨的地方;无电源的地方可用干电池照明,不可用明火灯具 |
| 易燃液体仓库 | 要远离生活区,用水方便,库间要有足够的消防车通道,消火栓的分布要周密合理;库房应采用钢筋混凝土结构,门窗应向外开启;对于低沸点商品,应存放在低温库房或窑洞、地窖内;防爆灯在库外通过玻璃窗向库内照明,库内外墙壁上不能安装任何电器设备;库内应安装排毒净化设备,以排除易燃液体放出的有毒气体 |
| 腐蚀性商品仓库 | 库顶最好是水泥的平顶结构,里面涂耐酸漆,以防腐蚀;地坪可以用一般的水泥地面;对于木结构的屋顶、门窗和各个结构部位的铁附近,都应涂上耐酸漆,以防酸性商品挥发出来的气体或蒸气腐蚀库房建筑结构;库内不宜安装电灯,在建筑时必须考虑库房的采光,也可以采取在库外向库内照明的方法 |
| 放射性商品仓库 | 应建特型库,最好是地下式;库房建筑宜用混凝土结构,墙壁厚度应不少于 50 厘米,房顶、四壁、地坪要用拌有重品石粉的混凝土抹平;地坪表面要光滑,以便冲洗残存的放射性灰尘;仓库四壁、天花板、门窗应用铅板衬制或覆盖,库内要有下水道和专用渗井 |

(四)危险品的安全储存管理

要根据危险品的不同性能来选择适宜的储存场所,危险品在装卸、搬运、堆码及管理、养护等方面,必须采取科学的方法。危险品仓库管理一般要求做到以下几点。

1.分区分类储存

根据各类危险品的性质和特点,实行分区分类储存。危险品仓库分为大型危险品仓库、中小型危险品仓库和县以下(含县)危险品仓库。大型危险品仓库是大城市的专业仓库,可划分为若干存货区,库区之间有一定的安全距离和明显的界限;中小型危险品仓库在中小城市,库存总量不大、库区面积有限;县以下(含县)危险品仓库分布广、数量多,但是面积有限,库存量小。还要根据仓库建筑、设备和水源与消防条件,适当划分各类危险品的货区和货位,区与区、仓与仓、垛与垛之间,要有一定的安全间距。划定的货区、货段和货位,应进行货位编号。

在危险品储存过程中,要根据其类型的不同采取不同的保养措施,进行定期检查与观测,做好商品检查记录,加强温、湿度的控制与调节。

2.设备管理

危险化学品的仓库实行专用仓库的使用制度,设施设备不能用于其他用途。各种设施设备要按照国家相应标准和有关规定进行维护、保养,进行定期检测,保证其符合安全运行要求。对储存剧毒化学品的装置和设施要每年进行一次安全评价;对储存其他危险品的储存装置每年进行一次安全评价。对评价不符合要求的设施设备应停止使用,立即更换或维修。

3.库场使用

危险化学品必须储藏在专用仓库、专用场地或专用储藏室内。对危险品专用仓库的要求,不仅包括专区专用,不能存放普通货物,还包括不同种类的危险品应分类存放在不同的专用仓库,各仓库存放确定种类的危险品。危险品的危害程度还与其存放数量有关,仓库需要根据危险品的特性和仓库的条件,确定各仓库的存量。例如,黄埔港务公司仓库第12仓楼下的堆存限额为1078升,不能堆放一级易燃液体和一级有机氧化物。

危险品仓库实行定期检查制度,检查间隔不宜超过5天;在检查中若发现问题应及时填写"问题商品通知单",并上报仓库领导;仓库保管员需保持仓库内的整洁,特别是对残余化学物品应随时清扫。对残损、质次、储存过久的货物应及时向有关单位联系催调。

4.从业人员要求

从事危险化学品生产、经营、储存、运输、使用或者处置废弃危险化学品活动的人员,必须接受有关法律、法规、规章与安全知识、专业技术、职业卫生防护和应急救援知识的培训,并经考核合格,方可上岗作业。

5.危险品仓库的安全作业

危险品仓库管理的一般要求与其他货物仓储管理相同,其特殊要求如下。

(1)货物出入库

仓库业务员应对货物按交通运输部颁布的《道路危险货物运输管理规定》进行抽查,做好相应的记录,并在货物入库后两天内对其验收完毕。入库验收主要采用以感官验收为主,仪器和理化验收为辅的方法。货物存放应按其性质分区、分类、分库储存。

危险品入库,仓管员要严格把关,认真检查品名、标志、包装,清点数量,做好核查登记,在仓库收发货区接收和交付危险货物。对于品名、性质不明或者包装、标志不符,包装不良的危险品,仓库保管员有权拒收,或者依据残损处理程序进行处理,未经处理的包装破损危险品不得进入仓库。剧毒化学品实行双人收发制度,送提货车辆不得进入存货区。

危险品出库时,仓管员需认真核对货物的品名、标志和数量,协同提货人、承运司机查验货物,确保按单发货,并做好出库登记,详细记录危险货物流向流量。当一次提货超过 0.5 吨时,要发出场证,交通运输员陪送出场。仓库保管员应按"先进先出"原则组织货物出库,并认真做好出库清点工作。车辆运送时,应严格按危险品分类要求分别装运,对怕热怕冻的货物需按有关规定办理。

(2)货物保管

危险品的储存方式、方法与储存数量必须符合国家标准。仓库管理人员要根据国家标准、危险特性、包装及管理制度,合理选择存放位置,根据危险货物对保管的要求,妥善安排相应的具有通风、遮阳、防水、控湿、控温条件的仓库或堆场货位。

危险品仓库实行专人管理,剧毒化学药品实行双人保管制度,仓库存放剧毒化学药品时须向当地公安机关备案。对于废弃的危险品、容器等,仓库要采取妥善的处理措施,如随货进行移交、封存、掩埋等无害化处理,不得留有隐患。剧毒危险品发生被盗、丢失、误用等应立即向当地公安机关报案。

(3)堆码苫垫

危险品的储存以库房储存为主,实行分类分堆存放,堆码不宜过高过大,货垛之间要留足够宽的通道,货堆与库壁间距应大于 0.7 米。在一般情况下,危险品的堆垛高度为:液体商品不超过 2 米,固体商品且不超过 3 米。库房存放怕潮的危险品时,要适当垫高,露天存放更应垫高防水;同时,应根据商品的性质选择适宜的苫盖物种,如硫黄等腐蚀性商品,不宜用苫布盖,以用苇席盖为妥。

危险货物堆叠时要整齐,堆垛稳固,标志朝上,不得倒置,垛头应悬挂危险品的标志、编号、品名、性质、类别、级别等相关信息。

(4)货物装卸

危险品在进行装卸作业前应了解所装卸危险品的危险程度、安全措施和医疗急救措施,严格按照有关程序和工艺方案作业,根据货物性质选择合适的装卸机械。装卸易爆货物时,装卸机械应安装熄火装置,作业前应对装卸机械进行检查,禁止使用非防爆型电器设备。装卸搬运爆炸品、有机过氧化物、一级毒害品、放射性物质时,装卸搬运机械都应按额定负荷降低 25% 使用,作业人员应穿戴相应的防护用品,夜间装卸作业应有良好的照明设备。作业现场须准备必要的安全和应急设备及用具。

(五)危险品事故应急处理

危险品仓库必须根据库存危险品的特性、仓库的条件,以及法规和国家管理机关的要求,制定仓储危险品应急预案。应急预案包括发生危害时采取的措施和人员的应急职责,具体包括危险判定、危险事故信号汇报、现场紧急处理方法、人员撤离、封锁现场、人员分工等。

应急预案要作为仓库工作人员的专业知识,务必使每一个员工熟悉且熟练掌握所在岗位的职责行为和操作技能。仓库应该定期组织员工开展应急预案演习,当人员有一定变动时也要进行演习。

## 二、粮食的仓储管理

(一)粮仓管理

1.粮食的仓储特性

(1)呼吸性和自热性

粮食仍然具有植物的新陈代谢功能,能够吸收氧气和释放二氧化碳,通过呼吸作用,能产生和散发热量。因此当大量的粮食堆积时,释放的二氧化碳就会使空气中的氧气含量减少;大量堆积的粮食所产生的热量若不能散发,就会使粮堆内温度升高。另外粮食中含有的微生物也具有呼吸和发热的能力。粮食的自热不能散发,在大量积聚后,会引起自燃。粮食的呼吸性和自热性与含水量有关,含水量越高,自热能力越强。

(2)吸湿性和散湿性

粮食本身含有一定的水分,当空气干燥时,水分会向外散发;而当外界湿度大时,粮食又会吸收水分,在水分充足时还会发芽,芽胚被破坏的粮食颗粒就会发霉。由于具有吸湿性,粮食在吸收水分后不容易干燥,而储存在干燥环境中的粮食也会因为散湿而形成水分的局部聚结而致霉。不同粮食的含水量标准如表 5-4 所示。

表 5-4　粮食的含水量标准

| 粮食种类 | 含水量 | 粮食种类 | 含水量 |
|---|---|---|---|
| 大　米 | 15.0%以下 | 赤　豆 | 16.0%以下 |
| 小　麦 | 14.0%以下 | 蚕　豆 | 15.0%以下 |
| 玉　米 | 16.0%以下 | 花　生 | 8.5%以下 |
| 大　豆 | 15.0%以下 | 花生果 | 10.0%以下 |

(3)吸附性

粮食具有吸收水分、呼吸的性能,能将外界环境中的气味、有害气体、液体等吸附在内部,不能去除。因此一旦受到沾污,粮食就会因无法去除异味而损毁。

(4)易受虫害

粮食本身就是众多昆虫幼虫和老鼠的食物。未经杀虫处理的粮食中含有大量的昆虫、虫卵和细菌,当温度、湿度合适时它们将会大量繁殖,形成虫害。即使是经过杀虫处理的粮食,也会因为吸引虫鼠而造成二次危害。

(5)散落流动性

散装粮食因为颗粒小,颗粒之间不会粘连,在外力(重力)作用下,具有自动松散流动的散落特性,当倾斜角足够大时就会出现流动性。根据粮食的这种散落流动性,可以采用流动的方式作业。

(6)扬尘爆炸性

干燥粮食的麸壳、粉碎的粮食粉末等在流动和作业时会产生扬尘,伤害人的呼吸系统。当能燃烧的有机质粮食的扬尘达到一定浓度时(一般为 $50\sim65$ 克/米$^3$),遇火源便会发生爆炸。

2.粮仓的设施

粮仓是指贮藏粮食的专用建筑物,主要包括仓房、货场(或晒场)和计量、输送、堆垛、清理、装卸、通风、干燥等设施,并配备有测量、取样、检查化验等仪器。

粮食存储是仓储最古老的项目,"仓"在古代就是表示粮食的储藏场所。粮食包括小麦、玉米、燕麦、大麦、大米、豆类和种子等。粮食仓储是实现粮食集中保管、分散消耗的手段,同时也是国家战略物资储备的方式之一。

粮食作为大宗货运输,需要进行较大规模的集中和仓储。为了降低粮食的储藏成本、运输成本,提高作业效率,粮食主要以散装的形式进行运输和仓储,进入消费市场流通的粮食才采用袋装包装。

粮食仓库的设计应考虑粮食品种、仓容和建筑费用等因素,在构造上主要应满足粮食安全储藏和粮食仓库工艺操作所需的条件。选址和布局应考虑粮源丰富、交通方便、能源充足等因素。

(二)粮仓管理的基本要求

1.干净无污染

粮仓必须保持清洁干净。粮仓为了达到仓储粮食的清洁卫生条件,要尽可能用专用的粮筒仓;通用仓库拟用于粮食仓库,应是能封闭的,仓内地面、墙面要进行硬化处理,不起灰扬尘、不脱落剥离,必要时使用木板、防火合成板固定铺垫和镶衬;作业通道进行防尘铺垫。金属筒仓应进行除锈处理,如进行电镀、喷漆、喷塑、内层衬垫等,在确保无污染物、无异味时才能够使用。

在粮食入库前,应对粮仓进行彻底清洁,清除异物、异味,待仓库内干燥、无异味时,粮食才能入库。对不满足要求的地面,应采用合适的衬垫,如用帆布、胶合板严密铺垫。使用兼用仓库储藏粮食时,筒仓内不能储存非粮食的其他货物。

2.保持干燥,控制水分

保持干燥是粮食仓储的基本要求。粮仓内不能安装日用水源,消防水源应妥善关闭,洗仓水源应离仓库有一定的距离,并在排水沟的下方。仓库旁的排水沟应保持畅通,确保无堵塞,特别是在粮仓作业后,要彻底清除哪怕是极少量的散漏入沟的粮食。

应该随时监控粮仓内湿度,将其严格控制在合适的范围之内。仓内湿度升高时,要检查粮食的含水量,当含水量超过要求时,须及时采取除湿措施。粮仓通风时,要采取措施避免将空气中的水分带入仓内。

3.控制温度,防止火源

粮食本身具有自热现象,温度、湿度越高,自热能力也越强。在气温高、湿度大时需要控制粮仓温度,采取降温措施。每日要测试粮食温度,特别是内层温度,及时发现自热升温情况。当发现粮食自热升温时,须及时降温,采取加大通风、货堆内层通风降温、内层放干冰等措施,必要时进行翻仓、倒垛等散热操作。

粮食具有易燃特性,飞扬的粉尘遇火源还会爆炸燃烧。粮仓对防火工作有较高的要求。在粮食进行出入库、翻仓作业时,更应避免一切火源出现,特别是要消除作业设备运转的静电,粮食与仓壁、输送带的摩擦静电,加强吸尘措施,排除扬尘。

4.防霉变

粮食除了因为细菌、酵母菌、霉菌等微生物的污染分解而霉变外,还会因为自身的呼吸

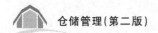

作用、自热而霉烂。微生物的生长繁殖需要较适宜的温度、湿度和氧气含量,在温度 25～37℃、湿度 75％～90％时,其生长繁殖最快。霉菌和大部分细菌需要足够的氧气,酵母菌则是可以进行有氧呼吸、无氧呼吸的兼性厌氧微生物。

粮仓防霉变以防为主。要严把入口关,防止已霉变的粮食入库;避开潮湿货物,如通风口、仓库排水口,远离会淋湿的外墙,地面妥善衬垫隔离;加强仓库温、湿度的控制和管理,保持低温和干燥;经常清洁仓库,特别是潮湿的地角,清除随空气飞扬入库的霉菌;清洁仓库外环境,消除霉菌源。

经常检查粮食和粮仓,一旦发现霉变,立即清出霉变的粮食,进行除霉、单独存放或另行处理,并有针对性地在仓库内采取防止霉变扩大的措施。

应充分使用现代防霉技术和设备,如使用过滤空气通风法、紫外线等照射、施放食用防霉药物等。但使用药物时需避免使用对人体有毒害的药物。

5.防虫鼠害

(1)粮仓虫鼠害的表现

粮食的虫鼠害主要表现在对粮食的直接耗损、虫鼠排泄物和尸体对粮食的污染、携带外界污染物入仓、破坏粮仓设备、降低保管条件、破坏包装物造成泄漏、昆虫活动对粮食的损害等。

危害粮仓的昆虫种类很多,如甲虫、蜘蛛、米虫、白蚁等,它们往往繁殖力很强,危害严重,能在很短时间内造成大量的损害。

(2)粮仓防治虫鼠害的方法如下。

①保持良好的仓库状态,及时用水泥等高强度涂料堵塞建筑破损、孔洞、裂痕,防止虫鼠在仓内隐藏。库房各种开口隔栅完好,保持门窗密封。

②防止虫鼠随货入仓,对入库粮食进行检查、确定无害时方可入仓。

③经常检查、及时发现虫害鼠迹。

④使用药物灭杀,使用高效低毒的药物驱避、诱食灭杀,或者使用无毒药物直接喷洒、熏蒸除杀。

⑤使用诱杀灯、高压电灭杀,合理利用高温、低温、缺氧等手段灭杀。

第五章复习题

# 第六章　仓储经营管理与合同

**仓储合同违约处理**

A公司是一家大型水果销售公司,以收购水果,然后将水果经过冷库存放几个月后销售为主要盈利模式。2017年8月,公司的武某、胡某收购了39571件共计573.78吨香梨,与本地一家企业——大荔果业有限公司签订了一份仓储合同。该合同约定,仓储公司提供冷库保管香梨,约定仓储费每吨单价为560元,约定时间为2017年9月23日至2018年2月28日,双方对储存数量、种类、验收方式、出入库时间和具体方式、手续等做了约定。同时约定若任何一方有违约行为,都要承担违约金,总额为合同金额的20%。

合同签订后,大荔果业有限公司按时提供了冷库。在2018年2月7日前,A公司尚能自主提取存储物,后因冷库管理不当造成储存于原告处的香梨部分出现黑心现象,而不愿提取剩余的5吨香梨。双方因此而发生矛盾。

2018年4月,大荔果业有限公司将A公司告上法庭,要求A公司提取剩余的5吨香梨,并且支付违约金。

案例来源:大荔法院.水果仓储起纠纷　法官快调化矛盾[EB/OL].(2018-06-01)
[2019-08-30].http://news.sina.com.cn/c/2018-06-01/doc-ihcikcew2149779.shtml.

**思 考 题**

1.该仓储合同是否有效?
2.大荔果业有限公司的要求是否合理?
3.简述仓储合同应具备哪些主要条款。

**本 章 要 点**

本章介绍仓储经营的含义与作用、仓储经营的方法、仓储合同的主要条款及仓储合同的订立原则,明确仓储合同当事人的权利和义务,重点掌握合同成立、无效、变更、解除、违约和免责等内容。

# 第一节　仓储经营服务

## 一、仓储经营的含义与作用

仓储经营管理是指在仓库管理活动中,运用先进的管理原理和科学的方法,对仓储经营活动进行计划、组织、指挥、协调、控制和监督,充分利用仓储资源,以实现最佳的协调与配合,降低仓储经营管理成本,提高仓储经营效益的活动。仓储经营管理是社会再生产顺利进行的保障,是保持物资原有使用价值和合理地使用物资的重要手段,是加快资金周转,降低流通中各种费用与成本,提高经济效益的有效途径。仓储经营管理可以加强企业基础工作,提高管理水平,也可以充分利用仓储设施面向社会开展多样化服务,以获取更大利润。

## 二、仓储经营的方法

根据仓储的目的不同可以分为保管仓储、混藏仓储、消费仓储、仓库租赁和流通加工。

### (一)保管仓储

保管仓储是由仓储经营人提供完善的仓储条件,接受存货人的仓储进行保管,在保管期届满时,将原收保的仓储物原料交还给存货人,存货人支付仓储费的一种仓储经营方法。保管仓储的目的在于保持仓储物原状,物品一般为数量大、体积大、对保管要求较高的大宗物资,如农副产品、工业制品等。保管仓储活动是等价有偿活动,保管人提供仓储服务,存货人支付仓储费。仓储保管经营的整个仓储过程一般由保管人进行全程操作,仓储费是仓储企业收入的主要来源。

### (二)混藏仓储

混藏仓储是存货人将一定品质、数量的储存物交给保管人,保管人将不同存货人的同样仓储物混合保存,到期届满时,保管人只需以相同种类、相同品质、相同数量的替代物返还给存储人,并收取仓储费的一种经营方法,这是保管仓储的一种特殊方式。混藏仓储是一种特殊的仓储方式,它的存储对象是种类物,保管物并不随交付而转移所有权,其存储费率往往比保管仓储的费率低。

### (三)消费仓储

消费仓储是指存货人在存放储存物时,同时将储存物的所有权也转移到了保管人处。在合同期届满时,保管人以相同种类、相同品质、相同数量的替代品返还给存储人,并由存货人支付仓储费的一种仓储方法。消费仓储是一种更为特殊的仓储形式,它的储存物的所有权在仓储期间发生转移,其主要收入来源于仓储的消费收入,保管人返回相同种类、品质、数量的种类物。

### (四)仓库租赁

仓库租赁是仓库所有人将企业拥有的仓库、场地、设备租给承租人,由承租人进行仓库经营,仓储所有人(出租人)收取出租费的经营方式。仓库租赁的具体方式可以是整体性出租,也可以采用部门出租、货位出租等分散方式进行。目前,世界各地箱柜委托出租的保管业务发展较为迅速,它是仓库业务者以一般城市居民和企业为服务对象,向其出租体积较小的箱柜保管非交易物品的一种仓储业务。它主要强调安全性和保密性,具有存货人自行保管货物、收入主要来自于租金、设备维修由保管人负责等特点。

（五）流通加工

流通加工是指在物品从生产地到使用地的过程中,仓库方根据需要施加的包装、分割、计量、分拣、刷标志、贴标签、组装等简单作业的总称。流通加工的类型主要包括为弥补生产领域加工不足的深加工、为满足需求多样化进行的服务性加工、为保护产品所进行的加工、为方便物流的加工、为促进销售的流通加工、为提高加工效率的流通加工、为提高原材料利用率的流通加工、为衔接不同运输方式使物流合理化的加工、以追求企业利润为目的的流通加工和生产流通加工一体化的流通加工形式等。

# 第二节　仓储合同

## 一、仓储合同定义

根据《中华人民共和国合同法》(以下简称《合同法》)第三百八十一条的规定:"仓储合同是保管人储存存货人交付的仓储物,存货人支付仓储费的合同。"仓储合同主要有以下法律特征,包括:以保管人向他人提供仓储保管服务为合同标的;保管人以仓库为堆藏保管仓储物的设备;仓储物必须是动产;仓储合同的保管人,须是经市场监管管理机关批准的,依法能从事仓储保管业务的法人或经济组织;仓储合同是双务有偿合同,双方当事人互负给付义务,一方提供仓储服务、另一方给付报酬和其他费用;仓储合同是诺成合同、不要式合同。

## 二、仓储合同当事人

仓储合同当事人包括存货人和保管人。存货人是指将仓储物交付仓储的一方,保管人是指提供仓储物的保管服务的一方。保管人除应具备拥有保管设施和设备的条件外,还必须拥有安全、消防等基本条件并取得相应的公安消防部门的许可,并取得从事仓储保管业务的资格。

## 三、仓储合同标的物

仓储保管人不可随意处分仓储物,但若仓储物毁损,须以实物进行赔偿。因此,物流产业下,一旦仓储合同标的物受到损害,强调实际履行,主张实物赔偿有其特殊的功能。首先,实际履行是实现合同目的、维护合同纪律所采取的必要补救方式;其次,在很多损失难以确定的情况下,实际履行更有利于保护受害人的利益;再次,从举证责任上看,受害人采用实际履行的补救方式可以不必承担损失的举证责任,这对于债权人十分有利。强调实物赔偿就相当于扩大意义上的实际履行,而金钱赔偿则是赔偿损失,实物赔偿有其合法性及合理性。

仓储合同的标的物,即存货人交付保管人保管的货物必须能够移动、需要存放到仓库经营人所拥有的仓库的货物,所以只能是动产。另外,仓储合同的标的物虽然多数是种类物,但一经建立仓储保管关系,该种类物就特定化了,因此,保管方不能擅自调换动用保管物,在合同终结时,保管方返还给存货方的应该是原交付保管的物品。

## 四、仓储合同的订立

### (一)仓储合同订立的原则

仓储合同的种类繁多,各种仓储合同的订立程序不尽相同,但当事人在订立仓储合同时必须遵循一定的原则。具体而言,应当遵守以下原则。

#### 1.平等原则

《合同法》第三条规定:"合同当事人的法律地位平等,一方不得将自己的意志强加给另一方。"这一原则在仓储合同的订立过程中有着极为重要的意义。根据这一原则,在订立仓储合同的过程中,双方要自觉有意识地遵循平等原则,不能以大欺小、以强凌弱,杜绝命令式合同,反对一切凭借职位、业务、行政等方面的优势而与他人签订的不平等的仓储协议。

#### 2.公平及等价有偿原则

《合同法》第五条规定:"当事人应当遵循公平原则确定各方的权利和义务。"这一原则要求仓储合同的双方当事人依价值规律来进行利益选择,禁止无偿划拨、调拨仓储物,也禁止强迫保管人或存货人接受不平等的利益交换。

#### 3.资源与协商一致原则

《合同法》第四条规定:"当事人依法享有资源订立合同的权利,任何单位和个人不得非法干预。"自愿意味着让存货人与保管人完全依照自己的知识、判断去追求自己最大的利益,协商一致是在自愿基础上寻求意见一致,寻求利益的结合点,仓储合同的订立只有在自愿与协商的基础上,才能最充分地体现双方的利益,从而保证双方依约定履行合同。

### (二)订立仓储合同的程序

仓储合同的订立,是存货人与保管人之间依意思表示而实施的能够引起权利和义务关系发生的民事法律行为。其订立过程就是仓储合同的当事人之间就合同条款通过协商达成协议的过程。不同种类的仓储合同其订立过程不尽相同。一般来说,订立合同主要有两个阶段,即准备阶段和实质阶段,实质阶段又包括要约和承诺两个阶段。

#### 1.准备阶段

在许多场合,当事人并非直接提出要约,而是经过一定的准备,进行一些先期性活动,才考虑订立合同。其中包括接触、预约和要约邀请,其意义在于使当事人双方相互了解,为双方进入实质的缔约阶段创造条件,扫除障碍。

#### (1)接触

有些国家特别强调合同订立前的接触,充分强调接触的法律意义,有些国家甚至将合同接触作为订立合同的必经程序。我国法律对合同接触没有明确的规定。但在合同实务中,合同接触意义重大,不容忽视,合同接触一般有以下两种形式:一是双方通过会谈、实际调查及实地考察等活动,进行单独接触,全面了解;二是通过向开户银行、公证机关、登记主管机关及业务主管机关咨询,了解对方当事人的资讯情况、履约能力等,在此基础上进行可行性分析,做出是否与其订立合同的决定。实践证明,充分的合同接触,可以预防和减少合同纠纷,提高合同履约率,减少和避免无效合同的发生,能有效防止合同订立过程中的欺诈行为,因此在实践中应大力提倡。

（2）预约

所谓预约，是指当事人之间约定将来订立一定合同的合同，将来应当订立的合同，成为"本约"，而约定订立本约合同，称为"预约"，合同预约的履行结果是订立本约，预约是本约产生的前提和根据，本约是预约履行的必然结果，我国《合同法》对合同预约未做规定，但在实践中经常采用。预约仓储合同虽然只是预约，但也是一种合同，依据预约仓储合同，存货人和保管人负有应当订立合同的义务，如果预约的一方当事人不履行其订立本约的义务，则另一方有权请求其履行义务及承担违约责任。在预约仓储合同的情形下，如果存货人或保管人不履行订立本仓储合同的义务，另一方完全有权请求法院强制其订约。

（3）要约邀请

要约邀请，又称为邀请要约、引诱要约，是指向不特定的人发出的，希望对方向自己提出订约的意思表示。其特征有三：第一，要约邀请仅是订立合同的提议，并不包含合同内容的主要条款。换言之，要约邀请不具备合同基本条款的内容，对其加以承诺并不能成立合同。第二，要约邀请是向不特定的人发出。第三，要约邀请以希望他人向自己提出订约为目的。亦即要约引诱的目的在于希望他人向自己提出订约，其最终的目的是订立合同。在发生要约邀请以后，要约邀请人撤回其邀请，只要没有给善意相对人造成信赖利益的损失，要约邀请人一般不承担法律责任，但要约申请给他方造成损失时，须负法律责任。因为此时虽未进入实质缔约阶段，但双方已由一般对待关系进入了特殊对待关系，基于诚实信用原则而产生了附随义务，违反此种义务，给对方造成损害的，自然应承担赔偿义务，这在民法理论上，即为缔约过失责任的一种。

2.实质阶段

根据《合同法》的规定，只要存货人和保管人之间依法就仓储合同的有关内容经过要约与承诺的方式达成意思表示一致，仓储合同即告成立，所以我们将之称为合同订立的实质阶段。

（1）要约

所谓要约，是指向特定人发出的订立合同的意思表示，内容必须确定并表明经特定人同意后合同即告成立，发出要约的当事人称为要约人，而要约所指向的当事人则称为受理人。在仓储合同中，一般来说，要约的内容至少应当包含以下内容：标的物数量、质量、仓储费用，即使没有具体的数量、质量和仓储费用表述，也可以通过具体的方式来确定这些内容。根据仓储合同的特点和现实环境，仓储合同的要约最好用书面形式，特别是大批货物的储存与保管，更是要提出可行的储存计划。在实践中，如果是长期的固定的货物储存，一般而言，存货人与保管人都应当签订长期仓储合同；在分期分批储存时，宜再填写标准格式的仓单，办理具体的仓储手续。

（2）承诺

在对外贸易中又称为接受和收盘，是指受要约人做出的同意要约内容的意思表示，承诺必须在要约的有效期限或合理期限内做出，并与要约的内容一致。受要约人对要约内容的任何扩充、限制或者其他变更，都构成一项新要约，而非有效的承诺。在仓储合同中，承诺的法律意义在于：保管人一经承诺，仓储合同即告成立且同时生效。

一般情况下，仓储合同经过要约和承诺两个阶段后即告成立。但在实践中，合同的成立并非必须以要约和承诺方式来实现，只要意思表示达成一致，当事人采取要约和承诺以外的方式,也可以成立合同。主要包括交叉要约和意思实现两种。所谓交叉要约,是指订约当事人采取非直接对话的方式,相互不约而同地向对方发出内容相同的要约。如甲公司向乙公司发出要约,称甲公司有货物 500 吨,欲在乙公司储存,期限 1 个月,费用 2000 元。而与此同时,乙公司也向甲公司发出要约,称乙公司有仓库一间,可为甲公司储存货物 500 吨,期限 1 个月,费用 2000 元,此种情况称为交叉要约,在此种情况下,双方意思表示在内容上完全一致且意思表示已经送达对方。因此,交叉要约可以成立合同。所谓意思实现,是指依照习惯或者事件的性质,承诺无须通知的要约,或要约人预先声明承诺无须通知的要约,其相对人如在相当时期内有可推断其承诺意思的客观事实,可以据此而成立合同,如保管人开始有保管行为,存货人开始发运寄存物品等。通常以这种承诺事实而成立合同的方式,必须在要约的有效期间做出。该承诺事实出现之时,也就是合同成立的时间。

### 五、仓储合同应具有以下主要条款

(一)仓储物的品名或品类

仓储物的品名或品类指所存仓储物的名称,即全称、标准名称或类别的标准名称。在订立仓储合同时,必须明确规定仓储物的全名或品类。如果有代号的,应标明代号的全名,不符合法律规定的物品不能保管。

(二)仓储物的数量、质量、包装

仓储物的数量指所存仓储物的多少,在确定合同数量时,有国家计划的应首先依据国家计划来确定。没有国家计划的应由双方协商确定,但存货人和保管人均要实事求是地确定,尤其是保管人要考虑自己的仓储能力。在合同中应明确规定仓储物的总量、计量单位等,数字要清晰无误。

仓储物的质量指所存仓储物的优劣、好坏。在确定仓储物质量时,要采取标准化操作方法,如果是国际仓储业务则应尽量使用国际标准。目前,我国实行的标准有国家标准、专业(部颁)标准、企业标准和协商标准。有国家标准的应使用国家标准;没有国家标准而有专业(部颁)标准的适用专业(部颁)标准;没有国家标准、专业(部颁)标准而有企业标准的,按企业标准执行;前三种都没有的,当事人可以协商标准。在确定质量时,要写明质量标准的全名。在适用协商标准时,当事人对质量的要求要清楚、明确、详细、具体地写入合同中。

仓储物的包装是指仓储物表面上的包装,包装的目的是保护仓储物不受损害。仓储物的包装有国家标准或专业标准的,应按国家标准或专业标准确定,没有国家或专业标准的,当事人在保证储存安全的前提下,协商议定。

(三)仓储物验收的内容、标准、方法、时间、资料

存货人交付仓储物给保管人储存时,保管人负责验收。存货人交付仓储物时包括仓储物和验收资料。保管人验收时对仓储物的品名、规格、数量、质量和包装状况等按包装上的标记或外观直辨进行验收;无标记的以存货人提供的验收资料为准。散装仓储物按国家有关规定或合同约定验收。验收方法在合同中确定具体采用全验还是按比例抽验的方法。验收期限从仓储物和验收资料全部送达保管人之日起,至验收报告送出之日止。

(四)储存条件和保管要求

仓储物在仓库储存期间,由于自然性质不同,对仓库的外界条件和温度、湿度等都有特

定的要求。比如肉类食品要求在冷藏条件下储存;纸张、木材、水泥要求在干燥条件下储存;精密仪器要求在恒温、防潮、防尘条件下储存。因此,合同双方当事人应根据仓储物的性质选择不同的储存条件,在合同中明确约定。保管人如因仓库条件所限,达不到存货人的要求,则不能勉强接受。对某些较特殊的仓储物,如易燃、易爆、易渗漏、有毒等危险仓储物,在储存时,需要有专门的仓库、设备及专门的技术要求配置,这些都应在合同中一一注明。必要时,存货人应向保管人提供仓储物储存、保管、运输等方面的技术资料,以防止发生仓储物毁损、仓库毁损或人身伤亡的情况。如挥发性易燃液体在入库、出库时,保管人如不了解该液体的特性,采用一般仓储物的装卸方法,可能造成大量易燃液体挥发外溢,酿成火灾。特殊仓储物需特殊储存条件、储存要求的,应事先交代明白。

(五)仓储物进出库的手续、时间、地点、运输方式

由存货人或运输部门、供货单位送货到库的,或由保管人负责到供货单位、车站、港口等处提运的仓储物,必须按照正常验收项目进行验收,或按国家规定当面交接清楚,分清责任。如果交接中发现问题,供货人在同一城镇的,保管人可以拒收;外埠或本埠港、站、机场、邮局到货的,保管人应予接货,妥善暂存,并在有效验收期内通知存货人和供货人处理。对于仓储物的出库,也应明确存货人自提、保管人送货上门或者保管人代办运输的责任。

(六)仓储物的损耗标准和损耗处理

仓储物在运输过程和储存中会发生数量、重量的减少,对这些损耗,合同应明确规定一个标准以作为划分正常与非正常损耗的界限。正常损耗不认为是损耗,视为符合合同要求履行;非正常损耗由运输或保管中的责任人负责。

(七)计费项目、标准和结算方式、银行账号、时间

计费项目、标准是指保管人收取费用的项目和标准。有国家规定的计费项目和标准的,按国家规定标准和项目执行;没有国家规定的,当事人可以协商议定。结算方式是指存货人和保管人以何种方式结算。银行账号是指各自的银行、账号的名称。时间是指双方结算的时间界限,亦即何时结算、何时结算完毕。以上条款均须在合同中明确、详细规定,以免发生争议。

(八)责任划分和违约处理

责任划分是指存货人和保管人在仓储物入库、仓储物验收、仓储物保管、仓储物包装、仓储物出库等方面的责任。这在合同中应明确规定,划清各自的责任。违约处理是指对保管人和存货人的违约行为如何处理。违约处理的方式有协商、调解、仲裁、诉讼等方式,违约责任形式有违约金、赔偿金等。这些在合同中也应明确规定。

(九)储存期限

合同一般应规定储存期限,即合同的有效期限。但有的合同也可不规定储存期限,只要存货人按时支付仓储费,合同则继续有效。

(十)变更和解除合同的期限

在确定变更或解除合同期限时,有国家规定的应按国家规定执行,没有国家规定的,当事人应在仓储合同中明确规定变更或解除的期限。此期限的确定应该合理,要考虑国家利益及当事人利益。

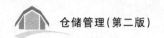

（十一）其他事项

与仓储合同有关的仓储物检验包装、保险、运输等事项,也必须在合同中明确规定或另订合同。仓储合同不仅涉及仓储关系,有时还涉及其他关系。比如,与其有关的运输、保险等。这些关系也必须在合同中明确规定或另订合同。

## 六、仓储合同当事人的权利和义务

（一）保管方的主要权利

(1)有权要求存货方按合同规定及时交付标的物。

(2)有权要求存货方对货物进行必要的包装。

(3)有权要求存货人告知货物情况并提供相关验收资料。

根据法律规定,存货人违反规定或约定,不提交特殊物品的验收资料的,仓管人可以拒收仓储物,也可以采取相应措施以避免损失的发生,由此产生的费用由存货人承担。

(4)有权要求存货人对变质或损坏的货物进行处理。

(5)有权要求存货人按期提取货物。

(6)具有提存权。

(7)有权按约定收取储存管理货物的各项费用和约定的劳务报酬。

（二）保管方的主要义务

(1)应存货人要求填发仓单的义务。

(2)接受和验收存货人的货物入库的义务。

保管人应按合同的约定接受存货人交付储存的货物,并按合同约定的内容、标准、时间和方法对货物的品名、规格、数量、包装状况等进行验收,如发现有不符合合同约定的应及时通知存货人。

(3)妥善保管储存物的义务。

(4)危险通知义务。

储存的货物出现危险时,保管人应及时通知存货人。危险情形主要包括:第一,保管人对入库仓储物发现有变质或者其他损坏,危及其他仓储物的安全和正常保管的,应当催告存货人或仓单持有人做出必要的处置。因情况紧急代存货人做出必要处置的,应当于事后将该情况及时通知存货人或仓单持有人。第二,遇有第三人对其保管的货物主张权利而起诉或扣押时,保管人应及时通知存货人或仓单持有人。

(5)返还保管物的义务。合同约定的保管期届满或因其他事由终止合同时,保管人应将储存的原物返还给存货人或存货人指定的第三人。合同中约定有储存期限的在仓储合同期限届满前,保管人不得要求存货人提前取回保管物;存货人要求提前取回时,保管人不得拒绝,但保管人有权不减收仓储费。

（三）存货方的主要权利

(1)有权要求仓管方妥善管理货物。

(2)有权要求仓管方亲自看守管理仓储货物。

(3)有权要求仓管方及时验收货物。

(4)合同约定由仓管方运送货物或代办托运的,存货人有权要求对方将货物送至指定的地点或办理托运手续。

（5）有权检查仓储物。

（四）存货方的主要义务

1.按照合同约定交付仓储物入库

存货人应按照合同约定的品名、数量、时间将货物交付保管人入库，并在验收期间向保管人提供验收资料。

2.向仓管方支付报酬，即仓储费

仓储费是仓管人因提供保管服务而应当获取的报酬。存货人应按合同约定的数量、支付方式、地点、时间等支付仓储费。

3.偿付必要费用

存货方应当支付仓管方因堆藏、保管货物所支出的必要费用，包括运费、修缮费、保险费、转仓费等。

4.凭仓单提取仓储物并提交验收资料

存货人或者仓单持有人在合同期限届满时凭仓单及时提取储存的货物，并向仓管人提供仓储物的验收资料。

## 七、仓储合同的生效和无效

市场经济条件下，合同是交易的法律表现形式，其地位十分重要。合同的成立与合同生效的界定，将直接影响到交易主体义务的履行及法律责任的承担。因此，对合同的成立与合同生效的区分和比较有很强的现实意义。

（一）仓储合同的成立

关于仓储合同的成立，一直存在着诺成性与实践性的理论争议。诺成性合同与实践性合同，是合同法理论的传统分类。所谓诺成性合同，是指双方当事人意思表示一致就可以成立的合同。实践性合同，是指除当事人意思表示一致外还需交付标的物才能成立的合同。实际上，诺成性合同与实践性合同的主要区别在于两者的成立时间不同。根据《合同法》的规定，当事人订立合同，应采取要约、承诺方式，承诺通知到达要约人时生效，承诺生效时合同成立。诺成性合同是指双方当事人意思表示一致时合同成立，即承诺生效时合同成立，一般是指承诺通知到达要约人时合同成立，而实践性合同是指双方当事人意思表示一致后，即承诺生效后，交付标的物时合同成立。

（二）仓储合同的生效

1.合同生效的条件

合同是当事人双方的民事法律行为，因而必须具备《中华人民共和国民法通则》（2009年修正）（以下简称《民法通则》）第五十五条规定的民事法律行为的生效要件。因此，可以从理论上将合同生效的要件分为如下几条。

第一，合同当事人在缔约时必须具备相应的缔结合同的能力。我国法律要求合同当事人必须具有相应的缔约能力，所谓相应是指与所订立合同相适应。具体而言，公民必须具有完全民事行为能力才有订立合同的行为能力，限制民事行为能力人只能订立与其年龄、智力或健康、精神状况相适应的合同；法人或非法人组织的缔约能力必须与其权利能力相一致，也就是说,经营性的法人或非法人经济组织的缔约能力应当与其核准的经营范围一致,机关、事业单位和社会团体法人的缔约能力应当与其登记或设立的宗旨一致。

第二,合同当事人的意思表示真实。所谓意思表示真实是指当事人真实地表达了自己内心的意愿,而不是在受胁迫、欺诈、重大误解等情况下做出的违背内心真实意愿的表示。

第三,合同不违反国家法律、法规和社会公共利益。民法理论上的合同不违反法律、法规,包括合同的目的、内容和形式不得违反现行法律、法规和行政规章中的强制性规范,也不得违反国家的政策。合同内容违法当然无效,以合法形式掩盖非法目的的合同同样无效。所谓合同形式不违法是指如果法律法规对合同形式做出明确规定的,必须采取法定的形式,否则合同不发生法律效力。有些合同如果法律法规规定必须批准的,则批准程序是合同生效的必要条件,未经批准就不能生效。

第四,合同内容必须确定和可能。合同内容的确定是指合同内容在合同成立时必须是已经确定的或者必须处于将来履行时可以确定的状态,只有以此确定的合同内容才能使合同当事人明确双方的权利和义务,使合同得以履行和实现。合同内容的可能,又称标的可能,是指合同所规定的特定事项必须具有实现的可能性。标的不可能实现,合同行为不发生法律效力,也就无法实现当事人缔结合同的目的,合同也就没有意义。

2.合同生效的形式

《合同法》第三十六条和第三十七条的规定表明,在合同形式问题上持一种较为宽松的态度,即通常情形下合同生效的形式与合同成立的形式相同,可以是口头形式、书面形式或者其他形式。但是法律、行政法规规定应当办理批准、登记等手续生效的,批准、登记这两种法定形式应当作为合同生效的必要条件。因为法律、法规规定应当办理批准、登记方能生效的合同,通常在实践中是十分重要的合同。这些合同都需要由国家行政机关批准、登记来把关。

3.合同生效的时间

合同生效的时间是指合同发生法律效力的时间,具体包括以下几种情形:①合同成立时即生效。②法律、法规规定应当办理批准、登记等手续生效的,办理批准、登记等手续时生效。③附期限或附条件的合同在所附条件成就或符合约定时间时生效。④效力未定的合同经法定当事人追认后生效。

(三)仓储合同的无效

合同无效制度是现代各国民商法普遍采用的一种规范社会经济交往的法律调控机制,其基本目的在于阻止那些不具备有效条件的协议或交易发生当事人预期的法律效果。合同无效制度大体上由以下几部分规则组成。

1.合同无效的概念

合同无效作为一种法律现象,通常是指当事人之间已达成的协议或者已完成的交易不能发生预期的法律效果,或者约定的条款不能发生法律上的约束力。这种现象在现代各国的合同法上都是普遍存在的。

2.合同无效的原因

在一个有秩序的社会中,法律对当事人之间的协议或交易的承认和保护是有条件的,这些条件虽然因时因地而异,但概括起来无非两类:一是具备法律关系成立的要素,二是符合法律秩序的基本要求。我国《民法通则》第五十五条规定:"民事法律行为应当具备下列条件:(一)行为人具有相应的民事行为能力;(二)意思表示真实;(三)不违反法律或者社会公共利益。"这些规定,表面上没有显著的差别,但是,由于社会历史条件的不同,人们在掌握和运用这些条件处理具体的交易行为时,则呈现出一定的差异。在不同的国家或者一个国家的不同时期,法律制度确定的合同无效原因难免有所不同。

3.合同无效的后果

关于合同无效的后果,各国的规则大体相同。概而言之,有以下要点。

(1)合同无约束力

合同一旦归于无效,便无一例外地不具备实际履行和强制执行的效力。在诉讼上,这常常表现为债权人丧失请求权和债务人解除给付义务。如果被宣告无效的合同尚未履行,确认无效的判决便是诉讼的结局。当然,这并不妨碍无辜受损失的当事人一方,以他方缔约上的过失或者故意实施不法行为为由,请求损害赔偿。

(2)恢复原状

合同无效之确认,应溯及至合同订立时。故宣告无效前若已发生一方或双方的给付,则应恢复原状,即返回到合同成立前的状态。在恢复原状时,当事人的偿付义务仅以一方由他方受利益为根据,而不问其过错之有无。所以,当给付的内容系金钱、实物或其他财产时,应返还原物和孳息;当给付的内容为劳务或其他不可返还的利益时,则应当以金钱补偿之。在有形财产已毁损灭失或者已转让给无过失善意第三人的情况下,应以金钱或等价种类物为替代偿还。在双方互为返还的情况下,在可能的范围内,可适用债的抵销规则。

(3)损害赔偿

由合同无效所致的损失,例如缔约、履约和解决纠纷的费用支出,标的物的损耗或贬值,可得利益损失等,应当在法律允许的范围内,由因过错造成合同无效的一方向无辜受损的一方支付赔偿。实践中,造成合同无效的不仅指造成合同无效原因的一方,而且包括明知或可得而知该无效原因,故意或过失地实施订约、履约的一方。在双方当事人均有过错的情况下,应就合同无效事件所致的全部损失(包括当事人各方及第三人所受的损失),按照双方各自的过错程度及其对合同无效所起的作用,确定各方应承担的份额。

## 八、仓储合同的变更、解除和终止

### (一)仓储合同的变更

仓储合同一经订立,即具有法律约束力,双方当事人都必须依照仓储合同的规定全面履行各自所应承担的合同义务。任何一方当事人不得擅自变更,只有使合同得以全面履行,才能实现合同目的,保护双方当事人的合法权益,严肃合同纪律,维护正常的社会经济秩序。但是,仓储经营是一种十分复杂的商业行为,仓储业务的开展会随着主客观情况的变化而变化,许多情形会使仓储合同的部分履行成为不必要或不可能,这就需要对合同的内容进行修改、变更,以减少不必要的利益损失。

1.仓储合同变更的概念及特征

仓储合同的变更,是指在仓储合同履行的主客观条件发生变化时,当事人为了使合同更有利于履行,或更适应自己利益的需要,依照法律规定的条件和程序对已经合法成立的仓储合同的内容在原来合同的基础上进行修改或补充。如对仓储数量的增加或者减少,对履行期限的推迟或提前,以及对其他权利义务条款的修改、补充、限制等。仓储合同的变更,一般不涉及已经履行的部分,其效力仅及于未履行的部分。因此,合同的变更并不是从根本上终止合同关系,即不是合同的解除,合同变更的目的是便于履行,从而更好地满足合同当事人的经济利益要求。

仓储合同的变更有广义和狭义之分。广义的仓储合同的变更是指当事人对已发生法律效力的仓储合同所进行的修订,包括合同主体、内容和客体等方面的变更。狭义的仓储合同的变更是指合同的内容和客体的变更,本节所要讨论的主要是狭义的仓储合同的变更。

仓储合同的有效成立是合同变更的前提。合法有效的仓储合同才能对双方当事人发生以其权利义务为内容的约束力,而合同的变更是双方当事人权利义务发生变化的表现形式,无效的仓储合同所设立的权利义务,由于其具有违法性,因而对当事人双方无法律约束力,因而自然不存在变更的问题。

仓储合同的变更发生在合同履行之前或合同的履行过程中。只有在仓储合同依法成立而尚未履行之前,或者虽已履行但尚未履行完毕时,因发生某种特殊情况需要对原合同进行调整时,才能对合同依法变更。

2.仓储合同变更的条件和程序

(1)仓储合同变更的条件

①原已存在着仓储合同关系。仓储合同的变更是在原仓储合同关系的基础上,通过当事人双方的协商,改变原仓储合同关系的内容。因此,如果不存在原仓储合同关系,就不可能发生变更问题。如果仓储合同被确认无效,也不能变更原仓储合同。

②存货人与保管人必须就合同变更的内容达成一致,协商一致是变更合同的必备条件。仓储合同中,从仓储物的数量、质量、规格、包装,到储存时间、储存费用等,无不都是由存货人与保管人相互协商,在意思表示一致的基础上达成的共识。因此,任何合同内容的变更都应同样经过存货人与保管人在平等、自愿、公平和诚实信用原则基础上进行协商,再次达成共识与一致意见。如果存货人与保管人仅仅在合同中约定可以变更有关内容,而具体的变更内容并不明确,那么,应当推定为仓储合同不发生变更,双方当事人仍然应当依照原来的合同内容履行义务。例如,存货人与保管人约定了仓储费,同时约定将来情况发生变化时可变更仓储费标准,结果在履行期间,同类仓储物的仓储费大幅下调,存货人因此也主张变更仓储费数额。但在此种情形下,由于约定并未指明何种情况下该做如何变更,变更应将依据怎样的方式进行,所以,这种约定是不明确的,理应推定为仓储合同未做变更。

③仓储合同的变更协议必须符合民事法律行为的生效要件。存货人与保管人就变更的内容达成一致,所变更的内容就成为仓储合同的一部分,如果这些变更不能成立或不能生效,自然不能构成对原合同内容的变更。

(2)仓储合同变更的程序

仓储合同的变更其实是一个意思表示达成一致的过程,因此,一般的变更程序类同于通常合同订立程序,即须经双方协商一致,变更才能成立。当事人协商变更仓储合同一般需要注意以下两个阶段:①当发生了法定或约定变更条件且当事人又有意变更合同时,选定日期通知对方当事人。变更应以书面形式通知对方,该通知自到达对方当事人之时起生效。当事人不得随意撤销,通知书应载明变更合同的理由、变更事项等内容。②对方当事人在接到变更合同的通知书后,应认真研究变更的有关内容或事项。并在法律规定或合同约定的期限内做出明确答复。原仓储合同经过公证或签证的,在变更合同时,应将协议送原公证或鉴证机关审查或备案,原仓储合同有保证人的,在变更合同时应将协议送交保证人,并由其决定是否继续担保。如果保证人同意变更的内容,则保证关系继续有效。如果保证人不同意,则保证关系终止,保证人不再承担原仓储合同的保证责任。

**3. 仓储合同变更的法律效力**

仓储合同变更后,被变更的内容即失去效力,存货人与保管人应按变更后的合同来履行义务,变更对于已按原合同所做的履行无溯及力,效力只及于未履行的部分。所以任何一方当事人不得因仓储合同的变更而要求另一方返还在此之前所做的履行。仓储合同变更后,因变更而给对方造成损失的,责任方应当承担损害赔偿责任。

**(二)仓储合同的解除**

仓储合同的解除是指仓储合同有效成立之后,在合同尚未履行或者尚未全部履行时,且具备合同解除条件的情况下,因当事人一方或双方的意思表示而使原合同设立的双方当事人的权利义务归于消灭。它是终止仓储合同的一种形式。

**1. 仓储合同解除的方式**

存货人与保管人协议解除合同,是指双方当事人通过协商或者通过行使约定的解除权而导致仓储合同的解除,因此,仓储合同的协议解除又可以分为事后协议解除和约定解除两种。

**(1)事后协议解除**

事后协议解除,是指存货人与保管人在仓储合同成立后,在合同尚未履行或尚未完全履行之前,当事人双方通过协商解除合同,使合同效力归于消灭的行为。仓储合同事后协议解除具有如下特征:①协商解除本身是通过订立一个新的合同而解除原来的合同,它是存货人与保管人依据仓储合同有效成立后的有关情况,而适时做出的解除合同的决定;②协议解除不得违背国家利益和社会公共利益,即协议解除合同的内容由当事人双方自己决定,但该内容违反了法律,损害了国家利益和社会公共利益的,协议解除无效,当事人仍要按原合同履行义务;③在协议解除的情况下,合同解除后是否恢复原状,如何恢复原状,也应由当事人协商决定。

**(2)约定解除**

约定解除,是指存货人与保管人在订立仓储合同的时候,就在合同中约定一定的合同解除条件,在该条件成立时,享有解除权的一方当事人可以通过行使解除权而使仓储合同关系归于消灭。约定解除仓储合同具有以下几个方面的特征:①约定解除属于事前的约定,它规定在发生一定情况时,一方享有解除权;②约定解除所约定的是解除权,其本身并不导致合同的解除,只有当事人实际行使解除权后方才可导致合同的解除;③只要合同一方违反合同规定的主要义务且符合解除条件,另一方就享有解除权,且行使此种权利时,无须征得对方当事人同意。

**2. 法定解除**

仓储合同的法定解除是指仓储合同有效成立后,在尚未履行或尚未完全履行之前,当事人一方行使法律规定的解除权而使合同效力归于消灭。仓储合同一方当事人所享有的这种解除权是由法律明确规定的,只要法律规定的解除条件成熟,依法享有解除权的一方就可以行使解除权,而使仓储合同关系归于消灭。在以下几种情况下,可行使法定解除权。

(1)因不可抗力致使合同的目的不能实现。由于不能预见、不能避免并不能克服的一些自然灾害或社会现象,而使仓储合同的履行成为不可能。在此情形下,存货人和保管人均可行使法定的解除权。如地震、台风、洪水等毁坏了仓库,使保管与储存仓储物成为不可能,保管人可依法行使解除权;又如仓储物未交付给仓储保管人而意外灭失的,那么存货人有权解除合同。

(2)仓储合同的一方当事人迟延履行主要义务,经催告在合理期限内仍未履行,另一方当事人享有合同解除权。例如,某公司与储运公司于某年6月4日签订了一份储存保管1000吨化学药品的合同,储存期限为6月10日至12月1日,在仓储场所等都已准备就绪的情况下,虽于6月13日通知催告对方迅速交付仓储物,但是直至7月3日,对方仍然未能交付仓储物。在此时,储运公司可行使法定的解除权。

(3)一方当事人将预期违约,即仓储合同的一方当事人履行合同之前或履行期间,明确表示或者以自己的行为表示将不履行主要义务,在这种情形下,对方当事人可行使法定解除权。如某冷库与某渔业公司签订了一份储存保管带鱼的协议,在带鱼交付前2天,该冷库突然停业清库,要重新安装制冷设备,至少需要两周完成。此时,渔业公司可行使法定解除权。因为虽然冷库没明确表示不履行义务,但其行为足以证明其即将违约,渔业公司为保护自己的利益,当然可以行使合同解除权。

(4)仓储合同的一方当事人迟延履行义务或有其他违约行为,致使合同的目的不能实现。在这种情形下,另一方当事人可以行使解除权,使仓储合同的权利义务归于消灭,如果一方当事人只是构成部分违约而非根本违约,即违约对合同目的的实现不构成影响,则另一方当事人并不享有合同解除权,只能按照违约责任来处理,其有权要求违约方实际履行、采取补救措施或赔偿损失。例如,存货人购进一批季节性强且易腐烂变质的货物,并与仓储人订立了一份仓储合同,然而仓储人在合同规定的存货人交付仓储物之日未能腾出仓库,那么存货人即可不经催告,而直接行使法定解除权,解除合同。

上述四种情况是法律规定的仓储合同解除条件,只要符合上述条件中任何一项,仓储合同的一方当事人就可以行使解除权,使仓储合同关系归于消灭。

3.仓储合同解除的程序

仓储合同中享有解除权的一方当事人在主张解除合同时,必须以通知的形式告知对方当事人。只要解除权人将解除合同的意思表示通知对方当事人,就可以发生仓储合同即时解除的效力,无须对方当事人答复,也无须其同意。如果对方有异议,可以请求法院或仲裁机构确认解除合同的效力。另外,仓储合同的解除权人应在法律规定或者约定的解除权行使期限内行使解除权,否则,其解除权将归于消灭。值得注意的是,一些特殊的仓储合同,法律法规规定解除应办理批准、登记的,应依照其规定予以办理。

4.仓储合同解除的法律后果

我国《合同法》第九十七条规定:"合同解除后,尚未履行的,终止履行;已经履行的,根据履行情况和合同性质,当事人可以要求恢复原状、采取其他补救措施,并有权要求赔偿损失。"由此可见,仓储合同解除的法律后果有以下几个方面。

(1)终止履行

仓储合同解除的法律效力就是使仓储合同关系消灭,使一切基于该仓储合同而发生的权利义务关系终止。因此,当仓储合同解除后,尚未履行的部分应终止履行。

（2）采取补救措施

仓储合同是提供储存与保管服务的合同,这种性质决定了保管人不可能在合同解除时要求存货人恢复原状,而只能要求对方采取折价补偿等方式来补救,如采取偿付额外付出的仓储费、保管费、运杂费等。对于存货人而言,存货人可以要求保管人恢复原状,返还原物。

（3）赔偿损失

仓储合同解除后,存货人或保管人应当承担由于合同解除而给对方造成的损失。根据我国《合同法》的相关规定,解除合同并不影响当事人要求损害赔偿的权利。也就是说,仓储合同解除时,如果因合同的解除而使一方当事人遭受损失,有权向造成损失的另一方当事人请求损害赔偿。

（三）仓储合同的终止

1. 仓储合同的终止的法律特征

所谓仓储合同的终止,是指当事人之间因仓储合同而产生的权利义务关系,由于某种原因而归于消灭,不再对双方具有法律约束力。仓储合同的终止具有以下几个方面的法律特征:①必须具备合同终止的法律事实,即必须具有引起合同双方权利义务关系消灭的事件或行为;②合同双方的权利义务因合同终止而消灭,合同不再履行;③合同的终止并不免除当事人的违约责任和赔偿责任。

2. 仓储合同的终止的原因

我国《合同法》第九十一条规定:"有下列情形之一的,合同的权利义务终止:(一)债务已经按照约定履行;(二)合同解除;(三)债务相互抵销;(四)债务人依法将标的物提存;(五)债权人免除债务;(六)债权债务同归于一人;(七)法律规定或者当事人约定终止的其他情形。"

据此,仓储合同除了因上节所述的解除而终止外,还可以由于下列原因而终止。

（1）仓储合同因履行而终止

仓储合同因履行而终止是合同终止的最为理想的状态,因为当事人订立合同的目的就在于通过双方合同义务的履行而实现各自的合同权利,从而达到预期的合同目的。因此,在当事人按照合同的约定,全面履行了合同义务,实现了各自的合同权利时,合同关系因履行而圆满结束。

（2）仓储合同因提存而终止

我国《合同法》第三百九十三条规定:"储存期间届满,存货人或者仓单持有人不提取仓储物的,保管人可以催告其在合理期限内提取,逾期不提取的,保管人可以提存仓储物。"由此可见,仓储物提存后,保管人不再受仓储合同权利义务的约束,合同关系因提存而归于消灭。保管人只有在同时具备以下三个条件时,才能将保管标的物向合同履行地的提存部门申请提存:①存货人不提取仓储物。在实践中,储存期限届满时,有些存货人或者是拒绝领受仓储物,或是下落不明,或者是存货人死亡未确定继承人,或者是存货人丧失民事行为能力未确定监护人,或者由于其他原因不能及时提取仓储物,致使保管人无法返还仓储物。②必须是存储期限届满。除非出于特别的事由,保管人不能请求存货人提前提取仓储物。同样,在储存期限届满后,存货人或仓单持有人应及时提取仓储物,不能无故加重保管人的储存保管责任。③必须催告存货人或仓单持有人在合理的期限内提取,只有通过催告而仍不能提取仓储物,保管人才可以提存仓储物;如果没有经过催告,或者催告后存货人或仓单持有人在合理期限内提取仓储物的,保管人不得提存仓储物。在此种情形下,保管人只能按照逾期提货而要求存货人或仓单持有人增加给付仓储费。

（3）仓储合同因双方协议而终止

仓储合同双方当事人经协商一致可以自愿终止相互之间的权利义务关系，仓储合同因协议而终止包括两种情形：一种情形是仓储合同中的权利人放弃自己的权利，从而免除义务人的义务，如存货人抛弃仓储物，将仓储物赠与保管人等。另一种情形是存货人与保管人解除合同关系而使合同终止或者双方当事人重新订立一个新合同代替原合同，例如 A 公司与某储运公司签订了一份为期半年的储存保管 100 吨化学药品的协议，而于交付前，又约定改存钢材 100 吨，为期 3 个月，这就意味着原仓储合同终止。

（4）仓储合同因混同而终止

混同是指债权人和债务人同归一人，从而使合同关系消灭。就仓储合同而言，是指仓储合同的双方当事人即保管方和存货方合二为一，合同中的权利义务均由一方承受，从而使原仓储合同失去履行的必要，合同关系自行终止。例如，某冷库本来与某公司签订了数份仓储合同，约定由冷库为该公司保管货物。后来该公司兼并了该冷库，因而该合同由于两者合并为一个民事主体而终止。但是，如果保管人所为之储存保管行为同时又是第三人权利的时候，即使发生混同，仓储合同关系也不消灭。例如，仓储物已经出质担保，或者仓储物为共有物等。由此，如果存放于该冷库的货物为某公司与某个体销售商所共有，那么，当该公司与冷库兼并时，不能发生混同，仓储合同也不能因此终止。

## 九、仓储合同的违约责任和免责

（一）仓储合同违约责任的概念

仓储合同的违约责任是指仓储合同的当事人，因自己的过错不履行合同或履行合同不符合约定条件时所应承担的法律责任。

（二）仓储合同违约责任的构成要件

仓储合同违约责任的构成要件是指仓储合同当事人承担违约责任应当具备的条件，根据我国《合同法》的规定，当事人承担仓储合同的违约责任应具备以下要件。

1. 合同当事人必须有违约行为

仓储合同当事人的违约行为主要有以下几种情形。

（1）拒绝履行

所谓拒绝履行是指仓储合同的义务一方当事人无正当理由而拒绝履行的行为。拒绝履行仓储合同的意思表示可以是明示的，也可以是默示的。单方毁约、没有履行义务的行为、将应当交付的仓储物做其他处分等，均可以推定为不履行义务的表现。如果仓储合同的义务人拒绝履行义务，权利人有权解除合同，给权利人造成损失的，权利人有权请求义务人赔偿其遭受的损失。

（2）履行不能

所谓履行不能是指由于某种情况的发生，使当事人不可能履行其合同义务。履行不能可能由于客观原因而造成合同不能履行，如仓储物因发生不可抗力而毁损；也可能由于当事人的主观过错而造成合同不能履行，如仓储物在交付保管之前，由于存货人的过错而灭失。

（3）部分履行

所谓部分履行是指当事人仅履行了合同约定的部分义务的行为,没有履行的部分仍然构成违约,应承担违约责任,但属于国家法律明确规定或当事人约定的计量上的正负尾差、合理磅差及合理的在途损耗则不属违约行为,当事人不承担违约责任。

（4）迟延履行

迟延履行,又称逾期履行,是指仓储合同的当事人无正当理由在合同规定的履行期限届满以后才履行合同的行为。在仓储合同中,常见的迟延履行有以下几种情况:①保管人未在合同规定的期限内返还仓储物;②存货人未按时将货物入库;③存货人未在约定的期限内支付仓储费用等。

（5）瑕疵履行

瑕疵履行,又称不适当履行,即未按法律规定、合同约定的要求履行的行为。在仓储合同中,在货物的入库、验收、保管、包装、货物的出库等任何一个环节未按法律规定或合同的约定去履行,就属于不适当履行。

2.违约行为当事人主观上存在过错

所谓过错是指违约人不履行或未按要求履行合同时的主观心理状态,包括故意和过失。无论当事人在主观上是故意还是过失,只要是其过错导致违约行为的发生,当事人就应承担违约责任。在仓储合同实务中,当事人的过错主要有以下几种情况:①单方过错,即由于合同一方当事人的过错而导致仓储合同不能履行或不能完全履行的情况,单方过错只能由有过错的一方承担违约责任;②双方过错,即共同过错,指双方当事人对仓储合同的不能履行或不能完全履行均有过错;③第三人过错,即由于第三人的过错而导致合同不能履行或不能完全履行。例如,仓储合同约定由第三人负责运送仓储物,但此人却在运送途中将仓储物毁损。在该种情形下,存货人应首先向仓储人承担仓储合同不能履行的责任,然后再由存货人向第三方要求赔偿损失或采取其他补救措施。

（三）仓储合同违约责任的归责原则及形式

1.仓储合同违约责任的归责原则

合同责任的认定必须依循一定的归责原则。承担仓储合同违约责任应该遵循以下原则。

（1）无过错责任原则

该原则又称为严格责任原则,是指不论违约方主观上有无过错,只要其履行合同债务给对方当事人造成了损害,就应当承担合同责任,简言之,有违约行为就应承担违约责任。

（2）赔偿实际损失原则

除法定违约金外,仓储合同的当事人可以在合同中约定违约金,也可以约定损失赔偿额的计算方法。如当事人没有约定违约金或者赔偿损失额的计算方法,则损失赔偿的金额应相当于违约所造成的实际损失,并可以包括合同履行后可以获得的利益,但不得超过违反合同一方订立合同时应当预见的损失,这就是违约责任中的赔偿实际损失原则。根据这一原则,当事人一方违约给对方造成损失的,应对其造成的实际损失进行赔偿。所谓实际损失,是指违约行为造成的损失,包括直接损失和间接损失。直接损失是指一方的违约行为给对方造成的财产减少、毁损或灭失等损失;间接损失是指一方的违约行为造成对方可得利益的减少或丧失。

**2.仓储合同违约责任的形式**

仓储合同违约责任的形式,是指当事人一方违约时,依照法律的规定或合同的约定,应当承担民事责任的种类。根据我国《民法通则》及《合同法》的相关规定,仓储合同违约责任的形式主要有以下几种。

(1)支付违约金

违约金是指仓储合同当事人一方发生违约时,依据法律的规定或合同的约定按照价款或者酬金总额的一定比例,而向对方支付一定数额的货币。从性质上而言,违约金可分为赔偿性违约金和惩罚性违约金。赔偿性违约金主要是弥补一方违约后另一方所遭受的损失,即违约金的支付是对双方实际经济损失的赔偿。惩罚性违约金,是指仓储合同的一方当事人违约后,不论其是否给对方造成经济损失,都必须支付的违约金。

(2)损害赔偿

仓储合同损害赔偿是指仓储合同一方当事人在其违约时,在支付违约金或采取其他补救措施后,如果对方还有其他损失,违约方应承担赔偿损失的责任。损害赔偿最显著的特征为补偿性,在合同规定了违约金的情况下,赔偿金是用来补偿违约金的不足部分。如果违约金已能补偿经济损失,就不再支付赔偿金。如果合同没有规定违约金,只要造成了损失,就应向对方支付赔偿金。由此可见,赔偿金是对受害方实际遭受的损失的补偿。

至于损害赔偿的范围,以受害方因违约行为遭受的损失为限度,包括受害方的直接经济损失和间接经济损失。直接经济损失,又称实际损失,指仓储合同一方当事人因对方的违约行为所直接造成的财产的减少或费用的支出。如仓储合同中仓储物本身的灭失或毁损,为处理后果的检验费、清理费、劳务费或采取其他措施防止损害事态继续扩大的直接费用支出等。间接经济损失,是指仓储合同一方当事人的违约行为使对方失去实际上可以获得的利益,即可得利益的损失,它包括利润的损失、利息的损失、自然孳息的损失等。尽管违约方承担的是完全赔偿责任,但是损害赔偿不能超过违反合同一方当事人于合同订立时预见到或者应当预见到的违反合同可能造成的损失。因此,在一方当事人违约时,对方应注意采取措施防止损失的扩大。

(3)继续履行

继续履行是指一方当事人在不履行合同时,对方有权要求违约方按照合同规定的标的履行义务或向法院请求强制违约方按照合同规定的标的履行义务,而不得以支付违约金和赔偿金的办法代替履行。规定继续履行的目的,不仅在于保护受损害一方的合法利益,更在于使其订立合同的目的得以实现。

(4)采取补救措施

所谓补救措施,是指在违约方给对方造成损失后,为了弥补对方遭受的损失,依照法律规定由违约方承担的违约责任形式。从广义而言,各种违约的责任形式,如损害赔偿、违约金等都属于违反合同的补救措施。这里所说的补救措施是指狭义上的补救措施,即上述补救措施之外的其他措施,如修理、重做、更换等。在仓储合同中,这种补救措施表现为当事人可以选择偿付额外支出的保管费、保养费、运杂费等方式。

**3.仓储合同违约责任的免除**

违约责任的免除,是指一方当事人不履行合同或法律规定的义务,致使对方遭受损失,由于不可归责于违约方的事由,法律规定违约方可以不承担民事责任的情形。在仓储合同中免除违约责任的条件主要是不可抗力。根据《民法通则》《合同法》的相关规定,仓储合同违约责任的免除有以下几种情况。

(1)因不可抗力而免责

所谓不可抗力,是指当事人不能预见、不能避免并且不能克服的客观情况。它包括自然灾害和某些社会现象。前者如火山爆发、地震、台风、冰雹等,后者如战争、罢工等。由不可抗力的原因造成仓储合同的不能履行或不能完全履行,不是当事人主观的过错所造成的。因此,在不可抗力发生后,有关当事人可依法免除违约责任。

(2)因自然因素或货物本身的性质而免责

货物的储存期间,由于自然因素,如干燥、风化、挥发、锈蚀等,或由于货物(含包装)本身的性质,如易碎、易腐、易污染等导致的损失或损耗,一般由存货人负责,保管方不承担责任。

(3)因受害人的过错而免责

在仓储合同的履行中,受害人对于损失的发生有过错的,根据受害人过错的程度,可以减少或者免除违约方的责任。

第六章复习题

# 第七章　仓储成本与绩效管理

**粮达网招募交收合作仓库降低物流成本**

粮达网是中粮集团和招商局集团共同打造的专注于大宗农粮交易的平台,主要为用户提供交易、结算等基础服务,还能提供物流、金融、资讯、保障等多种综合电商服务。自 2010 年上线至 2018 年,交易额已超 400 亿元。

粮达网面向全社会招募符合条件的玉米、小麦、稻谷交收合作仓库。指定交收仓库申请人应是具有合法粮食仓储物流经营资质的企业,同时申请人所在区域应为粮食交易品种的主要生产地、消费地、集散地,或粮食经营企业集聚地。此外,申请人净资产应不少于 500 万元,运营期间财务状况良好且 3 年内无不良记录且不存在重大风险。

合作仓库通过自建库房或者租赁库房为客户服务,提供商品接收入库、在库管理、发货包装、订单发运、拒退换管理等服务,并能提供灵活多样的合作模式。

为了解决产业供应链风险管理等方面难题,粮达网近日计划在粮食主产地、主销地、主中转地的重要物流节点推进交收仓库建设,降低粮食物流成本,为粮食经营企业提供更安全的现货交易服务。

案例来源:为降低物流成本粮达网招募交收合作仓库[EB/OL]. (2018-05-31)
[2019-09-08]. http://www.ebrun.com/20180531/280089.shtml.

**思　考　题**

1. 仓储成本是怎样构成的?
2. 根据案例,合作仓库如何降低物流成本?

**本　章　要　点**

本章介绍仓储成本的构成和控制,阐述储存成本、装卸搬运作业成本、备货作业成本、流通加工作业成本、人工费用、包装作业成本、机具物料及燃料成本的分析与控制方法。应加深理解绩效管理的含义,掌握绩效管理指标的五个方面,针对仓储管理出现的问题,研究解决问题的方法。

# 第一节 仓储成本

## 一、仓储成本管理的意义及构成

库存是企业最大的成本之一,仓储管理的重点之一就是控制库存成本。存货需要巨大的投资,管理存货的物流费用开支也是极大的。在仓储管理中,一方面要强调仓储管理中的成本节约,另一方面应注重物流总成本的降低。

仓储成本由显性成本和隐含成本构成。显性成本主要指储存、装卸搬运、备货、流通加工、包装和人工费等具体的基础设施、设备资源和运作过程中固定发生的费用;隐含成本存在于由仓储作业流程不畅而导致的储存费用增加所形成的利息成本、库存收益的机会成本和由于反应速度慢而损失或赔偿客户支出的损失,以及管理不善而造成的物品损失和损坏等非固定发生的费用。

## 二、仓储成本的分析与控制

### (一)储存成本分析与控制

储存成本的分析主要是对固定费用的分摊的分析。储存量及储存的规律性会影响储存成本的高低,这是因为仓库的储存量可以"分摊"固定费用,也就是说一定的储存量和稳定的储存规律性可以通过降低单位物品的储存成本来提高储存效益,因此要提高仓库储存量,合理规划仓储空间。

一般仓库都关心其所存物品的重量、体积,因为这直接影响仓库的利用率和仓库设施设备的完好程度。仓库常常以重量、体积作为制定收费标准的依据,物品所占用的空间和物品所占面积多少直接影响仓储费率的高低。仓库一般对体积大、重量轻的物品要合理安排货位,轻、大物品存储应选择适宜的货位。若采用货架存放,应选择承载力相适应的货格;若采用货场堆码,应选择地坪载荷较小的货位存放。制定仓储费率时要考虑诸多因素,如体积、重量、仓储环境和条件、物品性质、需要何种养护等。由于物品本身特性或包装不规则不能堆高,或批量小、规格杂而无法堆高储存,或需要利用仓库加工、整理、挑选、组配物品,需要占用一定仓库面积时,要合理安排占用面积和空间,一般应按实际占用面积和每平方米地坪(或楼面)的设计载荷能力,折成计费吨收费。若客户要求对整个仓库进行包仓,仓储企业和客户要进行协商,一般按照不低于仓库实际面积80%来计费。

### (二)装卸搬运作业成本分析与控制

装卸搬运作业成本主要包括装卸搬运机具的成本和费用,燃料、润料消耗费用,人工成本和时间费用等。

#### 1.合理选择装卸搬运机具

合理选择和使用装卸搬运机具,是提高装卸效率、降低装卸搬运成本的重要环节。装卸搬运机械化程度可分为3个等级。一级是用简单的装卸机具,如地牛、传送带等;二级是使用专用的高效率机具,如吊车、电动叉车、夹抱车等;三级是依靠计算机实行自动化、无人化操作,如自动堆垛机、轨道车、电子小车等。

选择哪个级别的装卸搬运机具,首先要从物品的性质和可操作性上考虑物品是否需要包装,采用何种包装,适合哪种机具;其次要从管理上考虑搬运成本、搬运装卸速度、人力资本、工人劳动强度、人与物的安全、操作准确性等方面。若装卸搬运的物品,属于重、大物品且又是偶然作业,必须采用机械进行装卸搬运,可临时租借设备;若物品属于风险性大的作业,而自身又无操作经验,则应该外包出去。

2. 提高物品装卸搬运的活性化与可运性

提高物品装卸搬运的活性化与可运性是合理装卸搬运和降低装卸搬运成本的重要手段之一。

(1)活性化

装卸搬运的活性化要求装卸搬运作业必须为下一个环节的物流活动做好准备。"活性化"分为"0、1、2、3、4"五个等级,"0"的活性化程度最低,"4"的活性化程度最高。要不断提高活性化的程度,但是从成本角度分析并不是活性化程度越高越好,要适宜。

(2)可运性

装卸搬运的可运性就是指装卸搬运的难易程度。影响装卸搬运难易程度的因素主要包括:①物品外形尺寸,②物品密度或笨重程度等,③物品形状,④物品、设备或人员损伤的可能性,⑤物品的活性程度,等。

装卸搬运物品的可运性的度量标准是根据装卸搬运的工具的不同而定的。如人工装卸搬运的可运性是指物品用一只手可以方便地拿起放下,不散不勒手;电动叉车装卸搬运的可运性是指不用其他辅助工具,物品整齐坚固地码放在托盘上,堆码不歪、不斜、不倒。提高装卸搬运的可运性是降低装卸搬运成本的重要手段。

3. 利用重力作用,减少能量消耗

在装卸搬运时应尽可能借助物品重力的作用,减轻劳动力和其他能源的消耗。如流利货架、利用地势安装倾斜无动力小型传送带进行物品装卸,使物品依靠本身重量完成装卸搬运作业。

4. 合理选择装卸搬运方式

在装卸搬运过程中,必须根据物品的种类、性质、形状、重量来确定装卸搬运方式。在装卸时对物品进行处理的方式有三种:①"单品处理",即按普通包装对物品逐个进行装卸,一般符合物品的可运性,对体积较大的单品来说效率较高,对体积较小的单品,虽符合物品的可运性,但效率仍较低。②"单元处理",即物品以托盘、集装箱为单位组合后进行装卸搬运,一般符合物品的可运性,可以提高装卸效率。③"散装处理",即对粉粒状货物不加包装而进行装卸搬运,虽然活性化程度较低,可运性较差,但可节省包装费用,可使用简单的装卸机具,如传送带等进行装卸,节约设备费用。

5. 改进装卸搬运作业方法

装卸搬运是物流的辅助功能之一,也是物流的一个重要环节。合理分解装卸搬运活动,选择适合企业的装卸搬运设备,提高机械化和自动化装卸水平,对于改进装卸搬运作业、提高装卸搬运效率、降低装卸搬运成本有着重要的意义。

(三)备货作业成本分析与控制

备货作业是仓储作业中最繁杂的作业,为了降低备货作业成本,可采取以下方式。

1.合理选择备货作业方式

备货的作业方式包括全面分拣、批处理分拣、分区分拣、分组分拣。

(1)全面分拣

由一个备货人员全面负责一个订单,并负责订单从开始到结束的整个履行过程,分拣全过程实行摘果法。当备货物品的种类较多时,应当采用全面分拣方式。

(2)批处理分拣

备货人员负责一组订单,在接收这批订单后,先建立批处理清单(包括整个订单组里每种储存单元的物品总数),然后按照批处理订单,采用摘果法分拣物品,并将物品送到站台,再采用播种法将它们在各个订单之间进行分配。当备货物品的物品种类较少时,应当采用批处理分拣方式。

(3)分区分拣

将仓库分成若干个区域,每个区域配有备货人员。在分区订单处理计划中,备货人员挑选出订单中存放在其所负责区域的物品,并将订单传给下一个备货人员,由他挑选出下一个区域内的物品,依次传递下去。在这种方式下,一个订单的分拣是由很多人来完成的。当仓库面积比较大,存放不同物品的区域相隔较远时,应当采用分区分拣方式。

(4)分组分拣

分组分拣,按一个指定特征划分,如按承运人分,即根据提单将某一承运人所运送的物品拣出。当不同的订单由不同的承运人承担运输时,应采用分组分拣方式,可以节约成本。

2.合理安排仓储空间,降低备货成本

在备货作业中,妨碍作业效率提高的主要因素是仓储空间。仓储的空间越大,备货时移动的距离就越长。因此,应合理安排仓储空间,将仓储空间分为保管区和备货区,有利于提高备货的作业效率。

3.加强货位管理,提高备货作业效率

备货人员必须熟悉物品存放的货位。应用计算机管理的仓库,备货人员可利用仓储管理系统,查出订单中物品的存放位置,提高备货作业效率,有利于降低备货成本。

(四)流通加工作业成本分析与控制

1.确定合理的加工能力

流通加工的成本属于半变动成本,即设备的折旧一般不随着加工量的变化而变化,但材料、能源、人工等费用却随着加工量的增加成正比增加。按照固定成本和变动成本的性质,流通加工的数量越大,流通加工的成本总额也相应增加,若加工数量超过加工能力,需要增加投入,倘若加工作业量又不均衡,就可能会给企业带来更大的损失。但是,加工批量过小,表现为加工能力过剩,会造成加工设备、加工人员的闲置,带来成本损失。因此,仓储企业应根据客户需要和企业的加工能力来确定加工批量和数量。

2.确定合理的流通加工方式

流通加工的方式很多,加工方式又与流通加工成本存在着一定的联系。仓储企业应根据企业的加工能力和客户的需求,选择适当的加工方法和加工深度。在确定加工方式时,必须进行经济核算和可行性研究,确定合理的加工成本。

3.加强流通加工的生产管理

流通加工的生产管理与流通加工成本的联系十分紧密。一般来说,生产管理的水平越高,其成本越低。流通加工生产管理的内容很多,如劳动生产率、设备利用率、能源的消耗比率、加工物资消耗定额等,都与流通加工成本密切相关。

(五)人工费用的分析与控制

仓储企业对仓储过程中投入的劳动力,应尽可能充分地加以利用,并使其能够发挥最大的效用,可用工时利用率进行分析,计算公式为

时间利用率＝某一期间生产性活动的实际时间/同期全体员工制度工作小时数

如果这个比率接近于1,就说明利用率高;反之,则说明利用率低。若减少非生产人员,就可以在提高时间利用率的同时降低工资费用。

仓储企业还可以通过考察每项主要业务活动所耗用的生产时间的百分比做进一步分析,对劳动实行定量管理。如用收货、存放、拣选、发货等任何一项活动及其具体作业内容与时间的比率来说明劳动生产率;用单位时间托盘的装载量和卸载量;单位时间托盘货物的入库量;单位时间包装量;单位时间拣选出库量等指标核算成本支出的数据,进行成本控制并达到降低成本的目的。

(六)包装作业成本分析与控制

包装作业成本是影响仓储管理成本的重要成本之一,在实际中应当考虑使用物美价廉的包装材料。如采用大包装,应尽量使包装简单化,节约包装材料;如利用原有包装,应加贴新标签;尽量采用包装作业机械化,提高包装效率。

(七)机具物料和燃料的成本分析与控制

在仓储作业过程中,要使用各种工具、索具、叉车、吊车,制冷、除湿、通风等设备,这些都要耗费燃料、润料、电力和水资源等。要进行有效的控制,把消耗降至最低点,就要制定合理的作业流程,尽量减少不必要的重复性作业,避免过度使用设备,提高设备完好率。

(八)提高仓储服务质量,降低仓储成本

一般而言,仓储服务质量越高则仓储成本越高。但是仓储服务质量也有极限,因为仓储服务质量的高低与仓储成本不成正比。也就是说,当仓储质量达到一定高度时,仓储质量的增长速度慢于仓储成本的增长速度,这时仓储质量的提高是依靠成本的大幅度提高而提高的,这种质量的提高是不被客户认同的。因为,客户总是希望以最经济的成本得到最佳的服务,所以仓储服务水平应该控制在合理的仓储成本之下。

(九)降低机会成本和风险成本

物品变质、短少(偷窃)、损害或报废的相关费用构成仓储成本的最后一项。在仓储过程中,物品会因各种原因被污染、损坏、腐烂、被盗,或由于其他原因不适于使用或不能使用,直接造成物品的损失,这些构成了企业的风险成本;未对客户履行合同的违约金及仓库支付的赔偿金也构成企业的风险成本;保险虽然作为一种保护性措施,能帮助企业预防灾害性损失,但保险费也构成风险成本的一部分。库存物品价值提高,仓库所承担的风险也在提高,因此从理论上说,仓储费是根据物品价值来收取的,物品价值增加,仓储费用也应当相应增加。从这个意义上讲,货主就必须将物品的价值、特性等告诉保管人,以便其提出相应的仓储费用的报价。但是,货主若故意隐瞒物品的价值,势必就增加了仓储企业的风险成本。若仓储企业为了减少风险成本或远离风险,对易碎性、易破损性的物品不予经营,势必会减少

仓库的吞吐量,提高机会成本。此外,对于轻、大、重物,短期储存和长期储存都存在机会成本的问题,企业要根据经验和规律合理解决。

(十)减少物流环节

每一个物流环节都需要消耗一定的活劳动和物化劳动,采用现代技术手段和实行科学管理的方法,尽可能地减少一些物流环节,既有利于加速物流的进度,又有利于降低物流成本。

1. 减少进仓储存环节

商品在仓储过程中消耗仓储成本和管理成本,就要采用"四就直拨"方法,减少货物入库环节,缩短运输距离,节省运力,加快货物运输速度。"四就直拨"即就厂直拨、就车站直拨、就库直拨和就车船过载:①就厂直拨是指向工厂收购产品,在工厂就地验收后,不再经过自己的仓库而将商品直接运到车站码头或销售单位;②就车站直拨是指对外地运来的商品或接收进口货物,事先安排好短途运输工具,就地分拨,直接调运到收货单位;③就库直拨是指调拨商品越过中间环节,直接拨给收货单位,或从仓库直接送到车站码头发运;④就车船过载是指外地通过车船运来的货物,在原车船旁边直接分拨,装上其他车船,转运给收货单位,省去入库后再出库的手续。

2. 减少装卸环节

实行集装箱和托盘等标准化装卸,可以使作业机械化和连续化,安全、节约、迅速、简便,简化多次装卸的物流环节,降低物流成本,同时还可以减少运输环节上的理货交接过程并提高服务质量。

3. 减少运转环节

通过直达运输,直接将货物送到客户手中,减少经过分销点的环节,缩短运输距离,节约成本;财务结算上采取直线运输、曲线结算的办法,仍旧是发货方向分销点结算货款,分销点向客户结算。

4. 增强物流网络能力

我国幅员辽阔,铁路线四通八达,物流网络一般是以位于铁路交叉点和线上的大中城市为中心而形成的,如陇海线上的徐州、郑州、洛阳、兰州,京沪线上的北京、天津、济南、南京,浙赣线上的杭州、南昌、株洲,京哈线上的沈阳、长春、哈尔滨,成昆线的成都、重庆、昆明等。由于运往这些地点的货物数量较大,可以把货物组配成一个整车或拼装在一个集装箱内,采取直达运输。而对于运往一些中小城市的货物,由于货源少,难以拼凑成一个整车或整箱,一般采取中转分运的办法,把货物先运到大中城市,再委托有关单位通过铁路和公路转运出去。

## 三、仓储合理化

(一)仓储合理化的标志

仓储合理化的含义是用最经济的办法实现仓储的功能。仓储的功能是满足对存储的需要,要实现被储物的时间价值,就必须有一定储量,这是合理化的前提或本质,如果不能保证储存功能的实现,其他问题便无从谈起了。但是,仓储的不合理也表现在过分强调仓储功能的实现,这是由于过分投入仓储力量和其他仓储劳动所造成的。所以,合理仓储的实质是,在保证仓储功能实现的前提下尽量少投入,这也是一个投入产出的关系问题。仓储合理化的标志如下。

1. 质量标志

保证仓储物品的质量,是完成仓储功能的根本保证,只有这样,商品的使用价值才能通过物流最终实现。在仓储中增加了多少时间价值,或是得到了多少利润,都是以保证质量为前提的。所以,在仓储合理化的主要标志中,首要的应该是反映使用价值的质量。现代物流系统已经拥有很有效的维护货物质量、保证货物价值的技术手段和管理手段了,也正在探索物流系统的全面质量管理问题,即通过物流过程的控制,通过工作质量来保证仓储物的质量。

2. 数量标志

在保证仓储功能实现的前提下,仓储物品应有一个合理的数量范围。目前管理科学的方法已经在各种约束条件下对合理数量范围做出了规范,形成了仓储数量的控制方法。此点将在后面叙述。

3. 时间标志

寻找一个合理的仓储时间,这是和仓储物品数量有关的问题。仓储量越大,消耗速率也越慢,则仓储的时间标志,如周转天数就越多、周转次数就越少,说明仓储时间不合理。在总时间一定的前提下,个别被储物的仓储时间也能反映仓储的合理程度。如果少量被储物长期仓储,变成了呆滞物或仓储期过长,这虽然在宏观周转指标中反映不出来,但也标志着仓储不合理。

4. 结构标志

仓储结构标志是从被储物不同品种、不同规格、不同花色的仓储数量比例关系对仓储合理性的判断。尤其是相关性很强的各种物品之间的比例关系更能反映仓储结构是否合理。由于这些货物之间相关性很强,只要有一种货物出现耗尽,其他货物即使仍有一定数量,也无法投入使用。所以,不合理的仓储结构不仅会影响某一种货物的存储搬运,而且还会影响其他货物的存储搬运。

5. 分布标志

这是指不同地区仓储的货物的数量比例关系,以此可判断当地需求,以及对需求的保障程度,也可以此判断某一地区对整个物流的影响。

6. 费用标志

通过对仓租费、维护费、保管费、损失费、资金占有利息支出等的分析,从实际费用上判断仓储结构的合理与否。

(二)仓储合理化的实施要求

一般来说,仓储合理化的实施要求可以归纳如下。

1. 进行仓储物的 ABC 分析

ABC 分析是实施合理化的基础分析,在此基础上可以进一步解决各类仓储物品的结构关系、仓储量、技术措施等合理化问题。在 ABC 分析基础上可实施重点管理,决定各种货物的合理仓库储备数量及合理储备的办法,甚至可以实施零库存。

2. 在形成一定社会总规模的前提下,追求经济规模,适度集中仓储

适度集中仓储是合理化的重要内容,所谓适度集中仓储是利用仓储规模优势,以适度集

中仓储代替分散的小规模仓储来实现合理化的仓储模式。

集中仓储有两个制约因素：仓储费和运输费。过分分散，每一处的仓储保证的对象有限，互相难以调度调剂，则需分别按其保证的对象要求确定库存量。而集中仓储易于调度调剂，集中仓储数量可低于分散仓储之总量。过分集中仓储，仓储点与用户之间距离拉长，又迫使周转储备增加。所以，适度集中的含义是要实现最优集中程度。

适度集中仓储除在总仓储费与运输费之间取得最优之外，还有一系列其他好处：一是对单个用户的保证能力提高；二是有利于采用机械化、自动化操作方式；三是有利于形成一定批量的干线运输；四是有利于形成支线运输的始发站。

3. 加速物资总周转，提高单位产出

仓储现代化的重要课题是将静态仓储变为动态仓储，周转速度加快，这会带来一系列的合理化好处：资金周转快、资本效益高、货损小、仓库吞吐量能力增加、成本下降等。采用单元集装存储、建立快速分拣系统都有利于实现快进快出、大进大出。

4. 采用有效的"先进先出"方式

采用有效的"先进先出"方式首先要保证每个被储物的储存期不致过长，"先进先出"是一种有效的方式，是仓储管理的准则之一。有效的先进先出方式主要有：①贯通式货架系统。利用货架的每层形成贯通的通道，从一端存入货物，从另一端取出货物，物品在通道中自行按先后顺序排队，不会出现越位等现象。贯通式货架系统能非常有效地遵循一定的信号，以便达到先进先出的效果。②"双仓法"仓储。给每种被储物准备两个仓位或货位，轮换进行存取，规定必须一个货位取光时才可补充，实现"先进先出"。③计算机存取系统。采用计算机管理，在入库时向计算机输入时间记录，编入一个简单地按时间顺序输出的程序，取货时计算机就能按时间标志给予指示，以保证"先进先出"。这种计算机存取系统可以保证仓储时间不会过长，可以快进快出，即在保证一定货物先进先出的前提下，将周转快的货物随机存放在便于存储之处，以加快周转，减少劳动消耗。

5. 提高仓储密度，提高仓容利用率

减少仓储设施的投资，提高单位仓储面积的利用率，以降低成本、减少土地占用，有如下三种方法。

(1)采用高垛的方法，增加仓储的高度

具体方法有：采用高层货架仓库、采用集装箱等，都可比一般堆存方法大大增加仓储高度。

(2)缩小库内通道宽度以增加仓储有效面积

具体方法有：采用窄巷道式通道，配以轨道式装卸车辆，以减少车辆运行要求；采用侧叉车、推拉式叉车，以减少叉车转弯所需要的宽度。

(3)减少库内通道数量以增加仓储有效面积

具体方法有：采用密集货架，采用可进车的可卸式货架，采用各种贯通式货架，采用不依靠通道的桥式吊车装卸技术等。

6. 采用有效的仓储定位系统

仓储定位是指被储物位置的确定。如果定位系统有效，就能大大节约寻找、存放、取出的时间，节约不少活劳动及物化劳动，而且能防止差错，便于清点及实行订货点管理等。

仓储定位系统可采取先进的计算机管理方式，也可采取一般人工管理方式，行之有效的

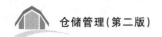 

方式有如下两种。

(1)"四号定位"方式

用一组四位数字来确定存取位置的固定货位方法,是手工管理中采用的科学方法。这四个号码是:序号、架号、层号、位号。这就使每一个货位都有一个组号,在货物入库时,按规则要求,对货物编号,记录在账卡上,提货时按四位数字的指示,很容易将货物拣选出来。这种定位方式可对仓库存货区事先做出规划,并能很快地存取货物,有利于提高速度,减少差错。

(2)电子计算机定位系统

这是利用电子计算机存储容量大、检索迅速的优势,在入库时将存放位置输入计算机,出库时向计算机发出指令,并按计算机的指示人工或自动寻址,找到存放货位,拣选取货的方式。一般采用自由货位方式,计算机指示合适的货位,而不需专位待货,有利于提高仓库的仓储能力,当吞吐量相同时,可比替补仓库减少建筑面积。

7. 采用有效的监测清点方式

对仓储货物数量和质量的监测不但是掌握基本情况之必需,也是科学库存控制之必需。在实际工作中稍有差错,就会使账物不符,所以,必须及时且准确地掌握实际储存情况,经常与账卡核对。无论是人工管理或是计算机管理,这都是必不可少的。此外,经常监测也是掌握被储物质量状况的重要工作。监测清点的有效方式如下。

(1)"五五化"堆码

这是手工管理中常用的方法。储存物堆垛时,以"五"为基本计算单位、堆成总量为"五"的倍数的垛形,如梅花五、重叠五等,堆码后,有经验者可过目成数,大大加快了人工点数的速度,且少差错。

(2)光电识别系统

在货位上设置光电识别装置,该装置对被存物扫描,并将准确数目自动显示出来。这种方式不需人工清点就能准确掌握库存的实有数量。

(3)电子计算机监控系统

用电子计算机指示存取,可以防止人工出错。

如果在被存物上采用条码认寻技术,使识别计数和计算机联络,每存、取一件物品时,识别装置自动将条码识别并将其输入计算机,就可以了解所存物品的准确情况,而无须再建立一套对实有数据的监测系统。

# 第二节　仓储业务收入

## 一、仓储收入的构成

要确定仓储业务的收入,首先应明确收入的组成部分,即仓储收入的构成,然后据此计算出各种收费的费率。

仓储收入可以分为货物进出库的装卸收入,货物存储于库场的存储收入,对货物进行挑选、整理、包装等加工和代办的收入。

（一）货物进出库的装卸费

货物进出库的装卸费应根据装卸货物的数量（吨数或件数）、所使用的装卸机械设备的使用费及货物的装卸难易程度确定。

（二）货物存储费

货物存储费一般根据货物储存的数量、体积、时间、货物的价值及保值的要求等因素确定。

（三）货物加工费与代办费

对货物进行挑选、整理、包装、贴标签等的加工费应根据不同的规格要求确定其收费。仓储企业一般可从事的加工业务有：货物的分拣、整理、修补、包装、成组、熏蒸、代验、计量、刷标、更换商品包装、货物的简单装配等。

对客户的代办业务包括代收发货、代办保险、代办运输等，根据相关业务收取相关代办费。

（四）集装箱辅助作业费

集装箱辅助作业费包括拆装箱费、存箱费、洗箱费及集装箱修理费等，还包括仓储企业自有集装箱供用户租用所收取的租金。

（五）其他收入

其他收入是指以上收入以外的收入。例如，拥有铁路专用线或码头的仓储企业还可收取用户使用这些设施的使用费，或将富余的或暂时闲置的仓库设施、库房，或某项技术租赁给用户并收取租金等。

## 二、货物仓储费率

货物仓储费率由存储费率，进、出库装卸搬运费率和其他劳务费率构成。

（一）存储费率

存储费率可根据货物保管的难易程度、货物价值、进出库场的作业方式等制定。库房、库场的货物储存费率以元/（吨·天）为单位，按成本加成等方法计算，其基础是吨/天保管成本。对储存中使用苫垫材料的货物，需按使用的苫垫材料数量另加苫垫费。仓库性质不同，其存储费率的计算方法也不同。对于存储长期货物的仓库，每天存储费率一般不变；对于中转性的仓库，则往往采用按存储时间费率递增的方法计算，其目的是加快有限的库场的周转率。

（二）进、出库装卸搬运费率

进、出库场的装卸、搬运费率包括设备使用费率和劳动力费率。计费项目包括：进出库场货物的装卸、搬运、过磅、点数、堆码、拆垛、拼垛等方面的设备使用费、修理费、折旧费和人工费用等。

（三）其他劳务费率

因货物保管及货主要求所进行的对仓储货物的加工，其费率可以根据加工项目、数量及加工等的难易程度确定费率；有些特殊的加工，其费率还可采取协商方式确定。

### 三、仓储费用的结算

及时结算并收取仓储时产生的各种费用是一项加速资金周转、提高资金使用效率的重要工作。

存储费的收计天数从货物进仓之日起至货物出库的前一天为止。仓库业务部门每天根据存货单位当天的货物出入库凭证，分别计算出各存货单位的货物进仓数量、出仓数量和结余数量，填写货物进出日结单。在每月末结算出各存货单位的结存累计数量和进、出库累计数量，交仓库财务部门计算应收的各项费用，然后向存货单位及时收取存货款。

# 第三节　仓储成本管理及经济核算指标

仓储成本管理是仓储企业管理的主要组成部分。仓储成本控制直接服务于企业经营的最终目标——获取利润。只有把仓储成本控制在同类企业的平均水平以下，企业才能生存发展。企业应在抓好仓储成本核算的基础上，加强对仓储成本的控制。仓储成本管理的目的，是通过管理提高仓储服务质量，降低成本，从而降低收费价格，提高市场竞争力，最终达到增加收益的目标。

## 一、仓储服务产品收费定价的方法

这里介绍的方法主要适用于独立经营仓库。收费单价与成本、营业收入、企业效益密切相关，是仓储核算中的重要指标。公司附属仓储服务可以参照这里介绍的方法计费定价。

（一）按实际仓储成本定价

1. 仓储收费价格的计量单位

仓储费价格以吨/天为业务量基本计量单位，意即每吨货物储存一天的费用。吨的尾数保留三位小数，第四位起四舍五入。一般储存计费的起点为 1 吨/天，不足 1 吨/天的按 1 吨/天计算。储存期长的仓库可选用吨/月为库存量的收费计量单位。车站港口的站台上的暂存货物可按吨/小时计量。

计费吨可分为重量吨和体积吨，1 重量吨为 1000 千克。体积吨是体积折算的吨位，1 立方米为 1 体积吨。货物计算时，对重量吨和体积吨择大计算。即 1000 千克的货物的体积小于 1 立方米，按重量吨计费。若 1000 千克的货物的体积大于 1 立方米，为轻泡货，按体积吨计算。

不可以重叠堆垛的货物，可用占地面积计费，一般将仓库内地面每平方米负荷量折算成吨位计费（吨/米²）。表 7-1 显示了单位有效面积货物堆存量定额。

表 7-1　单位有效面积货物堆存量定额

| 货物名称 | 包装 | 单位有效面积货物堆存量定额（吨/米²） | |
| --- | --- | --- | --- |
| | | 仓库 | 堆场 |
| 糖 | 袋 | 1.5～2.0 | 1.5～2.0 |
| 盐 | 袋 | 1.8～2.5 | 1.8～2.5 |

**续　表**

| 货物名称 | 包装 | 单位有效面积货物堆存量定额(吨/米²) | |
|---|---|---|---|
| | | 仓库 | 堆场 |
| 化肥 | 袋 | 1.8~2.5 | 1.8~2.5 |
| 水泥 | 袋 | 1.5~2.0 | 1.5~2.0 |
| 大米 | 袋 | 1.5~2.0 | 1.5~2.0 |
| 面粉 | 袋 | 1.3~1.8 | 1.3~1.8 |
| 棉花 | 捆 | 1.5~2.0 | 1.5~2.0 |
| 纸 | 视具体货物而定 | 1.5~2.0 | 1.5~2.0 |
| 小五金 | 箱 | 1.2~1.5 | 1.2~1.5 |
| 橡胶 | 块 | 0.5~0.8 | 0.5~0.8 |
| 日用百货 | 箱 | 0.3~0.5 | 0.3~0.5 |
| 杂货 | 箱 | 0.7~1.0 | 0.7~1.0 |
| 生铁 | 块 | 2.5~4.0 | 2.5~4.0 |
| 铝、铜、锌 | 块 | 2.0~2.5 | 2.0~2.5 |
| 粗钢、钢板 | 件 | 4.0~6.0 | 4.0~6.0 |
| 钢制品 | 视具体货物而定 | 3.0~5.0 | 3.0~5.0 |

2.按仓储平均单位成本定价

在大多数的情况下,仓储企业为了企业的生存发展,都在测定出单位成本和平均利润率的情况下,确定收费价格,计算公式为

仓储服务收费单价＝单位仓储成本×(1＋利润率)

单位仓储成本＝仓储总成本/库存总量

仓储总成本＝设备修理费＋工资和福利费＋仓储保管费＋管理费＋财务费＋营销费＋
　　　　　　保险费＋税费＋折旧费＋租赁费

库存总量＝仓库面积×单位面积存量×保险系数×计算期天数

其中,保险系数为仓库利用系数,按历史水平和计算期的情况测定。计算单位平均仓储成本时,若采用报告期及以前的实际数,计算结果不能代表计划期和预测期的实际水平,因此,应在过去实际数的基础上结合未来的变化做出预测调整,才能制定出代表未来的收费单价。

以上介绍的是按平均单位成本计算平均收费单价的基本方法。在实际工作中,仓储企业的收费单价是按存货类别分别定价的。大多数仓储企业都将存货的保管费分为普通存货、轻泡存货、贵重和危险品存货、集装箱等大类分别定价。这为实际仓储成本核算带来了很大的方便。

【例7-1】　火车南站附近某独立经营仓库,去年普通货物的仓储单位收费为16元/(吨·天),根据对第二年储运市场的调研和预测,短途搬运费会上涨20%,燃料油费有上浮的趋势。经预测计算,计划期的单位仓储成本为17.1元/(吨·天),仓储业社会平均利润率17%不变。

计算第二年的收费单价。

仓储收费单价＝17.1×(1＋17％)≈20.0[元/(吨·天)]

3.贵重品或危险品的仓储收费单价

贵重品或危险品一般存放在专门库区,贵重品或危险品的仓储收费单价在制定时,可以将实际发生的贵重品或危险品的仓储管理费用分摊到每百元库存品上,形成单位贵重品或危险品资金库存费率,凭单位资金库存费率对仓储物品总金额收费。

单位贵重品或危险品资金库存费率＝贵重品或危险品仓储总成本(百元)/仓储贵重品或危险品金额(百元)

贵重品或危险品仓储收费额＝贵重品或危险品库存总金额(百元)×单位贵重品或危险品资金库存费率

(二)按市场价格定价

1.按市场价格定价的原理

市场价格定价法是仓储企业根据市场的行情、外资物流企业的压力和自身发展的需要而采用的一种仓储服务产品价格制定的方法。由此法制定的仓储收费单价,是仓储服务的供求双方协商以后都可以接受的价格,能促进双赢目标的实现。

仓储市场的需求是指在一定时期内,在一定的价格条件下,对仓储服务产品的总体需要量。随着市场经济的快速发展,社会物质产品的极大丰富,仓储的需求随着社会对物质的需求的增长而迅速增长。仓储企业的储存业务量明显受到仓储成本和收费单价的影响。储存单价低时,仓储量增大;反之,仓储业务量会缩小。

仓储市场供给是指在一定时期内,在一定价格条件下,仓储业全行业所能向市场提供的仓储服务产品的总量。随着收费价格的增长,仓储行业愿意提供的仓储服务产品逐渐增多。当收费价格下降时,一些仓储成本较高的仓库亏损,仓储企业就会减少仓储服务产品的供给量。

处在同一市场的仓储的需求和供给在不断的供需调节中,会暂时达到平衡。供给量等于需求量时的仓储收费价格便是供需平衡点。

2.按市场行情定价的方法

(1)竞争定价法

仓储企业欲争取到客户时,主动采取部分让利的措施,将仓储收费价格定得较低,使仓储收费价格具有吸引力和竞争力。这样,随着仓储业务量的增加,仓储企业的效益就会跟进。

(2)追随定价法

追随定价法又被称为被动竞争价格法,是指仓储企业完全按照市场中具有优势的仓储经营企业的价格定价,避免引起恶性的价格竞争。

(3)价格歧视定价法

这是指对不同的客户采取不同的定价的方法。可进一步细分为:①根据每个客户的支付能力进行定价的一级价格歧视方法;②按照不同的仓储量进行定价的二级价格歧视方法;③针对不同的客户群采取不同价格的三级价格歧视方法。采取价格歧视的仓储企业应具有一定的垄断能力,事先对具有不同价格承受能力的客户进行市场细分。

以上随行就市制定的仓储收费价格,应适当地参考仓储服务质量和实际仓储成本,避免亏损和顾此失彼。

## 二、库存量控制核算方法

库存量控制,即让仓储中的存货(商品或原材料)既不积压也不脱销。这对加速库存周转、降低仓储成本、提高资本金使用效率有积极的意义。

(一)基本库存量指标

存货合理库存量主要是周期性库存,即企业为保证日常销售和耗用,不断入库出库,必须保持一定储量的库存。它有最低存货库存量、最高存货库存量和平均存货库存量三个经济指标。

最低存货库存量的计算公式为

最低存货库存量＝平均日销量×(进货在途天数＋销售准备天数＋陈列待售天数＋机
动保险天数)

其中,平均日销量(或日消耗量)是根据现有销售量预测的,进货在途天数是根据历史经验确定的,括号内的天数之和为最低库存天数。这一指标是保证企业生产经营活动需要的最低限量,否则企业生产经营活动就会中断,从而影响各项经济效益指标的完成。

最高存货库存量的计算公式为

最高存货库存量＝平均日销量×(最低存货库存天数＋进货间隔天数)

这一指标是防止存货积压的警戒线,超过这个限量就会产生积压。

企业附属仓储每次进货都有一定的时间间隔。到货前,库存量处于最低状态。到货后,库存量处于最高状态。合理库存量是在最高库存量和最低库存量之间,一般取两者的平均数。平均存货库存量的计算公式为

平均存货库存量＝(最高存货库存量＋最低存货库存量)/2

(二)定期存货量控制法

定期存货量控制法是以进货周期为基础控制库存存量的方法。其特点是每次进货时间(进货周期)固定,进货批量不定。其具体做法是:根据核定的存货库存定额,按照规定的进货周期盘点库存存货量,用最高库存量减去实际库存量的差额,加上进货在途天数需要量,就是本次应进货批量,计算公式为

本次应进货批量＝(最高库存量－实际库存量)＋进货在途天数×平均日销量

得到计算出的进货量后,还应考虑该种存货的包装运输规格。最好是整数,以利于采购、发货、配送和运输。

(三)定量存货量控制法

定量存货量控制法是以固定再进货点和进货批量为基础的,控制库存存量的方法。特点是再进货点和每次进货批量固定,进货时间(进货周期)不定。具体做法是:对发生收发动态变化的库存商品逐一填写注销库存实物账,即随存货收发的动态变化,在合计商品库存量下降到再进货点时,就按固定的进货批量进货。相关计算公式为

进货周期＝360/经济进货批量的次数

固定再进货点＝最低商品库存量

固定进货批量＝平均日销量×(进货在途天数＋进货间隔天数)

以上方法,适用于企业的附属仓储部门的经济采购和合理库存决策。

### 三、仓储管理的经济考核指标

仓储活动的各项考核指标,是仓储管理成果的集中反映,是考核评估仓储管理工作和各作业环节工作成绩的尺度。利用仓储管理考核指标加强仓储工作核算管理,对于仓储企业降耗增收、制定合理定额和经营管理计划是非常必要的。

1. 计划期货物吞吐量

货物吞吐量又叫货物周转量,指计划期内进、出库存货的业务总量,一般以吨表示。货物吞吐量指标常以一个经营期间(月、季、年)的时间范围为计算口径,其计算公式为

计划期货物吞吐量＝计划期货物总进库量＋计划期货物总出库量＋计划期货物直拨量

总进库量指验收入库后的货物总量,总出库量指仓库按正规手续发出的货物总量,直拨量指从港口、车站直接拨给用户或货到专用线未经卸车船直接拨给用户的货物数量。

有了仓储业务量的计划指标,就有了现代物流的市场营销。仓储业为补偿投入,就必须在竞争中去争取更多的市场机会。扩大业务量就是扩大仓储服务收入,就是为市场提供(产出)了更多的仓储服务产品。因此,制定和考核货物吞吐量等指标,是仓储企业的重要工作手段。

2. 库房使用面积

库房使用面积计算公式为

库房使用面积＝库房墙内面积－墙、柱、楼(电)梯等固定建筑物面积

3. 货场使用面积

货场使用面积计算公式为

货场使用面积＝货场总面积－排水明沟、灯塔、水塔等固定建筑面积

4. 单位面积储存量

单位面积储存量计算公式为

单位面积储存量＝货物存量/仓库面积

5. 仓库利用率

仓库利用率是衡量和考核仓库利用程度的指标,可以用仓库面积利用率和库房容积利用率来表示,计算公式为

仓库(货场)面积利用率＝已利用仓库或货场面积/实际仓库或货场面积×100%

仓库容积利用率＝已利用仓库或货场容积/实际仓库或货场容积×100%

容积利用率值越大,表明仓库的利用率越高。

6. 设备数量指标

设备数量指标是反映在仓储工作中所用的各种设备的数量,通常以统计台账上的设备台数和处于良好状态的设备台数来表示。

7. 设备利用率

设备利用率包括设备能力利用率和设备时间利用率两种,计算公式为

设备能力利用率＝设备已利用的台数/设备总台数×100%

设备时间利用率＝实际工作时间/设备额定工作时间×100%

8. 职工人数

职工人数一般用平均人数表示。可以按月、季、年计算平均人数。

9.劳动生产率

仓库劳动生产率可以用平均每人每天完成的出入库货物数量来表示。出入库量指吞吐量减去直拨量。也可以用仓库员工平均每日收发货物的笔数或员工平均保管的货物吨数或人均实现的营业收入额等指标来表示。全员劳动生产率计算公式为

全员劳动生产率＝全年出入库货数量/仓库总员工数×100％

10.账货相符率

账货相符率是在货物盘点时,仓储货物保管账面上的货物储存数量与相应库存实有数量的相互符合程度。一般在对仓储货物进行盘点时,要求逐笔与保管账面数字相核对。账货相符率是考核员工责任、制定赔偿标准的依据,计算公式为

账货相符率＝货物账面相符数量/仓储货场保管账面的数量×100％

通过此项指标的核算,可以衡量仓库账面货物的真实程度,反映保管工作的管理水平。

11.收发货差错率

收发货差错率是收发货物所发生差错的累计笔数占收发货累计总笔数的百分比。此项指标反映收发货的准确程度,是仓储管理的重要质量指标。一般来说,仓库的收发货差错率应控制在0.005％以下,计算公式为

收发货差错率＝收发货差错数量/账面收发货物数量×100％

12.平均收发货时间

平均收发货时间是指仓库收发每笔货物(即每张出入货单据上的货物)平均所用的时间。它既反映仓储服务水平,又可以反映收发货的劳动效率。平均收发货时间计算公式为

平均收发货时间＝收发货时间总和/收发货总笔数

收发货时间一般界定为:收货时间是指自单证和货物到齐后开始计算时间,经验收入库,到填写入库单送交保管会计登账为止所经历的时间;发货时间是指自仓库接到发货单(调拨单)开始,经备货、包装、填单等流程,到办妥出库手续为止所经历的时间,一般不把在库待运时间列为发货时间。

13.货物损耗率

货物损耗率是指仓储保管期中货物自然减量的数量占原来入库数量的比率。该指标主要用于存货保管与养护的实际过程中,那些易挥发、失重或破损的货物的考核,可用于反映货物保管与养护的实际状况。对那些易挥发、失重或破损的货物,事先可制定出损耗定额,通过货物损耗率与损耗定额的比较和考核,找问题,查原因,设法让自然损耗率降到最低点。货物损耗率计算公式为

货物损耗率＝货物损耗量/期内货物库存总量×100％

14.平均保管损失

平均保管损失是保管损失金额与平均储存量的比率,计算公式为

平均保管损失＝保管损失金额/当期平均储存量

# 第四节　仓储经济效益分析

在市场经济条件下，物流企业经营投资的基本动机就是追求利润的最大化，仓储经营也不例外，因此，必须对仓储经营能力的各个方面，包括运营能力、偿债能力、获利能力及对社会贡献能力的全部信息予以详尽地了解和掌握，尽一切努力消除影响仓储经济效益增长的不利因素，努力提高经济效益。

## 一、仓储服务的收入、成本和利润

### （一）仓储服务的收入及其构成

仓储服务提供给社会的产品是仓储服务劳动，属无形商品。独立核算的仓储业的营业收入表现为各种收费项目。附属的不独立仓储部门的劳动服务价值，包含在企业的商品销售收入或产品销售收入之中。独立核算仓储业的营业收入在本章第二节已做了介绍。

### （二）仓储服务的效益

成本意味着事先投入和耗费，控制成本的目的是提高效益。对于利润，企业一般利用损益表进行计算。损益表是反映企业在一定经营期间内投入和产出活动成果的财务报表，以"利润＝收入－费用"为根据进行编制。独立核算的仓储企业和企业的附属仓储部门，都应按期计算损益，非独立核算仓储部门可从本企业财务会计账上分离出相关数据来分析计算。分析企业的盈亏和利润增减变化的原因，预测利润的发展变化趋势，为仓储管理提供决策依据。

## 二、仓储运营能力分析

运营能力又称资金周转能力，是企业利用所拥有的各种资源，搞活生产经营活动，加速库存周转，促进销售，在满足社会需求的同时，创造出增值财富的能力。常用的运营能力指标有存货量周转率和存货资金占有周转率两种。可用来总结、分析和评价仓储企业及其管理的营销能力、资金流动性等正常经营运转情况，反映企业资本金管理的效率和水平。

### （一）存货量周转率

存货量周转率是指仓库保管单位一定时期内的总出库量与序时平均库存量的比率。是衡量企业采购、生产消耗、销售各环节的管理水平的综合性指标。通常用存货量周转次数和存货周转天数两种形式表达。制造业原材料仓库的出库量是生产消耗的需要，工业成品和商业仓储的出库量则是销售引起的。在企业生产经营对仓储存货总需求量一定的情况下，降低存货量，则其周转速度加快，但一味地减少库存量，就有可能影响到正常的供应。因此，仓库都应该按照核定的定额保持库存量，发生出库量以后就要启动采购业务补足库存定额。这样才能保证供应，使企业的生产销售顺利实现。独立核算的仓储业，每一批存货入库出库，都有相应的收入产生。因此加快库存周转，是企业管理的重要内容。仓储管理应在保证满足需求的前提下，尽量降低库存，从而加快库存货物的周转速度，提高仓储效益。

1.存货量周转次数

存货周转转次数计算公式为

存货量周转次数＝出库总量/库存总量

**2.库存量周转天数**

库存周转天数计算公式为

库存量周转天数＝360/库存量周转次数

(二)存货占用资金周转率

存货量周转率适合对单个的仓储品种计算周转速度。仓储的多个品种的综合计算要用存货占用资金周转率。该指标也用次数和天数两种形式表示。

**1.存货占用资金周转率**

存货占用资金周转率计算公式为

存货占用资金周转率＝配送出库金额/库存金额

**2.存货占用资金周转天数**

存货占用资金周转天数计算公式为

存货占用资金周转天数＝存货占用资金天数/存货占用资金周转率

【例 7-2】 某大型配送仓库 2019 年二季度按定价计算的配送出库量总金额为 3510 万元,月平均库存额为:4 月份 400 万元,5 月份 600 万元,6 月份 560 万元。求该仓库库存商品占用资金周转率。

存货占用资金周转率＝3510/(400＋600＋560)＝2.25(次)

存货占用资金周转天数＝90/2.25＝40(天/次)

计算结果说明,该仓库在第二季度存货占用资金周转了 2.25 次,每周转一次,要用 40 天时间。

## 三、本量利分析

在企业成本控制与经济效益分析中,本量利分析方法的应用最为广泛。将本量利分析法与预测技术相结合,仓储管理可进行保本经营预测、目标利润预测、保证目标利润实现的最低业务量预测,以及成本控制和定价决策。

本量利分析时,要先将总成本分解成固定成本和变动成本两类。固定成本是指不随经营业务量的增减相应变动的部分成本,如固定资产折旧和管理人员工资。变动成本是指随业务量的增减变动而相应增减变动的部分成本,如仓储经营中耗费的直接材料和直接人工费。

(一)本量利分析的理论基础

目标利润是本量利分析的重要指标,计算公式为

目标利润＝营业收入－总成本＝营业收入－固定成本－变动成本

设目标利润为 $M$,经营项目的业务量为 $Q$,业务量的销售单价为 $P$,单位变动成本为 $V$,固定成本为 $F$,则

$$M＝PQ－VQ－F$$

(二)实际应用

本量利分析实际应用举例如下。

【例 7-3】 某仓库的仓储收费单价为 50 元/(吨·天),全年固定成本总额为 300000 元,单位变动成本为 10 元,今年目标利润为 600000 元,求实现此目标的利润的最低仓储业务量是多少?

根据公式 $M = PQ - VQ - F$ 有

$Q = (M + F)/(P - V)$

    $= (600000 + 300000)/(50 - 10)$

    $= 22500(吨)$

所以,实现此目标的利润的最低仓储业务量是 22500 吨。

## 四、获利能力分析

获利能力实际上是指仓储的资金增值能力,它通常体现为仓储收益数额的大小与水平的高低。

一般来说,仓储获利能力的大小是由其经常性的经营理财业绩决定的。那些非经常性的事项及其他特殊事项虽然也会对仓储损益产生某些影响,但不能反映出仓储真实水平的获利能力。在分析仓储获利能力时,应尽可能剔除那些非经常性因素对仓储获利能力的虚假影响。其主要分析指标如下。

(一)服务利润率

仓储服务利润率是指利润与营业收入净额的比值,计算公式为

仓储服务利润率＝利润/营业收入净额

从利润表来看,仓储物流的利润可以分为五个层次:营业收入毛利、经营利润、营业利润、利润总额、利润净额。其中利润总额或利润净额包含着非营业利润因素,所以能够更直接地反映营业获利能力的指标是毛利率、经营利润率和营业利润率。由于仓储服务是主营业务活动,因此,经营利润数额、水平的高低对仓储的总体获利能力有着举足轻重的影响。同时,通过考察经营利润占整个利润总额比重的升降,可以发现仓储经营理财状况的稳定性、面临的危险或可能出现的转机迹象。因此,经营利润和仓储营业收入净额之比是营业利润率中的主要指标。

(二)成本利润率

成本利润率是指利润与成本的比值,计算公式为

成本利润率＝利润/成本

同利润一样,成本也可以分为几个不同的层次:经营成本、营业成本、税前成本和税后成本,计算公式分别为

经营成本＝经营费用＋营业税金及附加

营业成本＝经营成本＋管理费用＋财务费用＋其他业务成本

税前成本＝营业成本＋营业外支出

税后成本＝税前成本＋所得税

因此,在评价仓储成本开支效果时,必须注意成本与利润之间层次上的对应关系,即经营利润与经营成本(经营成本利润率)、营业利润与营业成本(营业成本利润率)、税前利润与税前成本(税前成本利润率)和利润净额与税后成本(税后成本净利润率)彼此对应。这不仅符合收益与成本的匹配关系,而且能够有效地揭示出仓储各项成本的使用效果。其中经营成本利润率最具有代表性,它反映了仓储主要成本的利用效果,是仓储加强成本管理的着眼点。

经营成本利润率的计算公式为

经营成本利润率＝经营利润/经营成本

在各项收益及税率不变的条件下,如果经营成本利润率很高而税前成本利润率却很低,通常表明仓储的管理费用、财务费用及营业外支出开支过多,仓储管理应对这些成本进行深入分析,查明原因,堵塞超支、浪费的漏洞。反之,若经营成本利润率与税前成本利润率均很低,且水平差异不大,则意味着仓储成本开支过高,应采取措施加强控制。当经营成本利润率与税前成本利润率均比较高时,说明成本管理取得了良好的经济效益。为了对各项具体成本的使用状况加以深入评价,还可以根据各项仓储成本利润率指标的内在关系进行更具体的分解、考察。

(三)资产利润率

资产利润率是指利润与资产平均占用额的比值,计算公式为

资产利润率＝利润/资产平均占用额

从静态角度来看,仓储资产获利能力的大小主要反映为资产利润率的高低。资产利润率分析,有助于评价仓储经营理财业绩的高低,揭示影响资产利润率提高的因素所在。对资产获利能力的分析可以从三个相互联系的方面进行,对流动资产获利能力进行具体而全面的分析、考察。

1.总资产利润率

与仓储总资产运用直接对应的是息税前利润总额、利润总额与利润净额。因此,评价总资产获利能力的指标有三个:总资产息税前利润率、总资产利润率和总资产净利润率。计算公式分别为

总资产息税前利润率＝息税前利润总额/平均总资产额

总资产利润率＝利润总额/平均总资产额

总资产净利润率＝利润净额/平均总资产额

总资产息税前利润率主要是从仓储物流各种资金来源(资本＋负债)角度对资产的使用效益进行评价的。因此,不仅物流所有者非常关心这项指标,它同样也是债权人评价仓储物流资产获利能力的重要指标。在债权人看来,只要仓储总资产的息税前利润率大于负债利息率,其债务本息的偿还还是能够得到保证的。对所有者来讲,仓储仅仅提高息税前利润率是远远不够的,因为较高的总资产息税前利润率只能保证降低或避免不能偿付债务本息的风险,但能否使资本得到保值增值及获得何种程度的保值增值,却无法从总资产息税前利润率上得到回答。从物流所有者角度看,在分析了总资产息税前利润率的基础上,更需要对总资产利润率与总资产净利润率进行考察。

2.流动资产利润率

流动资产投资与其周转是仓储利润的主要来源。因此,分析流动资产的利润率有助于揭示仓储利润增长是否具有稳定的基础。

仓储物流的流动资产主要用于仓储各项正常的营业活动,因此考核流动资产获利能力的指标主要有两项:流动资产经营利润率和流动资产营业利润率,其中最重要的是流动资产经营利润率。计算公式分别为

流动资产经营利润率＝经营利润/流动资产平均占用额

流动资产营业利润率＝营业利润/流动资产平均占用额

3.固定资产利润率

单独考核流动资产的获利能力不完全适当,对流动资产获利能力的分析和考核必须结合固定资产进行。相关指标计算公式为

固定资产经营利润率＝经营利润/固定资产平均占用额

　　　　　　　　　　＝(流动资产平均占用额/固定资产平均占用额)×流动资产经营利润率

固定资产营业利润率＝营业利润/固定资产平均占用额

　　　　　　　　　　＝(流动资产平均占用额/固定资产平均占用额)×流动资产营业利润率

(四)净资产利润率

净资产利润率是利润净额与净资产的比值。如果分子用利润总额计算,则称为总资本利润率。

仓储物流筹资、投资的最终目的是实现所有者财富最大化,从静态角度讲,首先是最大限度地提高净资产利润率。因此,净资产利润率不仅是仓储获利能力指标的核心,而且也是整个经济效益指标体系的核心。

(五)资产保值增值率

无论从所有者,还是从债权人方面考虑,物流的经营决策者都必须尽可能使所有者的资产得以保全并使之不断增值,从而降低风险,维护所有者权益,提高物流的市场价值。

资本保值增值率是指所有者权益的期末总额与期初总额的比值。

资本保值增值率＝期末所有者权益总额/期初所有者权益总额

如果资本保值增值率大于100%,说明所有者权益增加,否则意味着所有者权益遭受损失。公式中的所有者权益包括实收资本、资本公积金和留存收益,即仓储的权益资本或净资产。上市物流股票市价的升降尽管也对投资所有者的权益产生影响,但由于这种影响发生在仓储物流外部并主要属于投资者个人的事情,所以从物流角度考虑,在计算资本保值增值率时不考虑此类因素。

影响资本保值增值率变动的因素主要有三个:一是经营的盈亏,二是剩余收益支付率的变动,三是仓储通过增减资本调整资本结构。在前两种情形下,通过期末与期初净资产总额比较无疑可以准确地判断仓储净资产的增值保值状况。但在第三种情形下,用期末和期初净资产总额的升降变动来衡量资本的增值保值水平便会产生一定程度的不可比性。对此,可通过计算单位或单位净资产的增值保值率来参考。

# 第五节　仓储绩效管理

## 一、仓储绩效管理的含义

仓储绩效管理是通过对行动过程中的各项指标的观察与评估,按计划完成生产经营目标,保持并逐步提高对客户和其他部门的服务水平,保证战略目标的实现的过程,强调的是对仓储过程的监控。

## 二、仓储绩效管理的目的

仓储绩效管理的目的是按计划完成生产经营目标,保持并逐步提高对客户和其他部门适度的服务水平,控制仓储成本和物流总成本。主要有以下目的。

(1)提高决策层本身工作的规范化和计划性。绩效是层层分解的,高层没有明确目标,中层、基层班组自然也没有明晰的目标,效率必然不高。

(2)改善管理层次的逻辑关系,从而减少单位(部门)摩擦,提高组织运行效率。事事明晰,责任人明确,时限目标和内容样样清楚,自然生产经营效率高。

(3)让所有员工肩上都有担子,时时有事做,事事有目标。绩效管理是一个系统工程,关键绩效指标(key performance indicator,KPI)分解是核心的核心,而层层分解的指标就是各个层次员工的具体工作。

(4)疏通员工职业发展渠道。通过绩效测评,对绩效好的员工升、奖、委以重任,对绩效不好的员工降、罚、再培训、降低要求和薪酬,甚至淘汰。

(5)构建和谐企业文化。奖勤罚懒、优胜劣汰、有言在先、目标明确、心往一处想劲往一处使,都是和谐企业文化的关键内容,而绩效管理的长期推进,恰恰能实现这些目标。

(6)按计划完成生产经营目标,保证战略目标的实现。

### 三、仓储绩效管理指标

为了达到仓储绩效管理的目标,需要建立起系统的仓储绩效考核体系。对于一般的仓储企业或部门来说,主要从仓储作业效率、仓储作业效益、仓储设施利用率、仓储作业消耗和仓储作业质量等几个方面来建立指标。

(一)反映仓储作业效率的绩效管理指标

反映仓储作业效率的绩效管理指标主要有 6 个,具体计算公式为

物品吞吐量＝一定时期内进库总量＋同期出库总量＋物品直拨量

平均收发货时间＝收发时间总和/收发货总笔数

物品及时验收率＝一定时期内及时验收笔数/同期收货总笔数

全员劳动生产率＝仓库全年吞吐量/年平均员工人数

库存物品的周转率＝全年物品平均储存量/物品平均日消耗量

仓库作业效率＝全年物品出入库总量/仓库全体员工年工作日数

(二)反映仓储作业效益的绩效管理指标

反映仓储作业效益的绩效管理指标主要有 6 个,具体计算公式为

工资利润率＝利润总额/同期工资总额

成本利润率＝利润总额/同期仓储成本总额

资金利润率＝利润总额/(固定资产平均占用额＋流动资金平均占用额)

利润总额＝报告期仓库总收入额－同期仓库总支出额

收入利润率＝利润总额/仓库营业收入总额

每吨物品保管利润＝报告期利润总额/报告期物品储存总量

(三)反映仓储作业设施设备利用程度的绩效管理指标

反映仓储作业设施设备利用程度的绩效管理指标有 4 个,具体计算公式为

库容周转率＝出库量/库容量

单位面积储存量＝日平均储存量/仓库或货场使用面积

仓容利用率＝存储物品实际占用的空间/整个仓库实际可用的空间

设备利用率＝设备实际使用台时数/制度台时数

(四)反映仓储作业消耗的绩效管理指标

材料、燃料和动力消耗指标由于各仓储企业所用设备不同,因此也没有一个统一的标准。一般把平均储存费用作为反映仓储作业消耗方面的绩效管理指标,具体计算公式为

平均储存费用＝储存费用总额/同期平均储存量

(五)反映仓储作业质量的绩效管理指标

反映仓储作业质量的绩效管理指标有5个,具体公式为

货损货差率＝收发货累计差错次数/收发货累计总次数

设备完好率＝完好设备台时数/设备总台时数

保管损耗率＝物品损耗量/同期物品库存总量

账物差异率＝账物相符件数/账面储存总件数

收发货差错率＝账货差错件数/期内储存总件数

对于以顾客为中心的公司,在注重公司利润的同时,需要关注如何更好地为顾客服务,只有更好地满足顾客的需求,才能获得更多的利润,占据更大的市场份额。因此,除了以上的仓储管理的绩效指标以外,还需对仓储管理人员和仓储作业人员进行考核。一般采用打分制来进行评价,具体的评价指标和打分参考见表7-2和表7-3,各级指标的权重由企业自己确定。

表 7-2　仓储管理人员考核评分标准

| 一级指标 | 二级指标 | 分数 | | | | | |
|---|---|---|---|---|---|---|---|
| | | 5 | 4 | 3 | 2 | 1 | 0 |
| 业绩 | 达标情况 | 超过 | 达到 | 尚可 | 欠佳 | 未达 | 无 |
| | 工作态度 | 非常积极 | 积极 | 尚可 | 欠佳 | 很低 | 无 |
| | 工作方法 | 规范灵活 | 规范简化 | 规范 | 欠佳 | 很低 | 无 |
| | 工作量 | 很大 | 大 | 尚可 | 欠佳 | 很少 | 无 |
| | 工作效率 | 很高 | 高 | 尚可 | 欠佳 | 很低 | 无 |
| 能力 | 执行力 | 快速 | 较好 | 尚可 | 欠佳 | 差 | 无 |
| | 创新力 | 经常 | 求新 | 尚可 | 欠佳 | 差 | 无 |
| | 理解力 | 举一反三 | 好 | 尚可 | 欠佳 | 差 | 无 |
| | 判断力 | 敏锐正确 | 正确 | 尚可 | 欠佳 | 差 | 无 |
| | 应变力 | 敏捷 | 机警 | 尚可 | 欠佳 | 差 | 无 |
| 品德 | 服从性 | 很好 | 较好 | 尚可 | 欠佳 | 差 | 无 |
| | 协调性 | 很好 | 好 | 尚可 | 欠佳 | 差 | 无 |
| | 个人修养 | 很高 | 高 | 尚可 | 欠佳 | 差 | 无 |
| | 集体荣誉感 | 很高 | 高 | 尚可 | 欠佳 | 差 | 无 |
| | 对公司态度 | 忠诚 | 配合 | 尚可 | 欠佳 | 差 | 无 |

续　表

| 一级指标 | 二级指标 | 分数 | | | | | |
| --- | --- | --- | --- | --- | --- | --- | --- |
| | | 5 | 4 | 3 | 2 | 1 | 0 |
| 学识 | 专业知识 | 全面精深 | 较全面 | 尚可 | 欠佳 | 差 | 无 |
| | 一般知识 | 全面精深 | 较全面 | 尚可 | 欠佳 | 差 | 无 |
| | 文字表达能力 | 相当强 | 强 | 尚可 | 欠佳 | 差 | 无 |
| | 学识与岗位匹配程度 | 相当合适 | 合适 | 尚可 | 欠佳 | 差 | 无 |
| | 进取心 | 相当强 | 强 | 尚可 | 欠佳 | 差 | 无 |
| | 发展潜力 | 不可限量 | 较好 | 尚可 | 欠佳 | 差 | 无 |

表 7-3　仓储作业人员考核评分标准

| 项目 | 内容 | 分数 | | | | | |
| --- | --- | --- | --- | --- | --- | --- | --- |
| | | 5 | 4 | 3 | 2 | 1 | 0 |
| 业绩 | 达标情况 | 超过 | 达到 | 尚可 | 欠佳 | 未达 | 无 |
| | 工作态度 | 非常积极 | 积极 | 尚可 | 欠佳 | 很低 | 无 |
| | 工作方法 | 规范灵活 | 规范简化 | 规范 | 欠佳 | 很低 | 无 |
| 能力 | 工作量 | 很大 | 大 | 尚可 | 欠佳 | 很少 | 无 |
| | 工作效率 | 很高 | 高 | 尚可 | 欠佳 | 很低 | 无 |
| | 执行力 | 迅速 | 较好 | 尚可 | 欠佳 | 差 | 无 |
| | 学习力 | 很强 | 强 | 尚可 | 欠佳 | 很低 | 无 |
| | 创新力 | 很强 | 强 | 尚可 | 欠佳 | 差 | 无 |
| | 理解力 | 举一反三 | 较好 | 尚可 | 欠佳 | 差 | 无 |
| | 发展潜力 | 不可限量 | 较好 | 尚可 | 欠佳 | 差 | 无 |
| | 判断力 | 敏锐正确 | 正确 | 尚可 | 欠佳 | 差 | 无 |
| | 进取心 | 相当强 | 强 | 尚可 | 欠佳 | 差 | 无 |
| 品德 | 责任感 | 很强 | 强 | 尚可 | 欠佳 | 差 | 无 |
| | 服从性 | 很好 | 较好 | 尚可 | 欠佳 | 差 | 无 |
| | 协调性 | 很好 | 好 | 尚可 | 欠佳 | 差 | 无 |
| | 个人修养 | 很高 | 高 | 尚可 | 欠佳 | 差 | 无 |
| | 集体荣誉感 | 很强 | 强 | 尚可 | 欠佳 | 差 | 无 |
| | 对公司态度 | 忠诚 | 配合 | 尚可 | 欠佳 | 差 | 无 |
| 学识 | 学识与岗位匹配程度 | 相当合适 | 合适 | 尚可 | 欠佳 | 差 | 无 |
| | 专业知识 | 全面精深 | 全面 | 尚可 | 欠佳 | 差 | 无 |

## 四、仓储绩效管理问题分析与对策

仓储绩效管理容易出现的问题有:第一,管理系统不够科学与实用,反而让管理者不知道如何对部属进行迅速、合理和真实的评估;第二,考核完毕后,被考核人经常觉得结果不公平,这会影响员工的工作情绪;第三,评估过程比较烦琐,耽误很多时间,而且评估项目不能全面反映员工综合素质和技能,缺乏灵活性。

仓储绩效管理是一种防止绩效不佳和提高绩效的工具,这是由企业领导和员工以共同合作的方式来完成的。这就需要领导和员工之间进行不断的双向沟通。通过沟通,员工对既定的工作职责、员工和上级之间应如何共同努力达成共识。整个绩效评估的核心工作就是沟通。沟通可以改变管理者和员工的观念。管理者要加大绩效管理实施过程的执行力度,使评估过程公平化、透明化,员工也不要把绩效评估看作是一种负担,而应积极配合与参与,进一步促进管理规范和提高组织绩效。同时,设计科学、合理和灵活的评估体系,是仓储绩效管理取得成效的重要保障。另外,建立绩效评估投诉制度,有利于及时发现矛盾,解决冲突。

第七章复习题

# 第八章 库存管理概述

**波音采用 VMI 库存**

VMI(vendor managed inventory,供应商管理库存)的起源和发展应用跟零售业息息相关。宝洁公司与沃尔玛公司就是应用 VMI 早期成功的案例之一。近几十年来,这一模式已传入很多行业。例如在航空业,波音公司于 2000 年前后开始向世界各国航空公司推广 VMI。它把大约 7 万种机架类备件纳入其中,目标是实现更低的成本和更高的供货率。这项计划被称为"全球飞机库存网"(Global Airline Inventory Network)项目,其英文缩写 GAIN 正好有赢利、获得的意思。

对许多小航空公司来说,很多备件的消耗量很低,如果让这些公司自设库存,周转率就会很低。相反,如果由波音公司来设立库存,向多家在同一区域的航空公司提供备件,规模经济的优势将得到体现,不但自己的库存周转率提高,而且还能紧急调用给其他区域的航空公司。此外,作为飞机生产商,波音公司往往比航空公司更了解备件的消耗率,从而做出更准确的库存规划,客观上降低了库存的总体水平,提高了库存的周转率。

案例来源:刘宝红. VMI 波音案例[EB/OL]. (2012-10-26)[2019-09-06].
http://www.chinawuliu.com.cn/xsyj/201210/26/188955.shtml.

**思 考 题**

1.简述库存管理的基本目标与意义。

2.为什么航空公司不自设库存?

3.简述 VMI 系统实施步骤。

**本 章 要 点**

库存管理是企业管理的一个重要环节。生产部门需要适量的库存来保证产品生产过程的稳定,营销部门需要适量的库存来保证及时向客户提供所需要的产品,以调节生产与销售在时间上、空间上的不一致,财务部门则需要合理控制库存的资金占用水平,由此形成了一种现状:财务部门要求库存越少越好,减少资金占用;生产、营销部门要求有充足的库存,保证提供及时的服务。对于仓储企业来说,还要增加收入、提高赢利水平、扩大市场。因此,库存管理的作用就在于协调企业各部门的需求,力求寻找一个使企业整体目标最优的均衡点。

# 第一节　库存与库存管理

## 一、库存的概念、作用、分类和成本构成

### (一)库存的概念

库存是指暂时闲置的用于满足将来需要的资源。它通常摆放在仓库中。在企业生产中,有许多未来的需求变化是人们无法预测或难以全部预测到的,人们不得不采取一些必要的方法和手段来应对外界的变化,库存就是人们出于种种经济目的考虑而设立的。设置库存的目的是防止短缺,所以企业一般都有一定的库存。

库存无论对制造业还是服务业来说都十分重要。传统上,制造业库存是指生产制造企业为实现产成品生产所需要的原材料、备件、低值易耗品及在制品等资源。在服务业中,库存一般指用于销售的有形商品及用于管理服务的耗用品。

### (二)库存的作用

一般来说,任何企业都有库存,只是由于各类企业的性质不同,其库存的种类、品种和数量亦有所不同。库存的作用一般表现在以下几个方面。

#### 1.库存可以使企业降低采购成本

众所周知,企业在采购过程中,采购的价格因采购数量的多少而有所不同。大批量的采购可以获得更多的价格折扣,使企业降低采购成本,实现规模经济效益。同时,大批量的采购,有时还可以避免市场价格上涨带来的资金支出的增加。因此,在这种情况下,自然就会产生库存。

#### 2.库存可以调节和缓解供需矛盾

任何产品的生产都不可能与消费达到完全的、高度的吻合。有些产品的生产时间相对集中,而消费则是相对均衡的;有一些季节性产品、批量产品在生产出来以后,需要储存,形成存货,再持续地向消费者提供,不断满足消费者需求,从而缓解供给和消费需求之间存在的差别。从另一方面来说,集中生产的产品如果及时推向市场销售,必然造成市场短时间内产品供大于求,从而导致产品价格下跌、产品无法被消费而被废弃的现象,这就需要库存来进行调节,均衡地向市场供应产品,稳定市场。因此,库存可以起到维护正常的生产秩序和消费秩序的作用,可以缓解、调节和消除供求之间的这种不协调。

#### 3.库存可以缩短或消除消费者的等待时间

任何生产过程都需要一定的时间,即产品在到达最终消费者之前,都需要经过原材料的采购、物品的生产、成品的流通等过程。每一位消费者选择的只是最终可以及时使用的成品,而不会愿意花时间去等待产品生产,然后再购买。如果企业保有一定量的库存,就可以缩短或者消除消费者的等待时间,更快速地满足消费者的需求,提高产品的竞争力。

#### 4.库存具有防止和化解不确定因素的作用

库存具有一定的安全功能,即用来防止和化解不确定因素对企业正常运营的影响。这些不确定因素可能是临时用量的增加,也可能是市场的供货紧缺等。一般来说,不确定因素主要有两类:一类是需求的不确定,一类是时间的不确定。在生产中,如果实际需求量超过

了计划的需求量,或者前置时间超过了计划的前置时间,这时,如果企业没有一定量的安全库存,就会发生缺货,并影响企业的正常经营。所以安全库存就是为了避免此类现象的发生而存在的。

5.库存具有经济性作用

库存是企业的一项资产,它同其他资产一样,也要追求资产运用的最优化。库存过多会造成积压,增加企业不必要的储存成本;库存不足又会造成脱销,影响企业的正常生产经营,造成消费者不满。因此,企业库存应当尽量保持一个最优值,即企业的库存既不应该投资过多,又不能投资过少,应当根据市场需求和变化特点找到最合理优化的平衡点,取得最大化的经济效益。

(三)库存的分类

一般情况下,库存可按以下不同的标准进行分类。

1.按生产过程分类

从生产过程的角度,可分为原材料库存、在制品库存、维修库存、成品库存。

①原材料库存是指企业在存储的过程中所需要的各种原料、材料,这些原料和材料必须符合企业生产的规定和要求。有时,也将外购件库存作为原材料库存。

②在制品库存是指仍处于生产过程中已部分完工的半成品。

③维修库存包括用于维修与维护的经常性消耗品或者备件,如润滑油和机器零件等。维修库存不包括产成品的维护所需要的物品或备件。

④成品库存是指可以出售、分配、能提供给消费者购买的最终产品。

2.按经营过程分类

从经营过程的角度,可将库存分为经常库存、安全库存、生产加工库存、季节性库存、存储库存或积压库存。

①经常库存是指企业在正常经营环境下为满足日常需要而建立的库存。

②安全库存是指为防止不确定因素的影响而准备的缓冲库存。如突然大量发货、交货期突然延期等。有资料表明,缓冲库存几乎占到零售业库存的1/3。

③生产加工库存是指处于加工状态及为了生产的需要暂时处于储存状态的零部件、半成品或成品。

④季节性库存是指为了满足特定季节中出现的特定需要而建立的库存,或指对季节性出产的原材料在出产的季节大量收购所建立的库存。

⑤存储库存或积压库存是指因物品品质变坏不再有效用的库存,或没有市场销路而卖不出去的商品库存。

3.按库存的作用和功能分类

从库存的作用和功能分,可分为基本库存和中转库存。

①基本库存(安全库存)是指在补给生产过程中产生的库存。由于生产过程对原材料的需求是源源不断的,因此,就必须有一定数量的库存以便提供生产供应,保障生产所需。补给订货的数量就是订货量。

②中转库存是指正在转移或者等待转移的、已经装运在运输工具上的存货。中转库存是实现补给订货所必需的库存,在今天越来越受到企业的关注。在企业生产经营中,中转库存重视小批量、高频率的运输与传递,因此在存货中的比例逐渐增大。

**4.按库存的预测性分类**

按库存的预测性分类,可分为独立需求库存和相关需求库存。

①独立需求库存是指需求的数量和时间与其他变量的相互关系不确定,主要受消费市场需求影响的库存。一般来自客户的对企业产品和服务的需求为独立需求。

②相关需求库存是指其需求的数量和时间与其他变量存在一定的相互关系,可以通过一定的数学关系推断出来的库存。一般生产制造企业内部物料转化各环节之间发生的需求为相关需求。客户对企业产品的需求一旦确定,与该产品有关的零部件、原材料等需求也就随之确定,对这些零部件、原材料的需求就是相关需求。

**(四)库存的成本构成**

在库存经营过程中,会产生各种各样的成本,主要包括订货成本、存储成本、进货与购买成本、缺货成本等。

**1.订货成本**

订货成本是指在订货过程中发生的与订货有关的全部费用,包括办公费、差旅费、订货手续费、通信费、招待费等。订货成本可分为固定性订货成本和变动性订货成本两部分。固定性订货成本是指与采购次数和数量没有直接联系的,用于维持采购部门正常活动所需要的有关费用,如采购机构的管理费、采购人员的工资等。变动性订货成本是指与订货数量没有直接关系,但随订货次数的变动而变动的费用,如差旅费、运输费等。所以,一般来说,订货成本与订货量的多少无关,而与订货次数有关。要降低订货成本,就需要减少订货次数。

**2.存储成本**

存储成本又称为持有成本,是指存货在储存过程中发生的费用。存储成本包括货物占用资金应付的利息、货物损坏变质的支出、仓库折旧费、维修费、仓储费、保险费、仓库保管人员工资等费用。

存储成本按照其与存货的数量和时间关系,分为固定性存储成本和变动性存储成本两部分。固定性存储成本是指在一定时间内总额相对稳定,与存货数量和时间无关的存储费用,如仓库折旧费、仓库人员工资等。变动性存储成本是指总额随着存货数量和时间的变动而变动的有关费用,如仓储费、占用资金的利息等。

**3.进货与购买成本**

进货与购买成本是指在采购过程中所发生的费用,包括所购物资的货价和采购费用。该成本取决于进货的数量和进货的单位成本。在没有数量折扣的条件下,进货与购买成本是企业无法控制的成本。

**4.缺货成本**

缺货成本是指因存储供不应求引起的损失,如失去销售机会的损失、停工待料的损失、临时采购造成的额外费用及延期交货不能履行合同而缴纳的罚款等。从缺货损失的角度考虑,存储量越大,缺货的可能性就越小,缺货成本也就越少。

库存的总成本即由以上各项成本构成。

## 二、库存管理的概念和目的

### (一)库存管理的概念

库存管理也称库存控制,是指对生产、经营全过程的各种物品、产成品及其他资源进行预测、计划、执行、控制和监督,使其储备保持在经济合理的水平上的行为。现代企业认为,零库存实现了最好的库存管理。因为库存多,占用资金也多,利息负担加重。但如果过分追求低库存,也会加大存货短缺成本,造成货源短缺,失去市场甚至失去客户。因此,在库存管理过程中,应把握好衡量的尺度,处理好订货成本、存储成本、进货与购买成本、缺货成本等各成本之间的关系,以求达到企业的库存管理目标。

### (二)库存管理的目标与意义

#### 1.库存管理的基本目标

为了保证企业正常的生产经营活动,库存是必要的,但因为库存又占用了大量资金,成为企业生产经营成本的一部分,因此,库存管理关键的问题就是要求既能保证经营活动的顺利进行,又能使资金占用达到最小。库存管理的目标就是要防止超储和缺货,在企业资源约束下,以最合理的成本为客户服务。具体而言,库存管理目标就是要实现库存成本最低的目标、库存保证程度最高的目标、限定资金的目标、快捷的目标等。

库存管理要在满足客户服务需求的前提下,对企业的库存水平进行控制管理,尽可能地降低库存水平,提高物流系统的效率,以强化企业的竞争力。

#### 2.库存管理的意义

库存管理的意义就在于它能确保物资或商品流通顺畅,使企业经营活动繁荣兴旺。不论什么企业,都要储备一些物资。以生产为主的企业,不储备一定的物资,不能维持其连续生产;服务性行业也要备置某些需用的设备和服务用具;就连一般的事业单位,也要储备一些办公用品等。因此,各行各业都有不同程度的库存管理业务。实行库存管理有如下意义。

(1)有利于资金周转

在某些特殊情况下,可以有将库存需要的投资额规定为零。为此可使经营活动更为灵活,把用于建立原材料、制品、商品等常备库存所需要占用的资金用于经营其他项目,这就有可能使经营活动向更新、更高的阶段发展。

(2)保证企业经营活动的正常需要

企业对有关物资的需求是随经营活动的开展而不断变化的,但需求与供应在时间和数量上又往往是不同步的。因此,只有有相应数量的物资储备供周转,才能保证企业经营活动的正常需要。

(3)缓冲作业的失误

在企业生产经营的实践中,由某些主观或客观的因素(如预测、计划不准,生产事故,运输故障等)造成的作业失误,往往是难以完全避免的。这时,若有相应的物资储备,便可缓冲作业的失误,保证生产经营活动按预定的要求继续进行。

# 第二节　库存控制

## 一、库存控制概述

在库存理论中,人们一般根据物品需求的重复程度分为单周期需求库存和多周期需求库存。

单周期需求也叫一次性订货,这种需求的特征是偶发性和物品生命周期短,因而很少重复订货,如报纸,没有人会订过期的报纸来看,人们也不会在农历八月十六预订中秋月饼,这些都是单周期需求。因单周期需求而产生的库存为单周期需求库存。

多周期需求库存是指需求在长时间内反复发生,库存需要不断补充的库存方式,在实际生活中,多周期需求库存较为多见。

多周期需求又分为独立需求库存与相关需求库存两种。

独立需求是指需求变化独立于人们的主观控制能力之外,因而其数量与出现的概率是随机的、不确定的、模糊的。相关需求的需求数量和需求时间与其他的变量存在一定的相互关系,可以通过一定的数学关系推算得出。对于一个相对独立的企业而言,其产品是独立的需求变量,因为其需求的数量与需求时间对于作为系统控制主体的企业管理者而言,一般是无法预先精确确定的,只能通过一定的预测方法得出。而生产过程中的在制品及需要的原材料,则可以通过产品的结构关系和一定的生产比例关系准确确定。

独立需求的库存控制与相关需求的库存控制原理是不相同的。独立需求对一定的库存控制系统来说,是一种外生变量;相关需求则是库存控制系统的内生变量。不管是独立需求库存控制还是相关需求库存控制,都要回答以下问题。

(1)如何优化库存成本?

(2)怎样平衡生产与销售计划来满足一定的交货要求?

(3)怎样避免浪费,避免不必要的库存?

(4)怎样避免需求损失和利润损失?

归根到底,库存控制就是要明确三个问题:确定库存检查周期、确定订货量及确定订货点(何时订货)。

## 二、库存控制系统

库存控制系统有输出、输入、约束和运行机制四个方面。库存控制系统的输出和输入是就各种资源而言的,在库存控制系统中没有资源形态的转化。输入是为了保证系统的输出(对用户的供给)。约束条件有库存资金的约束、空间约束等。运行机制是指库存控制系统需要控制的参数及如何控制。在一般情况下,在输出端,独立需求不可控;在输入端,库存系统向外发出订货的提前期不可控,它们都是随机变量。可以控制的一般是何时发出订货通知(订货点)和一次订多少货(订货量)两个参数。库存控制系统正是通过控制订货点和订货量来满足外界需求并使总库存费用最低。

三种典型的库存控制系统有固定量系统、固定间隔期系统、最大最小系统。

(一)固定量系统

固定量系统就是订货点和订货量都为固定量的库存控制系统。当库存控制系统的现有库存量降到订货点及以下时,库存控制系统就向供应商发出订货通知,每次订货量均为一个固定的量。经过一段时间(提前期),所订货物到达,库存量增加。订货提前期是指从发出订货通知至到货的时间间隔,其中包括订货准备时间、发出订单、供方接受订货、供方生产、产品发运、产品到达、提货、验收、入库等过程。显然,提前期一般为随机变量。

要发现现有库存量是否到达订货点,必须随时检查库存量,并随时发出订货通知,因此,必须要严密监控库存量,这增加了管理的工作量。由此,固定量系统适用于重要物资的库存控制管理。

为了减少工作量,可采用双仓系统。所谓双仓系统就是指同一种物资分放两仓,其中一仓使用完之后,库存控制系统就发出订货通知。在发出订货通知后,就开始使用另一仓的物资,直到到货,再将物资按两仓存放。

### (二)固定间隔期系统

固定量系统需要随时监视库存变化,对于物资种类很多且订货费用较高的情况,是很不经济的。固定间隔期系统可以弥补固定量系统的不足。

固定间隔期系统就是每经过一个相同的时间间隔,发出一次订货,订货量为将现有库存补充到库存的最高水平。

固定间隔期系统不需要随时检查库存量,到了固定的间隔期,各种不同的物资可以同时订货,这样,简化了管理,也节省了订货费。不同物资的库存最高水平可以不一样。固定间隔期系统的缺点是到了订货点不论库存量的多少,都要按期发出订货通知。为了克服这个缺点,就出现了最大最小系统。

### (三)最大最小系统

最大最小系统仍然是一种固定间隔期系统,只不过它需要确定一个库存临界点。当经过固定的时间间隔后,如果库存量下降到临界点以下,则发出订货通知;否则,要再经过一个固定时间间隔后再考虑是否订货。

# 第三节　供应链管理与库存控制

## 一、供应链管理下的库存问题

供应链管理中的库存问题和传统的企业库存问题有许多不同之处,这些不同点体现出供应链管理思想对库存的影响。传统的企业库存管理侧重于优化单一的库存成本,从存储成本和订货成本出发确定经济订货点和订货量。单从库存角度看,这种库存管理方法有一定的适用性,但是从供应链整体的角度看,单一的企业库存管理的方法显然是不够的。目前供应链管理环境下的库存控制存在的主要问题有三大类:信息类问题、供应链的运作问题、供应链的战略与规划问题。这三类问题具体体现在以下八个方面。

### (一)缺乏供应链的整体观念

虽然供应链的整体绩效取决于各个供应链的节点绩效,但是各个部门都是各自独立的单元,都有各自独立的目标与使命。有些目标和供应链的整体目标是不相干的,更有可能是冲突的。因此,这种各行其道的山头主义行为必然导致供应链整体效率的低下。

**（二）对用户服务的理解不当**

供应链管理的绩效好坏应该由用户来评价，或者以对用户的反应能力来评价。但是，对用户服务的理解与定义每个企业各不相同，这产生了对用户服务水平的差异。许多企业采用订货满足率来评估用户服务水平，这是一种比较好的用户服务考核指标。但是用户满足率本身并不一定能提高仓储企业的运作效率，比如一家计算机工作站的制造商要满足一份包含多产品的订单要求，产品来自各供应商，用户要求一次性交货，制造商要等各个供应商的产品都到齐后才一次性装运给用户，这时，用总的用户满足率来评价制造商的用户服务水平是恰当的，但是，这种评价指标并不能帮助制造商发现是哪家供应商交货迟了或早了。

**（三）交货状态数据不准确**

当顾客下订单时，他们总是想知道什么时候供应商能交货。在等待交货的过程中，也可能会对订单交货状态进行修改，特别是当交货被延迟以后。

**（四）信息传递系统效率低下**

在供应链中，各个供应链节点企业之间的需求预测、库存状态、生产计划等都是供应链管理的重要数据，这些数据分布在不同的供应链组织之间，要做到有效、快速地响应用户需求，数据必须实时传递，为此需要对供应链的信息系统模型做相应的改变，通过系统集成的办法，使供应链中的库存数据能够实时、快速地传递。但是，目前许多企业的信息系统并没有很好地集成起来，当供应商需要了解用户的需求信息时，常常得到的是延迟的信息和不准确的信息。由于延迟引起误差且影响库存量的精确度，短期生产计划的实施也会遇到困难。

**（五）库存中存在不确定的因素**

供应链运作中存在诸多的不确定因素，如订货提前期、货物运输状况、原材料的质量、生产过程的时间、运输时间、需求的变化等。为减少不确定性对供应链的影响，首先应了解不确定性的来源和影响程度。

**（六）库存控制策略简单化**

无论是生产性企业还是物流企业，库存控制的目的都是保证供应链运行的连续性，应对不确定需求。了解和跟踪不确定性状态的因素是第一步，第二步是要利用跟踪到的信息去制定相应的库存控制策略。这是一个动态的过程，因为不确定性也在不断地变化。有些供应商在交货与货物质量方面可靠性好，而有些则相对差些；有些物品的需求可预测性大，而有些物品的需求可预测性小一些，库存控制策略应能反映这种情况。许多公司对所有的物品采用统一的库存控制策略，物品的分类没有反映供应与需求中的不确定性。传统的库存控制策略多是面向单一企业的，采用的信息基本上来自企业内部，其库存控制没有体现供应链管理的思想。因此，如何建立有效的库存控制方法，并使其能体现供应链管理的思想，是供应链库存管理的重要内容。

**（七）缺乏合作与协调性**

供应链是一个整体，需要协调各方活动，才能取得最佳的运作效果。协调的目的是使满足一定服务质量要求的信息可以无缝地、流畅地在供应链中传递，从而使整个供应链能够根据用户的要求步调一致，形成更为合理的供需关系，适应复杂多变的市场环境。例如，当用户的订货由多种产品组成，而各产品又是由不同的供应商提供时，如用户要求所有的商品都一次性交货,这时企业必须对不同供应商的交货期进行协调。如果组织间缺乏协调与合作,会导致交货期延迟和服务水平下降,同时库存水平也由此而增加。供应链的各个节点企业为了应付不确定性,都设有一定的安全库存,正如前面提到的,设置安全库存是企业采取的一种应急措施。问题在于,在全球化的供应链中,许多企业间的协调涉及很多的利益群体,相互之间的信息透明度不高,在这样的情况下,企业不得不维持一个较高的安全库存,并为此付出较高的代价。企业之间存在的障碍有可能使库存控制变得更为困难,因为各个企业都有不同的目标、绩效评价尺度、不同的仓库,也不愿意去帮助其他企业共享资源。在分布式的组织体系中,组织之间的障碍对库存集中控制的阻力更大。要进行有效的合作与协调,企业之间需要一种有效的激励机制。在企业内部一般有各种各样的激励机制加强部门之间的合作与协调,但是,当涉及企业之间的激励时,困难就大得多。问题还不止如此,信任风险的存在更加深了问题的严重性,相互之间缺乏有效的监督机制和激励机制是供应链企业之间合作性不稳固的重要原因。

（八）产品的过程设计没有考虑供应链上库存的影响

现代产品设计与先进制造技术的出现,使产品的生产效率大幅度提高,而且具有较高的成本效益,但是供应链库存的复杂性常常被忽视了。结果,所有在设计和制造环节节省下来的资金又因供应链环节分销与库存成本的增加而抵消了。同样,在引进新产品时,如果不进行供应链的规划,也会因产生如运输时间过长、库存成本过高等问题而无法获得成功。另一方面,在供应链的结构设计中,同样需要考虑库存的影响。要在一条供应链中增加或关闭一个工厂或分销中心,一般要先考虑固定成本与相关的物流成本,至于库存投资、订单的响应时间等因素常常是放在第二位的。但是,这些因素对供应链的影响是不可低估的。

## 二、供应链管理下的库存管理技术与方法

为了适应供应链管理的要求,供应链库存管理方法必须做相应的改变。目前供应链库存管理技术与方法包括 VMI 管理系统、联合库存管理、多级库存优化与控制等。

（一）VMI 管理系统

VMI(供应商管理库存)是一种用户和供应商之间的合作性策略,对双方来说都能够优化产品成本。在一个相互认可的目标框架下由供应商管理库存,且这一目标框架由双方监督并经常加以修正,以产生一种连续改进的供应链管理环境。

1. VMI 管理系统的基本原则

（1）合作性原则

在实施该策略时,相互信任与信息透明是很重要的,供应商和用户(零售商)都要有较好的合作精神,才能够相互保持较好的合作关系。

（2）互惠原则

VMI 不是关于成本如何分配或谁来支付的问题,而是关于减少成本的问题。该策略使双方的成本都得以降低。

（3）目标一致性原则

双方都明白各自的责任,从而达成一致的目标。如库存放在哪里,什么时候支付费用,费用多少等问题都要回答,并且体现在框架协议中。

（4）保持连续改进原则

这一原则能使供需双方共享利益和消除浪费。VMI 的主要思想是供应商在用户的允

许下设立库存,确定库存水平和补给策略,拥有库存控制权。

2. VMI 的实施

实施 VMI 策略,首先要改变订单的处理方式,建立基于标准的托付订单处理模式。首先,供应商和批发商一起确定供应商的订单业务处理过程所需要的信息和库存控制参数,然后,建立一种订单的处理标准模式,如 EDI 标准报文,最后把订货、交货和票据处理各个业务功能集成在供应商一边。

库存状态透明性(对供应商)是实施供应商管理库存的关键。供应商能够随时跟踪和检查销售商的库存状态,从而快速地响应市场的需求变化,对企业的生产(供应)状态做出相应的调整。为此需要建立一种能够使供应商和用户(分销商)的库存信息系统透明并相互联通的方法。供应商管理库存的策略可以分以下几个步骤实施。

(1)建立顾客情报信息系统

要有效地管理销售库存,供应商必须能够获得顾客的有关信息。通过建立顾客的信息库,供应商能够掌握需求变化的有关情况,把由分销商进行的需求预测与分析的功能集成到供应商的系统中来。

(2)建立销售网络管理系统

供应商要很好地管理库存,必须建立起完善的销售网络管理系统,保证自己的产品需求信息和物流畅通。为此,必须做好以下准备。

①保证自己产品条码的可读性和唯一性。

②解决产品分类、编码的标准化问题。

③解决商品存储和运输过程中的识别问题。

目前已有许多企业开始采用 MRPⅡ(material requirement planning,物资需求计划)或 ERP(enterprise resource planning,企业资源计划)系统,这些软件系统都集成了销售管理的功能。通过对这些功能的扩展,可以建立完善的销售网络管理系统。

(3)建立供应商与分销商的合作框架协议

供应商和分销商一起通过协商,确定处理订单的业务流程、控制库存的有关参数(如再订货点、最低库存水平等)、库存信息的传递方式(如 EDI 或 internet)等。

(4)组织机构的变革

组织机构的变革很重要,因为 VMI 策略改变了供应商的组织模式。过去一般由财务经理处理与用户有关的经济业务往来,引入 VMI 策略后,在订货部门产生了一个新的岗位负责对用户库存的控制、补给和服务。

(二)联合库存管理

联合库存管理是为了解决供应链系统中由于各节点企业的相互独立库存运作模式导致的需求放大现象,为提高供应链的同步化程度而实施的一种有效方法。联合库存管理与 VMI 不同,它强调双方同时参与、共同制定库存计划,使供应链过程中的每个库存管理者(供应商、制造商、分销商)从彼此的协调性出发,保持供应链相邻的两个节点的库存管理者对需求的预期保持一致,从而消除了需求变异放大的现象。任何相邻节点需求的确定都是供需双方协调的结果,库存管理不再是各自为政的独立运作过程,而是供需连接的纽带和协调中心。

1. 联合库存管理的思想

联合库存管理的思想可以从分销中心的联合库存功能谈起。地区分销中心体现了一种简单的联合库存管理思想。传统的分销模式是分销商根据市场需求直接向工厂订货,比如汽车分销商根据用户对车型、款式、颜色、价格等的不同需求,向汽车制造商订货,所订汽车需要经过一段较长时间才能到达,因为顾客不想等待这么久的时间,因此,各个销售商不得不进行库存备货,而大量的库存又容易使销售商难以承受,甚至有可能破产。采用地区分销中心的联合库存管理,就大大减缓了库存浪费的现象。采用分销中心后,各个销售商只需要少量的库存即可,大量的库存由地区分销中心储备,也就是各个销售商把其库存的一部分交给地区分销中心负责,从而减轻了各个销售商的库存压力。这样,分销中心就起到了联合库存管理的功能。

分销中心既是一个商品的联合库存中心,同时也是需求信息交流与传递的枢纽。在分销中心的基础上,研究者又提出了联合库存管理新模式——基于协调中心的联合库存管理系统。

基于协调中心的库存管理和传统的库存管理模式相比,有如下几个方面的优点。

(1)为实现供应链的同步化运作提供了条件和保证。

(2)减少了供应链中的需求扭曲现象,降低了库存的不确定性,提高了供应链的稳定性。

(3)库存作为供需双方的信息交流和协调的纽带,可以暴露供应链管理中的缺陷,为改进供应链管理水平提供依据。

(4)为实现零库存管理、准时采购及精细供应链管理创造了条件。

(5)进一步体现了供应链管理的资源共享和风险分担的原则。联合库存管理系统把供应链系统管理进一步集成为上游和下游两个协调管理中心,从而部分消除了由供应链环节之间的不确定性和需求信息扭曲现象导致的供应链的库存波动。通过协调管理中心,供需双方共享需求信息,因而起到了提高供应链运作稳定性的作用。

2.联合库存管理的实施

(1)建立供需协调管理机制

为了发挥联合库存管理的作用,供需双方应从合作的精神出发,建立供需协调管理的机制,明确各自的目标和责任,建立合作沟通的渠道,为供应链的联合库存管理提供有效的机制。没有一个协调的管理机制,就不可能进行有效的联合库存管理。

(2)发挥两种资源计划系统的作用

为了发挥联合库存管理的作用,在供应链库存管理中应充分利用目前比较成熟的两种资源管理系统:MRP Ⅱ 和 DRP(distribution resource planning,配送资源计划)。原材料库存协调管理中心应采用制造资源计划系统 MRP Ⅱ,而在产品联合库存协调管理中心则应采用配送资源计划 DRP。这样,便可在供应链系统中把两种资源计划系统很好地结合起来。

(3)建立快速响应系统

快速响应系统是在 20 世纪 80 年代末由美国服装行业发展起来的一种供应链管理策略,目的在于减少供应链中从原材料到用户这一过程的时间和库存,最大限度地提高供应链的运作效率。美国零售咨询公司嘉思明(Kurt Salmon Association)调查分析认为,实施快速响应系统后供应链效率将大大提高:缺货大大减少,通过供应商与零售商的联合协作可保证24 小时供货;库存周转速度提高 1~2 倍;通过敏捷制造技术,企业中有 20%~30% 的产品是根据用户的需求而制造的。快速响应系统需要供需双方的密切合作,因此协调库存管理中心的建立为快速响应系统发挥更大的作用创造了有利的条件。

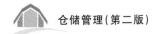

（4）发挥第三方物流系统的作用

第三方物流系统（the third party logistics system，TPL）是供应链集成的一种技术手段。TPL 也叫作物流服务提供者（logistics service provider，LSP），它为用户提供各种服务，如产品运输、订单选择、库存管理等。把库存管理的部分功能交给第三方物流系统管理，可以使企业更加集中精力于自己的核心业务。第三方物流系统起到了供应商和用户之间联系的桥梁作用，为企业带来了诸多好处。

（三）多级库存优化与控制

供应链管理的目的是使整个供应链各个阶段的库存最小，但是，现行的企业库存管理模式是从单一企业内部的角度去考虑库存问题的，因而并不能使供应链管理整体达到最优。多级库存的优化与控制是在单级库存控制的基础上形成的。多级库存控制的方法有两种：一种是非中心化（分布式）策略，另一种是中心化（集中式）策略。非中心化策略是各个库存点独立地采取各自的库存策略，这种策略在管理上比较简单，但是并不能保证产生整体的供应链优化，如果信息的共享度低，多数情况下产生的是次优的结果，因此非中心化策略需要更多地进行信息共享。采用中心化策略，则所有库存点的控制参数是同时决定的，考虑了各个库存点的相互关系，通过协调的办法使库存优化。但是中心化策略在管理上协调的难度大，特别在供应链的层次比较多，即供应链的长度增加的时候，协调控制的难度更大。

### 三、战略库存控制

从传统的以物流控制为目的的库存管理向以过程控制为目的的库存管理转变体现库存管理思维的变革。基于过程控制的库存管理将是全面质量管理、业务流程再造、工作流技术、物流技术的集成。这种新的库存管理思想对企业的组织行为将产生重要的影响，组织结构将更加面向过程。供应链是多个组织的联合，通过有效的过程管理可以减少乃至消除库存。在供应链库存管理中，组织障碍是库存增加的一个重要因素，不管是企业内部还是企业之间，相互的合作与协调是实现供应链无缝连接的关键。在供应链管理环境下，库存控制不再是一种运作问题，而是企业的战略性问题。要实现供应链管理的高效运行，必须增加企业的协作，建立有效的合作机制，不断进行流程革命。因而，库存管理并不是简单的物流过程管理，而是企业之间工作流的管理。

基于工作流的库存管理能解决传统的库存控制方法无法解决的库存协调问题，特别是多级库存控制问题。多级库存管理涉及多组织协作关系，这是企业之间的战略协作问题。传统的订货点方法解决不了多组织的物流协作问题，必须通过组织的最有效协作关系进行协调才能解决。

第八章复习题

# 第九章　传统的库存控制方法

案 例 沃尔玛与宝洁零供双方品类分级细化管理模式

2016 年,沃尔玛与宝洁(中国)公司在一次对库存与销售占比及仓储运输的日常运作损耗分析时发现,整个供应链的耗损并未能全面支持业务的增长。占有整个业务份额半成以上的商品,常出现订单满足率低或者供货不足的现象,而在交易中占比份额较小的单品,却长期占有供应链的现金流。

为此,双方进行了一系列针对在销商品的销售情况及在录商品的库存情况的详细分析,结合零售方对业务的需求及产品的上架定位,分析筛选出 A、B、C 类商品,并针对不同分级商品制定计划分级和物流分级的差异化执行方案和分级细化的业务目标。在这个将商品细分化、差异化的过程中,双方通过供应链端到端的协同化改造,执行目标差异化运作,降低 C 类商品的高库存,提高 A 类商品的货架有货率以促进 A 类商品的销售增长,减少 C 类商品的日订单种类复杂程度及数量。仅在项目实施的第一个季度,A 类商品订单满足率两个月内上涨了 1%,C 类商品的库存降低了近 10%,零供双方的运作效率均有大幅提升,通过计划分级和物流分级的细化管理,双方能够以更少的运作成本、更低的库存和现金流,有效支持更高的销售目标,提高热门单品的订单满足率及商品有货率,降低了滞销单品的库存和现金流,从而促进销量和利润的大幅增长。

案例来源:沃尔玛与宝洁零供双方品类分级细化管理模式[EB/OL].(2017-08-21)[2019-09-15].http://news.cbg.cn/hotnews/2017/0821/8887219.shtml.

思 考 题

1.什么是 ABC 分类法? 在库存管理中如何应用?

2.除了 ABC 分类法,还有什么控制库存的方法?

本 章 要 点

本章主要介绍在库存控制中常用的 ABC 分类法,并对确定性需求下的库存控制做了详细的论述,同时介绍了时变需求和随机需求下的库存控制方法。

# 第一节　传统库存控制方法概述

现代库存控制理论的一个重要进展，就是明确地区分了独立性需求和从属性需求，这种区分把所有的库存控制方式分为两种基本类型。传统库存管理的一个严重失误，就是错把适用于独立性需求的库存控制策略，应用于从属性需求的库存控制，这是导致库存水平居高不下的一个重要原因。

数学推导的各种严格假设，并未限制 EOQ（economic order quantity，经济订货批量）法的广泛应用，只要稍做修改，EOQ 就可应用于存在数量折扣、非同时补充订货及存在通货膨胀等多种现实情况下的库存控制。此外，EOQ 还使得分类和归集保存成本及订货成本数据的工作变得不再那么棘手。实践表明，只要是认真地应用 EOQ，哪怕是不很精确，成效也十分显著。

多级制造系统物料需求计划的批量决策，是典型的时变需求下的库存控制问题，除此以外，我们还可以在商业的多级批发系统中、连锁店的集中配送系统中、饭店或住宅小区的物业管理系统中，找到这类问题的原型。在解决时变需求下的库存控制问题时，启发式方法具有明显的优越性，应受到实际管理人员更多的重视。

无论连续检查系统还是定期检查系统，关键都在于如何确保安全存货水平。现实中，安全存货通常在企业平均库存水平中占有相当大的份额。设立安全存货的原因在于需求的不确定性。所以，要降低库存水平，一个重要的方面是消除生产系统的不确定性。由此也可以看出，随机需求下的库存控制，绝不仅仅是个选择什么样的库存控制策略的问题，还必须在消除系统内部和外部的各种不确定性因素上做文章。

几乎每一个社会经济组织，不管是营利性的还是非营利性的，都在生产、使用、储存和分配存货。存货的大量发生，使得每一个组织每年要花费大量的人力、物力、财力去计划和控制存货，在这一过程中，潜藏着巨大的浪费。对于一个企业来说，存货的周转率是标志企业运营效率的一个重要指标，对企业的资产收益率有重要的影响。同样，存货也是体现一个国家经济运作状况的重要指标。从社会总库存量的下降，可以预测经济复苏的到来；反之，从社会总库存量的上升，可以预测经济萧条的临近。而社会总库存量的周转率，则代表着一个国家经济运行的效率和质量。

企业的采购、储存和分配系统是典型的库存控制系统，是企业物流系统的一部分，它实际上是存货在原材料、运输在制品、周转在制品、安全在制品和产成品这几种存货形态之间不断转换的过程。把物流系统看作一个库存控制系统，有助于认识和把握物流过程的实质。

# 第二节　ABC 分类法

## 一、ABC 分类法原理

1906 年，维弗雷多·帕累托（Vilfredo Pareto）发现，在资本主义社会中，少数人拥有社会的大多数财富，他把这种现象描绘成一条曲线，这就是著名的帕累托曲线。随后，研究企业管理的专家们发现,帕累托曲线实际上代表着组织中的一种规律,例如,在制造企业品种繁多的产品结构中,真正为企业创造出大多数利润的,只是其中的少数几种商品;在百货商店琳琅满目的商品中,真正为商店带来大部分销售额和利润的,仅是其中的少数品种;在研究开发机构中,真正富有创造性的设计人才,不过是众多设计人员中的少数人……类似地,在企业的库存控制中,也存在着帕累托效应,它被称为库存的 ABC 分类。

ABC 分类法虽然形式非常简单,但在库存控制中却有着广泛的应用。任何库存控制系统,只要认真应用 ABC 分类方法进行分类管理,就会收到显著的效果。

所谓 ABC 分类法,就是按存货单元的年利用价值对其进行分类的方法。如果我们把存货单元年利用价值累计百分比记作 $v$,把存货单元年利用率(或年需求率)记作 $D$,则存货单元的年利用价值记作 $D_v$。分别计算每个存货单元的 $D_v$,然后按从大到小的顺序排列。以存货单元的年利用率为横坐标,以存货单元年利用价值累计百分比为纵坐标,绘制二者的关系曲线,如图 9-1 所示。

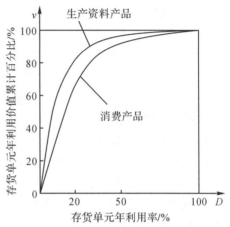

图 9-1　存货单元的 ABC 分类曲线

按照一般的规律,A 类存货单元所对应的年利用价值累积百分比为 80% 左右,B 类存货单元所对应的年利用价值累积百分比为 15% 左右,其余为 C 类存货单元对应的年利用价值累积百分比为 5% 左右。换句话说,数量上仅占 20% 的存货单元,其年利用价值达到 80%,显然应对 A 类存货单元给予优先考虑。而 C 类存货单元,其年利用价值充其量占 5% 左右,在库存控制上,可以采用较粗略的方法。

ABC 分类的具体分布曲线,在消费产品和工业产品之间略有差别,对于工业产品,这种类型之间的差别更为显著。此外,ABC 分类曲线的形状,往往因企业的存货单元构成不同而异,对于某些企业,将 A 类存货单元的数量累积百分比规定得更小,或许更有利于控制那些价值高的存货单元。

ABC 分类法的一个重要的作用是提醒我们,应对不同存货单元采用不同的库存控制策略分别进行控制。

## 二、ABC 分类法实施的步骤

为了利用 ABC 分析法对库存进行分析,帮助我们更好地进行库存控制,首先要进行库存物资数据的收集工作,接着要对数据进行统计汇总处理,这样的数据才能使用。根据统计汇总的资料,我们就可以绘制 ABC 分类表了,表格绘制出来后,根据表格的结果制定出相应的分类管理方法才是我们的最终目的。ABC 分类法的具体实施步骤如下。

1. 数据收集

按分析对象和分析内容,收集储存物资的数据。例如,如果要分析库存物品价值的占用,则需要收集库存产品数量和价值量(销售价格)的数据。

2. 处理数据

对收集来的数据资料进行整理,按要求进行汇总和计算。主要是对储存物资按其价值量的大小进行排序。

3. 制 ABC 分析表

一般而言,用于库存分析的 ABC 分析表主要构成要素为:第一栏为产品编号,第二栏为该项产品的数量,第三栏为该项产品的数量占总产品数量的百分数,第四栏为产品数量累计百分比,第五栏为该项产品的价值量(若以产品销售价格作为价值量的衡量方式,也可以增加一栏填写产品的单价),第六栏为该项产品价值量占总价值量的百分比,第七栏是价值量累计百分比,第八栏为 ABC 分类结果。

填写表格时要注意,产品的数据条目应按照该项产品价值量的大小从大到小进行排序,这样排序的目的是便于我们区分主要与次要的产品类别。

4. 根据 ABC 分析表确定分类

按 ABC 分析表,观察第四栏产品数量累计百分数和第七栏价值量累计百分数,将产品数量累计百分比为 5%～15% 而价值量累计百分比为 71%～85% 的物品,确定为 A 类;将产品数量累计百分比为 16%～50%,而价值量累计百分比为 16%～50% 的产品,确定为 B 类;其余为 C 类,C 类情况正好和 A 类相反,其产品数量累计百分比为 51%～85%,而价值量累计百分比仅为 5%～15%。此分类仅为大致范围,每个企业可根据自身产品的特点划分。

下面通过实例来说明 ABC 分类法的具体运用。

【例 9-1】 某企业仓库储存物资数量及价值如表 9-1 所示,试用 ABC 分析法对该仓库物资进行分类分析。

表 9-1  仓库储存物资数量及价值量

| 产品代码 | 产品数量(个) | 产品价值量(万元) |
| --- | --- | --- |
| 8 | 40 | 15 |
| 10 | 63 | 10 |
| 2 | 15 | 120 |
| 7 | 30 | 20 |
| 3 | 8 | 50 |
| 5 | 10 | 30 |
| 1 | 10 | 680 |
| 4 | 6 | 40 |
| 6 | 18 | 20 |
| 9 | 50 | 15 |
| 合计 | 250 | 1000 |

由于这里相关产品的资料已经给出,所以我们首先要做的是对这些产品项目按照产品价值量从大到小进行排序。排序排好后,我们分别计算各项产品的数量占产品总量的百分比、产品数量累计百分比、各项产品价值量占总价值量的百分比、价值量累计百分比等数据,然后根据产品数量累计百分比与价值量累计百分比划分出 ABC 类来,本例根据本文上面提出的 ABC 类产品的划分依据进行划分。在具体操作时,划分的依据也可以有所不同,应根

据实际情况而定。表 9-2 为本例对应的 ABC 分析表。

表 9-2　ABC 分析

| 产品编号 | 产品数量（个） | 产品数量占总产品数量的百分比（％） | 产品数量累计百分比（％） | 产品价值量（万元） | 产品价值量占总价值量的百分比（％） | 价值量累计百分比（％） | ABC 分类 |
|---|---|---|---|---|---|---|---|
| 1 | 10 | 4.00 | 4.00 | 680 | 68.00 | 68.00 | A 类,产品数量累计百分比为 10％,价值量累计百分比为 80％ |
| 2 | 15 | 6.00 | 10.00 | 120 | 12.00 | 80.00 | |
| 3 | 8 | 3.20 | 13.20 | 50 | 5.00 | 85.00 | B 类,产品数量累计量百分比为 16.8％,价值量累计百分比为 14％ |
| 4 | 6 | 2.40 | 15.60 | 40 | 4.00 | 89.00 | |
| 5 | 10 | 4.00 | 19.60 | 30 | 3.00 | 92.00 | |
| 6 | 18 | 7.20 | 26.80 | 20 | 2.00 | 94.00 | |
| 7 | 30 | 12.00 | 38.80 | 20 | 2.00 | 96.00 | C 类,产品数量累计量百分比为 73.2％,价值量累计百分比为 6％ |
| 8 | 40 | 16.00 | 54.80 | 15 | 1.50 | 97.50 | |
| 9 | 50 | 20.00 | 74.80 | 15 | 1.50 | 99.00 | |
| 10 | 63 | 25.20 | 100.00 | 10 | 1.00 | 100.00 | |
| 合计 | 250 | 100.00 | | 1000 | 100.00 | | |

5.对 ABC 类产品的管理

对于分类好的 A、B、C 类商品,可分别进行如下的管理。

(1)A 类商品

①每件商品皆需编号。

②尽可能正确地预测需求量。

③请供货单位配合,力求出货量平稳化,以降低需求变动,减少安全库存量。

④与供应商协调,尽可能缩短购货提前期。

⑤必须严格执行盘点,每天或每周盘点一次,以提高库存精确度。

⑥对交货期限加强控制,在制品及发货也须从严控制。

⑦货品放到易于出、入库的位置。

⑧实施货品包装外形标准化,增加出入库单位。

(2)B 类商品

①可采用定量订货方式,但对前置时间较长,或需求量有季节性变动趋势的货品宜采用定期订货方式。

②每二、三周盘点一次。

③中量采购。

(3)C 类商品

①采用复合制或定量订货方式以求节省手续。

②大量采购,以便在价格上获得优惠。

③简化库存管理手段。

④可交现场保管使用。

⑤每月盘点一次。

# 第三节　确定性需求下的库存控制

## 一、三种主要的库存成本

有效的库存控制要求尽可能准确地估算以下三种主要的库存成本。

1. 保存成本 $C_I$

保存成本有以下几个主要的发生来源。

(1)所占用资金的机会成本。通常确定存货占用资金的机会成本是根据投资报酬率来测算的,在简化的情况下,可以用银行相应期限的利息率代之。

(2)仓库设施的折旧费、保险费等。

(3)存货的失效、损坏和丢失费用等。这部分费用因存货的性质不同而可能有很大的差别,例如电子产品的失效(过时)费、食品的损坏费可能很高。

由于资金的机会成本,以及损坏、失效和丢失费用往往占保存成本的大部分比重,故习惯上将保存成本表示为与存货单位的购买价格的百分比的形式,记作 $F_I$。

2. 订货成本 $C_T$

订货成本是处理一笔订货业务的平均成本,包括簿记、通信、谈判、必要的产品技术资料和订货人员工资等,其特点是与订货的数量无关。在生产领域,$C_T$ 是表示更换零件或作业时的生产准备和机器调整成本,称为作业更换成本或设置成本(setup cost)。

3. 缺货成本 $C_B$

缺货成本是指由于缺货造成的损失。在销售过程中,缺货会造成订单的丢失,顾客转向其他企业订货,企业声誉也会遭受无形损失等。其数额的估算带有一定的主观性。在生产过程中,缺货会造成停工待料、在制品积压、交货期延迟或是人员加班等,其成本可从相应的活动影响中分别估算。

库存控制需要在上述三种成本中做出抉择。例如,一方面,如果我们增加订货量,则周转库存量就会上升;但另一方面,由于每次的订货量增加,使得每年订货次数减少,从而使订货成本下降。类似地,如果安全存货和订货临界点水平定得比较高,缺货成本就会减少,但保存成本就会上升。所以,库存控制就是要在这些相互矛盾的因素中做出最佳的选择。

## 二、经济订货批量法公式的推导

独立性需求下库存控制的一种基本方法是经济订货批量法 EOQ。自 1915 年美国学者 F. W. 哈利斯(F. W. Harris)首次提出 EOQ 公式以来,因为它简单的形式、最优的性质和数学上的强壮性,被广泛地应用于库存控制中。

1. 基本假设

推导经济订货批量公式基于以下假设。

(1)需求率是恒定的和有确定性的。

（2）订货提前期为零。从订单发出至货到补充库存的提前期是已知的和固定的,为了简化推导,暂时假定其为零。

（3）不允许出现缺货现象。由于需求和提前期是常数,故可以准确地确定什么时候应发出订单及时补充存货。材料以批量的形式订货或生产,全部一次到货入库。

（4）订货成本固定不变。订货成本与订货量无关,没有折扣,且保存成本与平均库存水平成比例。

（5）产品项目只是单一品种。暂不考虑多品种情况。

2.经济订货批量法（EOQ）的计算公式

在推导 EOQ 的过程中使用的各种符号的含义如表 9-3 所示。

**表 9-3　库存控制的常用术语和符号**

| 库存量 | 单位成本 |
|---|---|
| $D=$年需求量或年用量<br>$d=$每日用量<br>$U=$订货提前期内的需求量<br>$L=$订货提前期<br>$n=$年订货次数<br>$Q=$每次订货量$=D/n$<br>$R=$订货点<br>$SS=$安全库存$=R-U$<br>$P=$在订货到达之前库存清空的概率 | $C_I=$保存一个单位存货单元的年成本<br>$C_T=$处理一次订货业务的平均成本<br>$C_B=$缺货成本 |

（1）求年订货业务成本和年保存成本

假定年需求量是一恒定值 $D$,每次订货量是 $Q$,则相邻两次订货的间隔时间是$Q/D$;相应地,年订货次数为 $D/Q$。在上述假定下,库存水平随时间的变化特性如图 9-2 所示。因此年订货成本为 $C_TD/Q$;年保存成本为 $C_IQ/2$(由图 9-2 可知,平均库存水平为 $Q/2$)。

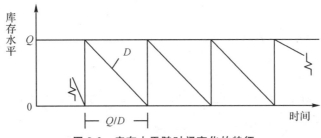

**图 9-2　库存水平随时间变化的特征**

（2）EOQ 的计算公式

年库存总成本 TRC 的计算公式为

$$\text{TRC}(Q)=C_IQ/2+C_TD/Q \tag{9-1}$$

为使成本最低,对 $Q$ 求年总成本 TRC 的一阶导数,并令其等于零,得到

$$\frac{d\text{TRC}(Q)}{dQ}=0$$

即

$$C_I/2-C_TD/Q^2=0$$

从式中解出 $Q$ 来,便得到 EOQ,即

$$\text{EOQ} = Q^* = (2DC_T/C_I)^{1/2} \qquad (9\text{-}2)$$

相应地,可以求出最优订货次数 $n^*$ 和订货间隔期 $T^*$

$$n^* = \left(\frac{C_I D}{2C_T}\right)^{\frac{1}{2}} \qquad (9\text{-}3)$$

$$T^* = 12/n^* = \left(\frac{288 C_T}{DC_I}\right)^{\frac{1}{2}} \qquad (9\text{-}4)$$

将 EOQ 代入总成本 TRC 的表达式,得到在经济订货批量下的年总库存成本,即

$$\text{TRC(EOQ)} = C_I \text{EOQ}/2 + C_T D/\text{EOQ} = (2DC_I C_T)^{1/2} \qquad (9\text{-}5)$$

年订货成本 $(C_T D/Q)$、年保存成本 $(C_I Q/2)$ 和年总库存成本的特性曲线如图 9-3 所示,其中,年总库存成本曲线的最低点,对应 TRC(EOQ)。

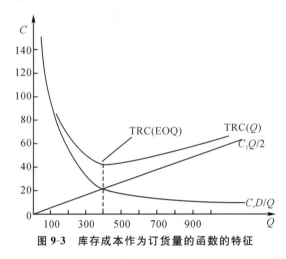

图 9-3 库存成本作为订货量的函数的特征

【例 9-2】 恒大公司存货单元 A 的年需求量为 2400 单位/年,订货成本 3.200 元/次,保存成本为 0.096 元/(单位·年)。试求:

(1)EOQ、$n^*$ 和 TRC(EOQ)。

(2)假设因为运输原因,每次订货量为 550 单位,求在此情况下的年库存总成本比采用经济订货批量的年库存总成本高出的百分比。

**解:**(1)EOQ$=(2DC_T/C_I)^{1/2}=(2\times2400\times3.20/0.096)^{1/2}\approx400$(单位)

$$n^* = \left(\frac{C_I D}{2G}\right)^{\frac{1}{2}} = \left(\frac{2400\times0.096}{2\times3.20}\right)^{\frac{1}{2}} \approx 6\text{(次/年)}$$

TRC(EOQ)$=(2DC_I C_T)^{1/2}=(2\times2400\times0.096\times3.20)^{1/2}\approx38.4$(元/年)

(2)$Q=550$(单位)

$(Q-\text{EOQ})/\text{EOQ}=(550-400)/400=37.5\%$

TRC$(Q)=C_I Q/2+C_T D/Q=0.096\times550/2+3.20\times2400/550=40.36$(元/年)

$[\text{TRC}(Q)-\text{TRC(EOQ)}]/\text{TRC(EOQ)}=(40.36-38.4)/38.4\approx5.1\%$

从【例 9-2】中(2)的计算结果来看,当订货量的变动幅度为 37.5% 时,年库存总成本仅增加了 5.1%,这并非偶然。也就是说当实际订货量偏离 EOQ 时,只要这种偏离不超过某个合理的范围,对年库存总成本的影响很小。这个性质称为 EOQ 的强壮性(或不灵敏性)。

事实上我们从 EOQ 的总成本特性曲线也可以看出,在 EOQ 附近一个相当宽的区段上,曲线的变化十分平缓。为了进一步说明这个问题,我们令 $p$ 表示实际订货量 $Q$ 偏离 EOQ 的相对程度,即

$$p=(Q-\text{EOQ})/\text{EOQ} \tag{9-6}$$

令 PCP 表示当订货量为 $Q$ 时,年库存总成本比采用经济订货批量 EOQ 的年库存总成本高出的百分比,即

$$\text{PCP}=[\text{TRC}(Q)-\text{TRC}(\text{EOQ})]/\text{TRC}(\text{EOQ})\times100\% \tag{9-7}$$

理论分析的结果如图 9-4 所示。从图中可以看出,只要实际订货量的偏离程度不超过 $-0.27\leqslant p\leqslant0.37$ 的范围,则总成本增加的幅度小于 5%。

EOQ 的强壮性使之具有很大的实用价值。事实上,实际应用中对于参数 $D$、$C_T$、$C_I$ 的估计难以十分准确,但只要将误差控制在合理的范围内,就不影响 EOQ 的应用。这也是直到今天,EOQ 仍出现在任何一本讲述库存管理的著作中,并且应用日益广泛的主要原因。

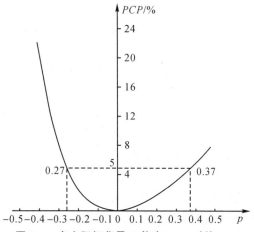

**图 9-4 当实际订货量 $Q$ 偏离 EOQ 时的 PCP**

3. 考虑折扣因素

为了推导 EOQ 公式,我们曾假设不考虑折扣因素,而在实际中,许多情况下是存在订货批量折扣的,这就需要适当修正 EOQ 以适应这种情况。为了简化推导过程,我们暂时只考虑单一折扣率的情况,对于多档折扣率的情况,可在此基础上加以推广。

当存在单一折扣率时,某种存货单元的单位价值 $V(Q)$ 发生如下变化

$$V(Q)=\begin{cases}v,0\leqslant Q<Q_b\\v(1-d),Q_b\leqslant Q\end{cases}$$

式中,$Q_b$ 为享受折扣的订货批量数量界限,$d$ 为折扣率。

我们再来看单位保存成本 $C_I$。如前所述,保存成本主要包括存货占用资金的利息、保险费、失效及损失费用,这些费用实际上是与平均存货的价值成正比的。设比例系数为 $r$,则年保存成本可表示为

$$C_IQ/2=rvQ/2,\text{即 } C_I=rv \tag{9-8}$$

为了确定存在折扣时的最佳订货批量,我们引入全部存货成本的概念和表达式。所谓全部存货成本,记作 TIC,就是全部库存成本与存货成本之和,即

$$\text{TIC}(Q)=rvQ/2+C_TD/Q+Dv \tag{9-9}$$

当 $Q\geqslant Q_b$ 时,扣除折扣率的全部存货成本为

$$\text{TIC}(Q)=rv(1-d)Q/2+C_TD/Q+Dv(1-d) \tag{9-10}$$

按推导 EOQ 的同样的方法,可以求出考虑折扣因素 $d$ 时的 EOQ(d)公式,注意,式(9-10)中的 $Dv(1-d)$ 项与 $Q$ 无关,故在求导时被略去。于是有

$$EOQ(d) = \left(\frac{2DC_T}{rv(1-d)}\right)^{\frac{1}{2}} = \left(\frac{2DC_T}{C_I(1-d)}\right)^{\frac{1}{2}} \tag{9-11}$$

当存在折扣因素时,订货批量的决策实际上是通过比较不同批量下的全部存货成本,从中选取使全部存货成本最低的订货批量。其选择步骤如下。

(1)按式(9-11)计算存在折扣率条件下的订货批量 $EOQ(d)$。

(2)比较 $EOQ(d)$ 和 $Q_b$。

若 $EOQ(d) \geqslant Q_b$,则 $EOQ(d)$ 为最佳订货批量。

若 $EOQ(d) < Q_b$,可去步骤3。

(3)分别计算全部存货成本 $TIC(EOQ)$

$$TIC(EOQ) = (2DC_TC_I)^{1/2} + Dv$$

和 $TIC(Q_b)$,即按式(9-10)计算。

①若 $TIC(EOQ) \leqslant TIC(Q_b)$,则最佳订货批量为不考虑折扣率的 $EOQ$。

②若 $TIC(EOQ) > TIC(Q_b)$,则最佳订货批量为折扣订货批量 $Q_b$。

当存在多档折扣率时,可仿照上述步骤分档求解最佳订货批量。

4.考虑非同时补充存货的情况

我们现在考虑放宽推导 $EOQ$ 时的另一个重要假设,即补充订货不是一次到货,而是以一定的速度 $m$ 逐步补充订货,这时的存货变化情况犹如锯齿形(见图9-5)。与前面推导 $EOQ$ 时的不同之处仅在于平均库存水平不再是 $Q/2$,而是现在的 $Q(1-D/m)/2$。这时的全部库存成本为

$$TRC(Q) = C_IQ(1-D/m)/2 + C_TD/Q \tag{9-12}$$

相应的最佳订货批量修正为

$$FEOQ = \left[\frac{2DC_T}{C_I\left(1-\frac{D}{m}\right)}\right]^{\frac{1}{2}} = EOQ\left[\frac{1}{\left(1-\frac{D}{m}\right)}\right]^{\frac{1}{2}} \tag{9-13}$$

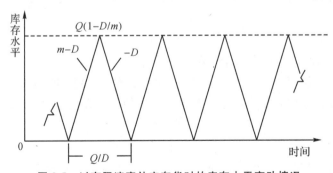

图9-5 以有限速率补充存货时的库存水平变动情况

这相当于在原有的 $EOQ$ 上乘上了一个修正系数。我们注意到,当 $D/m$ 很小时,这种情况等价于同时补充存货的情况(对于生产系统是生产率大大高于需求率),这时的 $FEOQ \to EOQ$。但是当 $D/m \to 1.0$ 时,由式(9-13)可以看出,此时的 $FEOQ \to \infty$。可以想象,这相当于需求率与生产率吻合,生产系统连续不断地生产某种产品以满足需求。实际中还存在第三种情况,即 $D/m > 1.0$,例如 $D/m = 1.3$。这时可以固定一部分生产设备进行连续生产,而将余下的部分,比如 $0.3m$ 安排批量生产。

物流系统中仓储管理的实践表明,即使是应用 ABC 分类法和 EOQ 这样简单的方法,都会取得显著的成效。

# 第四节　时变和随机需求下的库存控制

## 一、时变需求下的库存控制

在上节推导 EOQ 时,假定需求是不随时间变化的,现在放宽这个假定,考虑需求随时间变化情况下的库存控制问题。这里所说的时变需求,是指在一个期间内,需求保持恒定,而在一个期间转到另一个期间时,需求发生变化。这种已知的、时变的需求属于从属性需求,这种需求模式在实际中有广泛的应用背景,举例如下。

(1)在多级制造系统中,生产作业计划将最终产品按零件表展开成各级制造要求,对每一级制造阶段来说,上一级制造阶段的要求,就是一种确定性的、随时间变化的需求。正是在这个意义上,物料需求计划(MRP)方法,也可以看作是一种处理从属性的时变需求的库存控制方法。

(2)与顾客签订了全年的供货合同,按规定时间供货,但每次供货的数量可能不一样。

(3)对某种产品或存货单元的需求具有已知的季节性变化特征。

(4)对某种产品或存货单元的需求具有已知的增长趋势。

(5)设备预防维修的备件供应,一旦维修作业计划制订出来,备件的需求时间和数量(还包括品种规格)就确定下来了。

我们已经指出,确定从属性时变需求的订货批量的方法,不同于确定性恒定需求的订货批量方法,前者要比后者复杂。H. M. 瓦格纳(H. M. Wagner)和 T. M. 惠廷(T. M. Whitin)于 1958 年提出了一种基于动态规划方法的求解时变需求下的订货批量最优化方法,称为瓦格纳—惠廷方法。由于方法比较复杂,实际中很少应用。此后,一些管理研究者提出了一些启发式的解法,由于这些方法比较简单,得出的结果在许多情况下接近最优解,故得到普遍的应用。下面我们介绍其中最有代表性的也是应用较广的两种方法,即西尔弗—米尔启发式方法和部分期间平衡法。

(一)米尔典型的随时间变化的需求模式

为了便于说明方法的效果,我们先从下面的一个实例入手,给出应用 EOQ 的结果,然后再应用西尔弗—米尔启发式方法和部分期间平衡法寻求更好的解答。

【例 9-3】　恒大公司对产品 B 的需求如表 9-4 和图 9-6 所示。

表 9-4　恒大公司对产品 B 的需求

| | 1月 | 2月 | 3月 | 4月 | 5月 | 6月 | 7月 | 8月 | 9月 | 10月 | 11月 | 12月 |
|---|---|---|---|---|---|---|---|---|---|---|---|---|
| 每月需求 $D(i)$ | 10 | 62 | 12 | 130 | 154 | 129 | 88 | 52 | 124 | 160 | 238 | 41 |
| 累积需求 | 10 | 72 | 84 | 214 | 368 | 497 | 585 | 637 | 761 | 921 | 1159 | 1200 |

已知订货成本 $C_T = 54.0$ 元/次,保存成本 $C_I = 0.4$ 元/(单位·月)。试用 EOQ 法确定全年的订货计划,使总库存成本 TRC 尽可能小。

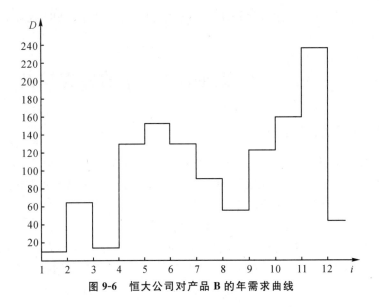

**图 9-6  恒大公司对产品 B 的年需求曲线**

**解**:先计算月平均需求量 $D$,得

$$D=\sum D(i)/12=100(\text{单位}/\text{月})(i=1,2,\cdots,12)$$

从而

$$EOQ=(2DC_T/C_I)^{1/2}=(2\times100\times54/0.4)^{1/2}=164(\text{单位})$$

根据 EOQ 计算出的全年订货计划和库存总成本如表 9-5 所示。

**表 9-5  全年订货计划和库存总成本**

| 月份 | 1 | 2 | 3 | 4 | 5 | 6 | 7 | 8 | 9 | 10 | 11 | 12 | 总计 |
|------|---|---|---|---|---|---|---|---|---|----|----|----|------|
| 期初存货 | 0 | 204 | 142 | 130 | 0 | 0 | 0 | 52 | 0 | 0 | 0 | 0 | |
| 订货量 | 214 | — | — | — | 154 | 129 | 140 | — | 124 | 160 | 238 | 41 | 1200 |
| 需求量 | 10 | 62 | 12 | 130 | 154 | 129 | 88 | 52 | 124 | 160 | 238 | 41 | 1200 |
| 期末存货 | 204 | 142 | 130 | 0 | 0 | 0 | 52 | 0 | 0 | 0 | 0 | 0 | 528 |
| 总订货成本 | | | | | | | | | | | | | 432.0 |
| 总保存成本 | | | | | | | | | | | | | 211.2 |
| 总库存成本 | | | | | | | | | | | | | 643.2 |

这里假定忽略交货提前期。求解的方法是,在第 1 个月开始时,通过计算累计的每月需求,我们注意到,EOQ=164,介于 84~214 之间(见表 9-4),由于更靠近 214,故利用 EOQ 的强壮性,将第 1 次的订货取作 214(单位)。在第 5 个月开始时,由于 EOQ 在 154 与 283(即 154+129 之和)之间更接近 154,故第二次订货取作 154(单位)。确定第 6 个月的订货量的方法与第 5 个月的方法类似。在第 7 个月开始时,由于 164 在 88、140(即 88+52 之和)和 264(即 88+52+124 之和)之间更接近 140,故 7 月初的订货量取作 140,依此类推。最后得到

总订货成本=8×54.0=432.0(元)

总保存成本=528×0.4=211.2(元)

总库存成本＝432.0＋211.2＝643.2(元)

2.西尔弗—米尔启发式方法

如果采用动态规划方法求解【例 9-3】，最后得到的是总库存成本为 501.2 元，远低于 EOQ 法，可见 EOQ 法对处理需求随时间变化的库存控制问题，结果通常不能令人满意。但从实用的角度来看，动态规划方法虽然能够求出最优解，却因其算法和理论过于复杂而很难为实际管理人员所掌握。为此，一些学者提出多种实用方法，最有代表性的要数加拿大管理学家 E. A. 西尔弗(E. A. Silver)和 H. C. 米尔(H. C. Meal)提出的启发式方法，简称为 S—M 法。我们下面就用此法来重新求解【例 9-3】。

S—M 法把期间平均总库存成本作为判别函数，它是期间数 $T$ 的函数，计作 TRCU($T$)，其定义为

$$\text{TRCU}(T) = (\text{订货成本} + T \text{个期间的全部保存成本})/\text{期间数 } T$$
$$= [C_T + \sum C_I(i-1)D(i)]/T \tag{9-14}$$

式中，$D(i)$：第 $i$ 个区间的需求量，$i=1,2,\cdots,T$。

所要求解的订货批量，应使得期间平均总库存成本最小化。

S—M 法的求解步骤如下。

(1)当 T＝1 时，在第一个月开始时，如果忽略该区间上的保存成本，则
TRCU(1)＝$C_T$/1＝$C_T$

(2)当 T＝2 时，保存成本为 $C_I D(2)$，因此有
TRCU(2)＝$[C_T+C_I D(2)]/2$

(3)当 $T=3$ 时，有
TRCU(3)＝$[C_T+C_I D(2)+2C_I D(3)]/3$

依此类推，直到首次满足下述判别准则时为止
TRCU($T+1$)＞TRCU($T$)

然后令订货量 $Q=\sum D(i)$，$i=1,2,\cdots,T$。从 $T+1$ 期间开始，重新令 $T=1$，重复上述过程，直到计划期末。

【例 9-4】　仍采用【例 9-3】给出的成本数据和需求数据，仍假定总保存成本根据期末存货计算，忽略第 1 期保存成本，应用 S—M 法确定订货批量。

解：将【例 9-3】的数据代入，得到

$T=1$，TRCU(1)＝$C_T$＝54.0(元)

$T=2$，TRCU(2)＝$[C_T+C_I D(2)]/2$＝(54.0＋0.4×62)/2＝39.4(元)

$T=3$，TRCU(3)＝$[C_T+C_I D(2)+2C_I D(3)]/3$＝(54.0＋0.4×62＋2×0.4×12)/3≈
29.4(元)

$T=4$，TRCU(4)＝$[C_T+C_I D(2)+2C_I D(3)+3C_I D(4)]/4$
＝(54.0＋0.4×62＋2×0.4×12＋3×0.4×130)/4＝61.1(元)

由于 TRCU(4)＞TRCU(3)，故使订货批量
$Q_1=\sum D(i)$＝10＋62＋12＝84(单位)($i=1,2,3$)

然后，对于第 4 个月，重新令 $T=1$，重复上述过程。全部计算结果如表 9-6 所示。

表 9-6  S—M 法计算结果

| 月份 | 1 | 2 | 3 | 4 | 5 | 6 | 7 | 8 | 9 | 10 | 11 | 12 | 总计 |
|---|---|---|---|---|---|---|---|---|---|---|---|---|---|
| 期初存货 | 0 | 74 | 12 | 0 | 0 | 129 | 0 | 52 | 0 | 0 | 0 | 41 | |
| 订货量 | 84 | — | — | 130 | 283 | — | 140 | — | 124 | 160 | 279 | 1200 | |
| 需求量 | 10 | 62 | 12 | 130 | 154 | 129 | 88 | 52 | 124 | 160 | 238 | 41 | 1200 |
| 期末存货 | 74 | 12 | 0 | 0 | 129 | 0 | 52 | 0 | 0 | 41 | 0 | — | 308 |
| 总订货成本 | | | | | | | | | | | | | 378.0 |
| 总保存成本 | | | | | | | | | | | | | 123.2 |
| 总库存成本 | | | | | | | | | | | | | 501.2 |

对于本例,S—M 法与动态规划方法的计算结果一致。

大量实践表明,多数情况下,S—M 法的计算结果与最优化方法的计算结果非常接近,而 S—M 法更简单实用,很受实际物流管理和作业计划人员的欢迎,无论是手算还是在计算机上运算,工作量都不大,故得到了广泛的应用。

3. 部分期间平衡法

部分期间平衡法(part-period balancing,PPB),是选取订货批量,使之覆盖这样的期间,在此期间上,全部保存成本低于全部订货成本,一旦前者超过后者,就转到下一个期间上重新确定新的订货批量。依此类推,直到计划的终点。一般来说,采用部分期间平衡法得出的订货批量方案,其全部库存成本要高于采用 S—M 法得出的结果。尽管如此,由于部分期间平衡法提出得较早,且较简便,故其应用更为广泛。

下面我们仍以【例 9-3】为例来说明如何应用部分期间平衡法。

**【例 9-5】** 仍采用【例 9-3】给出的成本数据、需求数据和成本计算假定,试采用 PPB 法确定订货批量。

**解:** 根据表 9-4 给出的需求数据,可以分别计算出如表 9-7 所示的结果。

表 9-7  保存成本结果 1

| $T$ | 保存成本 |
|---|---|
| 1 | 0 |
| 2 | $C_I D(2) = 24.8 < 54.0$ |
| 3 | $24.8 + 2C_I D(3) = 34.4 < 54.0$ |
| 4 | $34.4 + 3C_I D(4) = 190.4 > 54.0$ |

由于第 3 期的保存成本 34.4 元比第 4 期的保存成本 190.4 元更接近订货成本 54 元,因此,选取 $T=3$ 作为第 1 次补充订货的覆盖期间,订货批量为 $10+62+12=84$(单位)。从第 4 期开始,再次令 $T=1$,计算过程如表 9-8 所示。

表 9-8　保存成本结果 2

| $T$ | 保存成本 |
|---|---|
| 1 | 0 |
| 2 | $C_ID(5)=61.6>54.0$ |

虽然第 5 期的保存成本 61.6 元超过了订货成本,但由于它很接近订货成本,故选取 $T=2$ 作为第 1 次补充订货的覆盖期间。以此类推,可分别计算出各次的订货批量和各种成本数据,计算结果列于表 9-9 中。从表 9-9 中可以看出,采用 PPB 法得出的订货方案,其总库存成本为 521.2 元,略高于采用 S—M 法得出的订货方案总库存成本。

表 9-9　各成本数据

| 月份 | 1 | 2 | 3 | 4 | 5 | 6 | 7 | 8 | 9 | 10 | 11 | 12 | 总计 |
|---|---|---|---|---|---|---|---|---|---|---|---|---|---|
| 期初存货 | 0 | 74 | 12 | 0 | 154 | 0 | 88 | 0 | 124 | 0 | 0 | 41 | |
| 订货量 | 84 | — | — | 284 | — | 217 | — | 176 | — | 160 | 279 | — | 1200 |
| 需求量 | 10 | 62 | 12 | 130 | 154 | 129 | 88 | 52 | 124 | 160 | 238 | 41 | 1200 |
| 期末存货 | 74 | 12 | 0 | 154 | 0 | 88 | 0 | 124 | 0 | 0 | 41 | 0 | 493 |
| 总订货成本 | | | | | | | | | | | | | 324.0 |
| 总保存成本 | | | | | | | | | | | | | 197.2 |
| 总库存成本 | | | | | | | | | | | | | 521.2 |

处理时变需求下的订货批量问题,还有最小单位库存成本法、批量对批量法等多种方法,但因其效果均不如上述的两种方法,故无推广价值。

## 二、随机需求下的库存控制

如前所述,由于独立性需求是由市场决定的,是随机的,故独立性需求的库存控制,实质上是随机需求下的库存控制问题。

随机需求下的库存控制有两种基本的库存控制策略,即连续检查库存控制系统(简称为连续检查系统)和定期检查库存控制系统(简称为定期检查系统)。下面我们分别对这两种系统进行讨论。

(一)连续检查系统

连续检查系统,是在每次取货后,均要核对库存水平,并与预先设置的订货点水平进行比较,如果库存水平降到订货点以下,就发出订货单,订货数量是固定的。由于订货数量是固定的,所以订货间隔期是变化的,取决于需求的随机性质。按照惯例,令 $Q$ 表示订货量,$R$ 表示订货点,则可将连续检查系统简记作(QR)系统。

连续检查系统的库存水平变化情况如图 9-7 所示。

连续检查系统的订货量是固定的,可以按 EOQ 公式确定最佳订货批量。但是需求的不确定性和订货提前期的不确定性有可能导致在补充订货到达之前,发生库存清空的情况。因此,必须合理地确定订货点 $R$ 和安全存货 $SS$。订货提前期的不确定性可能由多种原因造成。例如,仓库管理人员未及时核查库存水平是否已下降到订货点以下,以致未能及时发出补充订货的订货单;供货厂家由于种种原因未及时发货;运输过程中可能发生的延迟;货物到达后未及时登记上架;等。而需求的波动,尤其对于市场需求来说,是需求本身的一种固有性质。

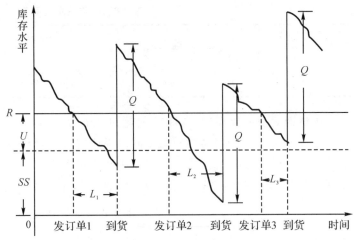

图 9-7　连续检查系统动态库存水平

考虑到这两种不确定性的影响,实际的订货点库存水平应当包括两部分:按平均订货提前期和平均需求率确定的平均提前期需求量,记作 $U$,以及根据订货提前期的不确定性、需求率的波动性、期望的顾客服务水平而设立的安全存货,记作 $SS$,即

订货点＝平均订货提前期需求量＋安全存货

或表示为

$$R=U+SS \tag{9-15}$$

理论上,安全存货可以依据缺货损失成本来确定,但由于缺货成本难以估计,故实际中多根据期望的顾客服务水平来确定 $R$。所谓顾客服务水平,就是在发出订单到货物入库这段订货提前期内,顾客需求可由存货满足的概率,一般取 $95\%\sim99\%$,顾客服务水平确定得越高,订货点库存水平就需设置得越高,企业需要在由此增加的成本和缺货成本之间进行适当权衡。

为了给出安全存货的计算公式,我们令 $d$ 表示每天的平均需求量,$Var(d)$ 为每天需求量的方差;$L$ 表示订货提前期的平均值,$Var(L)$ 是订货提前期的方差。则平均订货提前期需求量 $U$ 可以表示成 $d$ 与 $L$ 的乘积

$$U=dL \tag{9-16}$$

$U$ 的方差表达式为

$$Var(U)=Var(d)(L)+Var(L)(d)^2 \tag{9-17}$$

$U$ 的方差 $Var(U)$ 表示 $U$ 的变异性程度,故安全存货应当是 $U$ 的变异性的函数,也就是安全存货正比于订货提前期需求量的标准差 $\sigma_u$,即

$$SS=z\sigma_u \tag{9-18}$$

其中

$$\sigma_u=[Var(V)]^{1/2} \tag{9-19}$$

从而订货点 R 又可表示为

$$R=U+z\sigma_u \tag{9-20}$$

式中,z 为比例系数,取决于期望的服务水平。

又由于服务水平＝1－缺货概率,而缺货概率取决于订货提前期 $L$ 和需求量 $d$ 的分布,实践中一般假定二者均服从正态分布,所以,z 可按期望的服务水平从标准正态分布表中查得。

总之,确定安全存货需了解以下三个方面。

第一,订货提前期 $L$ 的平均值 $L$ 和方差 $\mathrm{Var}(L)$。

第二,每日需求量 $d$ 的平均值 $d$ 和方差 $\mathrm{Var}(d)$。

第三,期望的顾客服务水平及相应的 $z$。

下面我们通过一个实例来说明如何计算安全存货和订货点。

**【例 9-6】** 恒大公司某存货单元的控制策略为连续检查的(QR)策略,有关订货提前期的历史资料如表 9-10 所示,另据上半年的逐日统计,日平均需求量 $d=40$(单位/日),方差为 $\mathrm{Var}(d)=40$(单位/日)$^2$。

求当期望的服务水平分别为 95% 和 99.5% 时的订货点和安全存货水平。

**解:** $L=(7+12+25+16+14+15)/6\approx14.83$

$\mathrm{Var}(L)=[(7-14.83)^2+(12-14.83)^2+\cdots+(15-14.83)^2]/(6-1)\approx34.97$

表 9-10　订货提前期统计

| 订单发出日期(月/日) | 1/7 | 2/3 | 3/16 | 4/6 | 5/2 | 6/2 |
|---|---|---|---|---|---|---|
| 订货收到日期(月/日) | 1/16 | 2/17 | 4/15 | 4/25 | 5/19 | 6/20 |
| 提前期(扣除假日) | 7 | 12 | 25 | 16 | 14 | 15 |

$U=dL=40\times14.83=593.20$

$\mathrm{Var}(U)=\mathrm{Var}(d)(L)+\mathrm{Var}(L)(d)^2=40\times14.83+34.97\times40^2=56545.20$

$\sigma_{\mathrm{u}}=[\mathrm{Var}(U)]^{1/2}=56545.2^{1/2}\approx237.80$

查标准正态分布表可知,当服务水平为 95% 时,$z=1.65$,因此

$SS=z\sigma_{\mathrm{u}}=1.65\times237.80=392.37$

相应地

$R=U+SS=593.20+392.37=985.57$(单位)

当服务水平为 99.5% 时,查表可知,$z=2.58$,则

$SS=z\sigma_{\mathrm{u}}=2.58\times237.80\approx613.52$

相应地

$R=U+SS=593.20+613.52=1206.72$(单位)

由【例 9-6】也可看出,需求和订货提前期的变异性越大,期望的用户服务水平越高,订货点和安全存货水平就越高。

(二)定期检查系统

定期检查系统是每隔一段固定的时间,对库存水平检查一次,并根据预先设定的目标库存水平与实际库存水平之差,发出订单,补充库存。目标库存水平的设定必须能够覆盖一个周期加上订货提前期内的需求。由于需求和订货提前期存在不确定性,为了防止缺货损失,也就是为了达到一定的顾客服务水平,必须设立安全存货。我们令 $T$ 表示周期,$S$ 表示目标库存水平,则定期检查库存控制策略可简记作(TS)系统。定期检查系统的库存水平的动态变化如图9-8所示。

定期检查系统的性质与连续检查系统存在明显区别,这些区别主要如下。

(1)(TS)系统一般不设立订货点而是设立目标存货水平。

(2)(TS)系统不按 EOQ 确定订货批量,因为每次需补充的存货数量不同。

(3)在(TS)系统中订货间隔期是固定的,而在(QR)系统中,订货间隔期是变动的。

定期检查系统的库存控制关键是确定目标存货水平 $S$。可按下式估计 $S$ 值

$S=$ 检查周期内的平均需求+订货提前期内的平均需求+安全存货

或

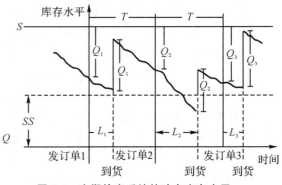

**图 9-8 定期检查系统的动态库存水平**

$$S=dT+U=z[\mathrm{Var}(d)(T)+\mathrm{Var}(U)]^{1/2} \qquad (9\text{-}21)$$

式中,安全存货为

$$SS=z[\mathrm{Var}(d)(T)+\mathrm{Var}(U)]^{1/2} \qquad (9\text{-}22)$$

与(QR)系统的安全存货计算式(9-20)比较,可以看出(TS)系统要求更高的安全存货水平。

(三)连续检查系统与定期检查系统的实际应用

对于随机的库存控制问题,连续检查系统和定期检查系统都有着广泛的应用,但二者在适用的存货类型和库存成本等方面,存在一些明显的差异,各有利弊,这是在选择库存控制策略时要特别注意的。

1.(QR)系统的特点

(QR)系统的优点是:由于采用的是连续检查方式,一旦库存水平低于订货点就发出订单,故能够保持稳定的顾客服务水平,维持较低的安全存货水平,加上按 EOQ 确定订货批量,因此,总库存成本较低。(QR)系统主要适用于控制 B 类库存。

其缺点是:保持存货记录和频繁检查库存水平要花费较多的工作量。

2.(TS)系统的特点

(TS)系统的优点是:由于是周期性地检查库存水平,故管理工作量小。

其缺点是:由于在一个周期内不检查库存水平,故不能及时补充库存,容易造成缺货损失,为防止这一点,往往又要求设置较高的安全存货水平,这会导致保存成本的上升。

总之,从顾客服务水平和总库存成本两方面来看,(TS)系统的性能不如(QR)系统,故在实际中,(TS)系统多适用于控制 C 类存货。

至于 A 类存货,由于单位价值高,占用资金量大,故适用于采用连续检查库存控制策略,但不适用按 EOQ 方法确定订货批量,因为订货成本在总库存成本中的比重很小。实际中一般要求合理地确定订货点和目标库存水平,并要求在一旦发生缺货时,要能采用紧急补充订货措施。这种库存控制方法又称为订货点—目标库存水平库存控制策略,简称(RS)系统。

(四)单箱系统和两箱系统

实践中,还有一些简便实用的库存控制系统,值得一提的有单箱控制系统和两箱控制系统。

1.单箱控制系统(single-bin system)

单箱控制系统是每种存货单元采用单一容器或货架空间盛放,定期检查补充,每次补充

到货架所能盛放的最大容量,如超级市场的货架、加油站的油箱等。这种系统实际上属于定期检查的(TS)系统,箱子的容积相当于目标库存水平,存货补充方式是定期补充,而且无须保持存货单元库存水平的记录,只是每隔一段时期对存货进行一次盘点,总的核对一次。认识到单箱系统属于(TS)系统,有助于管理人员运用前面讲述的理论,合理地确定诸如每种存货单元货架空间的大小,或是加油站储油罐的体积等。

2. 两箱系统(two-bin system)

两箱系统也称两箱法,是另一种常见的库存控制方式。它是采用两个相同的容器盛放同一种存货单元,一箱供发放领用,一箱备用。待用完一箱后,另一箱投入使用,同时发出订单补充一箱存货。在这里,箱子的容积既扮演着订货点的角色,又扮演着订货批量的角色,故在理论上属于(QR)系统,只是省去了连续检查的管理工作。两箱系统广泛用于标准件和某些低值易耗品的库存控制。

库存控制由于对企业的资金周转、费用支出、均衡生产和满足顾客需求十分关键,加之又非常琐碎繁杂,故是物流系统的生产与作业管理中最早、也是最成功地应用计算机进行管理的领域之一。近年来,又发展出了计算机控制的自动化存取立体仓库系统,使得库存控制这个古老的作业领域,正在成为企业建立竞争优势的关键领域。存货多已不再是财富的象征,相反,存货少却成为现代化企业的标志。

拓展阅读

第九章复习题

# 第十章  现代库存控制方法

案 例 / 丰田精益生产方式

精益生产方式在 20 世纪 80 年代由丰田汽车公司提出,基本思想就是 just in time (JIT),即"只在需要的时候,按需要的量,生产所需的产品",也就是通过生产过程整体优化流程,改进技术,理顺物流,杜绝超量生产,消除无效劳动与浪费,有效利用资源,降低成本,改善质量,达到用最少的投入实现最大的产出的目的。

丰田式生产管理哲学的理论框架包含:"一个目标"——低成本、高效率、高质量地进行生产,最大限度地使顾客满意;"两大支柱"——准时化与自动化;"一大基础"——改善,改善是丰田式生产管理的基础。

2017 年,丰田汽车公司销售额同比增长 6.5%,营业利润同比增长 20.3%,净利润(约合 1457 亿元人民币)同比增长 36.2%。净利润相当于 2017 年上汽集团市值的 35%,也相当于浙江吉利控股集团市值的 90%。

很多企业一把手将引进丰田汽车公司精益生产方式看作一个项目或一个活动,安排企业副手或中层干部去丰田汽车公司学习,期望他们能够学成归来,在自己的企业依葫芦画瓢照搬实施即可。

案例来源:周洪涛. 我们为什么学不来丰田、西门子? [EB/OL]. (2019-05-06)<br/>[2019-08-29]. https://www.sohu.com/a/312204246_267673.

思 考 题

1. JIT 生产特征是什么?
2. 简述 JIT 生产方式的主要手段。
3. 结合案例,分析很多企业依葫芦画瓢的做法是否可取。

本 章 要 点

本章重点阐述了现代库存的控制方法。在 MRP 与库存管理中,主要介绍了 20 世纪 60 年代的开环物料需求计划、20 世纪 70 年代的闭环物料需求计划、20 世纪 80 年代的制造资源计划,掌握 MRP 流程、需求量、订单计算依据、计算过程及 MRP 库存控制与库存管理方法。

同时介绍了 JIT 管理的内容与目标,JIT 生产方式要实现生产流程化、生产均衡化、资源配置合理化的主要手段,JIT 库存控制与库存管理实现零库存或接近实现零库存的方法。

还阐述了 ERP 与库存管理需要掌握的六大功能目标、ERP 的库存管理子系统的功能等。

# 第一节　MRP 与库存管理

MRP 为 material requirement planning 的缩写，中文译为"物料需求计划"，是在订货点法计划基础上发展形成的一种新的库存计划与控制方法，也是建立在计算机基础上的生产计划与库存控制系统。MRP 是指根据产品结构各层次物品的从属和数量关系，以每个物品为计划对象，以完工时期为时间基准倒排计划，按提前期长短区别各个物品下达计划时间的先后顺序的一种工业制造企业内物资计划管理模式。其主要内容包括客户需求管理、产品生产计划、原材料计划及库存记录。其中客户需求管理包括客户订单管理及销售预测，将实际的客户订单数与科学的客户需求预测相结合即能得出客户需要什么及需求的数量。

## 一、MRP 的产生和发展

20 世纪 40—60 年代的物料需求计划，主要应用订货点的方法来进行订货管理，以满足订货需求。20 世纪 60 年代，企业目光逐渐转移到企业生产的物料需求方面，并提出了物料需求管理方法。20 世纪 70 年代，此方法经过美国生产库存协会大力推动，而逐渐成熟。可以说，起初出现在美国的 MRP 理论是 20 世纪 60 年代产生、70 年代发展、80 年代成熟的库存管理方法。

### (一)20 世纪 60 年代的开环物料需求计划

经过第九章的介绍，我们已经知道，企业内部的物料可分为独立需求和相关需求两种类型。需求量和需求时间由企业外部的需求来决定的是独立需求，例如，客户订购的产品、科研试制需要的样品、售后维修需要的备品备件等；而根据物料之间的结构组成关系由独立需求的物料所产生的需求是相关需求，例如，对半成品、零部件、原材料等的需求。基本的 MRP 的思想提出物料的订货量是根据需求来确定的，这种需求应考虑产品的结构，即产品结构中各物料的需求量是相关的。

在 20 世纪 60 年代，MRP 的基本任务，一是从最终产品的生产计划（独立需求）导出相关物料（原材料、零部件等）的需求量和需求时间（相关需求）。二是根据物料的需求时间和生产（订货）周期来确定其开始生产（订货）的时间，如图 10-1 所示。MRP 的基本内容是编制零件的生产计划和采购计划。然而，要正确编制零件计划，首先必须落实最终产品（在 MRP 中称为成品）的出产进度计划，即主生产计划

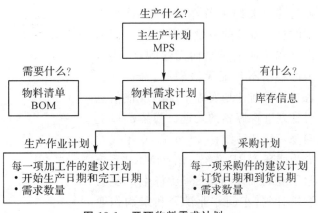

图 10-1　开环物料需求计划

(master production schedule, MPS)，这是 MRP 展开的依据。其次需要知道产品的零件结构，即物料清单（bill of material, BOM），把主生产计划展开成零件计划；再次需要知道库存

数量才能准确计算出零件的采购数量。因此,基本 MRP 的依据如下。

### 1.主生产计划

主生产计划是确定每一具体的最终产品在每一具体时间段内生产数量的计划。这里的最终产品是指对于企业来说最终完成、要出厂的完成品,它要具体到产品的品种、型号。这里的具体时间段,通常以周为单位,在有些情况下,也可以是日、旬、月。主生产计划详细规定生产什么、什么时段应该产出,它是独立需求计划。主生产计划根据客户合同和市场预测,把经营计划或生产大纲中的产品系列具体化,使之成为展开物料需求计划的主要依据,起到了从综合计划向具体计划过渡的承上启下作用。

### 2.产品结构与物料清单

MRP 系统要正确计算出物料需求的时间和数量,特别是相关需求物料的数量和时间,首先要使系统能够知道企业所制造的产品结构和所有要使用到的物料。产品结构列出构成成品或装配件的所有部件、组件、零件等的组成、装配关系和数量要求。它是 MRP 产品拆零的基础。为了便于计算机识别,还必须把产品结构图转换成规范的数据格式,这种用规范的数据格式来描述产品结构的文件就是物料清单。它必须说明组件(部件)中各种物料需求的数量和相互之间的组成结构关系。

### 3.库存信息

库存信息是保存企业所有产品、零部件、在制品、原材料等存在状态的数据库。在 MRP 系统中,将产品、零部件、在制品、原材料甚至工装工具等统称为"物料"或"项目"。为便于计算机识别,必须对物料进行编码。物料编码是 MRP 系统识别物料的唯一标识。

### (二)20 世纪 70 年代的闭环物料需求计划

20 世纪 60 年代的开环物料需求计划能根据有关数据计算出相关物料需求的准确时间与数量,但没有考虑到与生产企业现有的生产能力和采购能力的有关约束条件。因此,计算出来的物料需求的数量和日期有可能因设备和工时的不足而无法满足,或者因原料的不足而无法满足。同时,它也缺乏根据计划实施情况的反馈信息对计划进行调整的功能。为解决以上问题,MRP 系统在 20 世纪 70 年代发展为闭环 MRP 系统。闭环 MRP 系统除了物料需求计划外,还将生产能力需求计划、车间作业计划和采购作业计划纳入 MRP,形成一个封闭的系统,如图 10-2 所示。MRP 系统的正常运行,需要有一个切实可行的主生产计划。

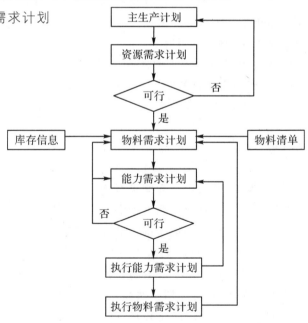

图 10-2  闭环物料需求计划

它除了要反映市场需求和合同订单外,还必须满足企业的生产能力约束条件。因此,除了要编制资源需求计划外,还要制定能力需求计划

（capacity requirement planning，CRP），同各个工作中心的能力进行平衡。只有在采取了措施，做到能力与资源均满足负荷需求时，才能开始执行计划。在能力需求计划中，生产通知单是按照它们对设备产生的负荷而进行评估的；采购通知单的过程与之类似，是检查它们对分包商和经销商所产生的工作量来评估的。执行 MRP 时要用生产通知单来控制加工的优先级，用采购通知单来控制采购的优先级。这样，基本 MRP 系统进一步发展，把能力需求计划和执行及控制计划的功能也包括进来，形成一个环形回路，称为闭环 MRP。

### （三）20 世纪 80 年代制造资源计划

闭环 MRP 系统的出现，使生产活动方面的各种子系统得到了统一。但是企业管理是人、财、物与信息、销供产等子系统组成的综合系统，生产管理只是一个方面，它所涉及的仅仅是物流，而与物流密切相关的还有资金流和信息流。于是，在 20 世纪 80 年代，人们把销售、采购、生产、财务、工程技术、信息等各个子系统进行集成，并称该集成系统为制造资源计划系统，英文缩写还是 MRP，为了区别物料需求计划（也缩写为 MRP）而记为 MRP Ⅱ。其工作逻辑如图 10-3 所示。MRP Ⅱ 的基本思想就是把企业作为一个有机整体，从整体最优的角度出发，通过运用科学方法对企业各种制造资源和产、供、销、财各个环节进行有效的计划、组织和控制，使他们得以协调发展，并充分地发挥作用。企业由原来以产品为对象的管理进入到以零部件为对象的管理。MRP Ⅱ 最大的成就在于把企业经营的主要信息进行集成，体现在以下三个方面。

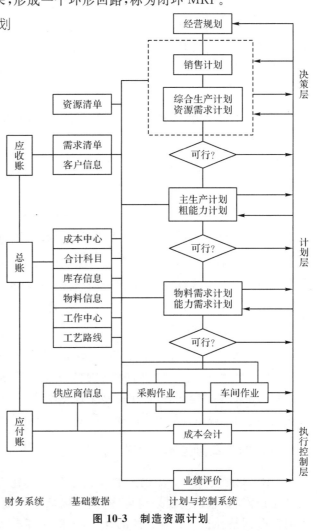

**图 10-3 制造资源计划**

（1）在物料需求计划的基础上向物料管理延伸，实施对物料的采购管理，包括采购计划、进货计划、供应商账务和档案管理、库存账务管理等。

（2）由于系统已经记录了大量的制造信息，包括物料消耗、加工工时等，可在此基础上扩展到产品成本核算、成本分析中。

（3）主要生产计划和生产计划大纲依据的是客户订单，因此向前又可以扩展到销售管理业务。因此已不能从字面意义上来理解"制造资源计划"的含义。

## 二、MRP 的流程

一般来说,物料需求计划的制订是遵照先通过主生产计划导出有关物料的需求量与需求时间,然后,再根据物料的提前期确定投产或订货时间的计算思路。其基本计算步骤如下。

### (一)物料的毛需求量计算

即根据主生产计划、物料清单得到第一层级物料品目的毛需求量,再通过第一层级物料品目计算出下一层级物料品目的毛需求量,依次一直往下展开计算,直到最低层级原材料毛坯或采购件为止。

### (二)净需求量计算

即根据毛需求量、可用库存量、已分配量等计算出每种物料的净需求量。

### (三)批量计算

即由相关计划人员对物料生产做出批量策略决定,不管采用何种批量规则或不采用批量规则,净需求量计算后都应该表明是否有批量要求。

### (四)安全库存量、废品率和损耗率等的计算

即由相关计划人员来规划是否要对每个物料的净需求量做这三项计算。

### (五)下达计划订单

即指通过以上计算后,根据提前期生成计划订单。物料需求计划所生成的计划订单,要通过能力资源平衡确认后,才能开始正式下达计划订单。

### (六)再一次计算

物料需求计划的再次生成大致有两种方式:第一种方式会对库存信息重新计算,同时覆盖原来计算的数据,生成的是全新的物料需求计划;第二种方式则只是在制定、生成物料需求计划的条件发生变化时,才相应地更新物料需求计划有关部分的记录。这两种生成方式都有实际应用的案例,至于选择哪一种要看企业实际的条件和状况。

## 三、MRP 库存控制与库存管理方法

MRP 根据主生产计划确定的产成品和关键物料的需求,分解成其子件、子子件的采购和生产需求,包括需要采购哪些物料、需要生产哪些物料、采购和生产的开始时间和结束时间分别是什么。只有具体的计划,才能保证有效的执行。要使得市场需求得以满足,必须使生产任务和采购物料的供应有效保证。MRP 正是将市场需求分解为具体的生产任务和采购任务的工具:根据主生产计划所确定的物料需求,结合产品的物料清单、生产的工艺路线,各物料在途、在库、在制的情况,推算出各物料的采购或生产的数量,开始及结束的时间。对于已在途的采购订单或已经在制的生产订单,根据需要给出交货周期提前或推后、采购数量增加或减少的建议,以达到合理采购和生产,充分利用库存资金的目的。MRP 对物料需求的时间和数量进行了精确的计量,可达到大幅度降低库存、减少缺料、提高准时交货的目的。

制订物料需求计划前就必须具备以下的基本数据。

第一项数据是主生产计划,它指明在某一计划时间段内应生产出的各种产品和备件,它是物料需求计划制订的一个最重要的数据来源。

第二项数据是物料清单,它指明了物料之间的结构关系,以及每种物料需求的数量,它是物料需求计划系统中最为基础的数据。

第三项数据是库存记录,它把每个物料品种的现有库存量和计划接受量的实际状态反映出来。

第四项数据是提前期,它决定着每种物料何时开工、何时完工。

应该说,这四项数据都是至关重要、缺一不可的。缺少其中任何一项或任何一项中的数据不完整,物料需求计划的制订都将是不准确的。因此,在制订物料需求计划之前,这四项数据都必须先完整地建立好,而且保证是绝对可靠的、可执行的数据。

# 第二节　JIT 与库存管理

JIT 中文译为"准时制生产方式",是日本丰田汽车公司在 20 世纪 60 年代实行的一种生产方式。1973 年以后,这种方式对丰田汽车公司渡过第一次能源危机起到了重要的作用,后引起其他国家生产企业的重视,并逐渐在欧洲和美国的日资企业及当地企业中推行开来,现在这一方式与源自日本的其他生产、流通方式一起被西方企业称为"日本化模式"。近年来,JIT 不仅作为一种生产方式,也作为一种通用管理模式在物流、电子商务等领域得到推行。

## 一、JIT 的内容与目标

准时制生产方式基本思想可概括为"在需要的时候,按需要的量生产所需的产品",也就是通过生产的计划、控制及库存的管理,追求一种无库存,或库存达到最小的生产系统。为此而开发了包括"看板"在内的一系列具体方法,并逐渐形成了一套独具特色的生产经营体系。

准时制生产方式以准时生产为出发点,首先暴露出生产过量和其他方面的浪费,然后对设备、人员等进行淘汰、调整,达到降低成本、简化计划和提高控制的目的。在生产现场控制技术方面,准时制的基本原则是在正确的时间,生产正确数量的零件或产品,即时生产。它将传统生产过程中前道工序向后道工序送货,改为后道工序根据"看板"向前道工序取货,看板系统是准时制生产现场控制技术的核心,但准时制不仅仅是看板管理。

JIT 的目标是彻底消除无效劳动和浪费,具体要达到以下目标。

(一)质量目标

废品量最低:JIT 要求消除各种引起不合理的原因,在加工过程中每一工序都要求达到最好水平。

(二)生产目标

(1)库存量最低:JIT 认为,库存是生产系统设计不合理、生产过程不协调、生产操作不良的证明。

(2)减少零件搬运,搬运量低:零件送进搬运是非增值操作,如果能使零件和装配件运送量减少,搬运次数减少,可以节约装配时间,减少装配中可能出现的问题。

(3)机器损坏低。

(4)批量尽量小。

(三)时间目标

(1)准备时间最短:准备时间长短与批量选择相联系,如果准备时间趋于零,准备成本也趋于零,就有可能采用极小批量。

(2)生产提前期最短:短的生产提前期与小批量相结合的系统,应变能力强,柔性好。

## 二、JIT 的特征

JIT 生产方式将"获取最大利润"作为企业经营的最终目标,将"降低成本"作为基本目标。在传统时代,降低成本主要是依靠单一品种的规模生产来实现的。但是在多品种中小批量生产的情况下,这一方法是行不通的。因此,JIT 生产方式力图通过"彻底消除浪费"来达到这一目标。所谓浪费,在 JIT 生产方式的起源地丰田汽车公司,被定义为"只使成本增加的生产诸因素",也就是说,不会带来任何附加价值的诸因素。任何活动,只要对于产出没有直接的效益便被视为浪费。这其中,最主要的有生产过剩(即库存)所引起的浪费、搬运的动作、机器准备、存货、不良品的重新加工等都被看作浪费。同时,在 JIT 的生产方式下,浪费的产生通常被认为是由不良的管理所造成的。比如,大量原物料的存在可能便是由供应商管理不良所造成的。因此,为了排除这些浪费,就相应地产生了适量生产、弹性配置作业人数及保证质量这样三个子目录。

## 三、JIT 生产方式的主要手段

(一)生产流程化

生产流程化是指按生产所需的工序从最后一个工序开始往前推,确定前面一个工序的类别,并依次恰当安排生产流程,根据流程与每个环节所需库存数量和时间先后来安排库存和组织物流。尽量减少物资在生产现场的停滞与搬运,让物资在生产流程上毫无阻碍地流动。

"在需要的时候,按需要的量生产所需的产品。"对于企业来说,各种产品的产量必须能够灵活地适应市场需要量的变比。众所周知,生产过剩会引起人员、设备、库存费用等一系列的浪费。避免这些浪费的手段就是实施适时适量生产,只在市场需要的时候生产市场需要的产品。

为了实现适时适量生产,首先需要致力于生产的同步化。即工序间不设置仓库,前一工序的加工结束后,使其立即转到下一工序去,装配线与机械加工几乎平行进行。铸造、锻造、冲压等必须成批生产的工序,则通过尽量缩短作业更换时间来尽量缩小生产批量。生产的同步化通过"后工序领取"这样的方法来实现。后工序只在需要的时间到前工序领取所需的加工品;前工序中按照被领取的数量和品种进行生产。这样,制造工序的最后一道即总装配线成为生产的出发点,生产计划只下达给总装配线,以装配为起点,在需要的时候,向前工序领取必要的加工品,而前工序提供该加工品后,为了补充生产被领走的量,必向再前道工序领取物料,这样把各个工序都连接起来,实现同步化生产。

这样的同步化生产还需通过采取相应的设备配置方法及人员配置方法来实现。即不能采取通常的按照车、铣、刨等工业专业化的组织形式,而按照产品加工顺序来布置设备。这样也带来人员配置上的不同作法：要弹性配置作业人数。降低劳动费用是降低成本的一个重要方面，达到这一目的的方法是"少人化"。所谓少人化，是指根据生产量的变动，弹性地增减各生产线的作业人数，以及尽量用较少的人力完成较多的生产。这里的关键在于能否将生产量减少了的生产线上的作业人员数减下来。具体方法是实施独特的设备布置，以便能够在需求减少时，将作业所减少的工时集中起来，以整顿削减人员。但这从作业人员的角度来看，意味着标准作业中的作业内容、范围、作业组合及作业顺序等的一系列变更。因此为了适应这种变更，作业人员必须是具有多种技能的"多面手"。

（二）生产均衡化

生产均衡化是实现适时适量生产的前提条件。所谓生产均衡化，是指总装配线在向前工序领取零部件时应均衡地使用各种零部件，生产各种产品。为此在制定生产计划时就必须加以考虑，然后将其体现于产品生产顺序计划之中。在制造阶段，均衡化通过专用设备通用化和制定标准作业来实现。所谓专用设备通用化，是指通过在专用设备上增加一些工装夹具的方法使之能够加工多种不同的产品。标准作业是指将作业节拍内一个作业人员所应担当的一系列作业内容标准化。

生产中将一周或一日的生产量按分秒进行平均，所有生产流程都按此来组织生产，这样流水线上每个作业环节上单位时间必须完成多少作业、何种作业就有了标准定额，所在环节都按标准定额组织生产，因此要按此生产定额均衡地组织物质的供应、安排物品的流动。所以，JIT 生产方式的生产是按周或按日平均，与传统的大生产、按批量生产的方式不同，JIT 的均衡化生产中无批次生产的概念。

标准化作业是实现均衡化生产和单件生产单件传送的又一重要前提。丰田汽车公司的标准化作业主要是指每一位多技能作业员所操作的多种不同机床的作业程序，是指在标准周期时间内，把每一位多技能作业员所承担的一系列的多种作业标准化。丰田汽车公司的标准化作业主要包括三个内容：标准周期时间、标准作业顺序、标准在制品存量，它们均用"标准作业组合表"来表示。

（三）资源配置合理化

资源配置的合理化是实现降低成本目标的最终途径，具体指在生产线内外，所有的设备、人员和零部件都得到最合理的调配和分派，在最需要的时候以最及时的方式到位。

从设备而言，设备包括相关模具实现快速装换调整，例如，丰田汽车公司发明并采用的设备快速装换调整的方法是 SMED(single minute exchange of die，六十秒即时换模)法。丰田汽车公司所有大中型设备的装换调整操作均能够在 10 分钟之内完成，这为"多品种、小批量"的均衡化生产奠定了基础。

在生产区间，设备和原材料需要合理放置。快速装换调整为满足后工序频繁领取零部件制品的生产要求和"多品种、小批量"的均衡化生产提供了重要的基础。但是，这种频繁领取制品的方式必然增加运输作业量和运输成本，特别是如果运输不便，将会影响准时化生产的顺利进行。合理布置设备，特别是 U 形单元联结而成的"组合 U 形生产线"，可以大大简化运输作业，使得单位时间内零件制品运输次数增加，但运输费用并不增加或增加很少，为小批量频繁运输和单件生产、单件传送提供了基础。

从人员而言，多技能作业员（或称"多面手"）是指那些能够操作多种机床的生产作业工人。多技能作业员是与设备的单元式布置紧密联系的。在 U 形生产单元内,由于多种机床紧凑地组合在一起,这就要求并且便于生产作业工人能够进行多种机床的操作,同时负责多道工序的作业,如一个工人要会同时操作车床、铣床和磨床等。

### 四、JIT 库存控制与库存管理方法

"零库存"是伴随 JIT 的生产管理方式产生的,所谓零库存,是指物料(包括原材料、半成品和产成品等)在采购、生产、销售、配送等一个或几个经营环节中,不以仓库存储的形式存在,而均处于周转的状态。

(一)零库存的可能实现形式

1.即进即售

这是指当产品入库后,在正常库存周期将所有的产品都销售出去,并同时收回货款。这种方式是最理想的销售方式,但除非是处于垄断地位或极为畅销的产品,否则这种情况几乎是不可能存在的。

2.即进半售

这是指当产品入库后,除即进即售情况外,可以采取接受定金或分期付款的办法,将产品半卖半"送",这是实际销售中最主要的方式,是比较好实现的。

3.超期即"送"

对于超过正常库龄的产品,可采取不付款"送"给用户先使用,即赊销的办法。对于处于长期呆滞的库存产品,可采取用它们支付有关费用的办法"送"出去,如用呆滞产品代替现金支付广告费、赞助费用、运费、仓储费等。

(二)零库存形式

1.委托保管方式

委托保管方式是指接受用户的委托,由受托方代存代管所有权属于用户的物资,从而使用户不再保有库存,甚至可不再保有保险储备库存,从而实现零库存。受托方收取一定数量的代管费用。这种零库存形式优势在于:受委托方利用其专业的优势,可以实现较高水平和较低费用的库存管理,用户不再设库,同时减去了仓库及库存管理的大量事务,集中力量于生产经营。但是,这种零库存方式主要是靠库存转移实现的,并不能使库存总量降低。

2.协作分包方式

协作分包方式即美国的"SUB—CON"方式和日本的"下请"方式,主要是指制造企业的一种产业结构形式。这种结构形式以若干企业的柔性生产准时供应的方式,使主企业的供应库存为零;同时主企业的集中销售库存使若干分包劳务及销售企业的销售库存为零。

在许多发达国家,制造企业都是以一家规模很大的主企业和数以千百计的小型分包企业共同组成的金字塔形结构的组织。主企业主要负责装配和开拓产品市场,分包企业各自分包劳务、零部件制造、供应和销售。例如分包零部件制造的企业,可采取各种生产形式和库存调节形式,以保证按主企业的生产速率,按指定时间送货到主企业,从而是使主企业不再设一级库存便能实现人员推销或商店销售;可通过配额、随供等形式,以主企业集中的产品库存满足各分包者的销售,使分包者实现零库存。

3.轮动方式

轮动方式也称同步方式,是在对系统进行周密设计的前提下,使各个环节速率完全协

调,从而根本消除工位之间暂时停滞的一种零库存、零储备形式。这种方式是在传送带式生产方式的基础上,进行更大规模延伸而形成的一种使生产与材料供应同步进行,通过传送系统供应从而实现零库存的形式。

4. 准时供应系统

在生产工位之间或在供应与生产之间完全做到轮动,这不仅是一件难度很大的系统工程,而且需要很大的投资,同时,有一些产业也不适合采用轮动方式。因而,广泛采用比轮动方式有更多灵活性、较易实现的准时方式。准时方式不是采用类似传送带的轮动系统,而是依靠有效的衔接和计划达到工位之间、供应与生产之间的协调,从而实现零库存。如果说轮动方式主要靠"硬件"的话,那么准时供应系统则在很大程度上依靠"软件"。

5. 看板方式

看板方式是准时方式中一种简单有效的方式,也称"传票卡制度"或"卡片"制度,是日本丰田汽车公司首先采用的。在企业的各工序之间,或在企业之间,或在生产企业与供应者之间,以固定格式的卡片为凭证,由下一环节根据自己的节奏,逆生产流程方向,向上一环节指定供应,从而协调关系,做到准时同步。采用看板方式,有可能使供应库存实现零库存。

6. 水龙头方式

水龙头方式是一种像拧开自来水管的水龙头就可以取水而无须自己保有库存的零库存形式。这是日本索尼公司首先采用的。这种方式经过一定时间的演进,已发展成即时供应制度,用户可以随时提出购入要求,采取需要多少就购入多少的方式,供货者以自己的库存和有效供应系统承担即时供应的责任,从而使用户实现零库存。适于这种供应形式实现零库存的物资,主要是工具及标准件。

7. 无库存储备

国家战略储备的物资,往往是重要物资,战略储备在关键时刻可以发挥巨大作用,所以几乎在所有国家都要有各种名义的战略储备物资。由于战备储备的重要性,一般这种储备都保存在条件良好的仓库中,以防止其损失,延长其保存年限。因而,实现零库存几乎是不可想象的事。无库存的储备,是仍然保持储备,但不采取库存形式,以此达到零库存。有些国家将不易损失的铝这种战备物资作为隔音墙、路障等储备起来,以备万一,在仓库中不再保有库存就是一例。

8. 配送方式

这是综合运用上述若干方式的配送制度,目的是保证供应从而使用户实现零库存。

# 第三节　ERP 与库存管理

企业资源计划(enterprise resource planning,ERP)系统,是指建立在信息技术基础上,以系统化的管理思想,为企业决策层及员工提供决策运行手段的管理平台。ERP 系统集信息技术与先进的管理思想于一身,成为现代企业的运行模式,反映时代对企业合理调配资源、最大化地创造社会财富的要求,成为企业在信息时代生存、发展的基石。

## 一、ERP 系统的功能目标

ERP 管理体系作为支持企业谋求新形势下竞争优势的手段,其涉及面很广,包含了企业的所有资源,同时,其应用又起到了"管理驱动"的作用。总的来说,ERP 在原有功能的基础上,使 MRPⅡ向内、外两个方向延伸,向内主张以精益生产方式改造企业生产管理系统,向外则增加战略决策功能和供应链管理功能。ERP 管理系统主要由以下六大功能目标组成。

(一)支持企业整体发展战略的战略经营系统

该系统的目标是在多变的市场环境中建立与企业整体发展战略相适应的战略经营系统。具体地说,就是实现 Intranet 与 Internet 相连接的战略信息系统;完善决策支持服务体系,为决策者提供企业全方位的信息支持;完善人力资源开发与管理系统,做到既面向市场又注重培训企业内部的现有人员。

(二)实现全球大市场营销战略与集成化市场营销

这是对市场营销战略的一个扩展。目标是实现在市场规划、广告策略、价格策略、服务、销售、分销、预测等方面进行信息集成和管理集成,以顺利推行基于"顾客永远满意"的经营方针;建立和完善企业商业风险预警机制和风险管理系统;进行经常性的市场营销与产品开发、生产集成性评价工作;优化企业的物流系统,实现集成化的销售链管理。

(三)完善企业成本管理机制,建立全面成本管理系统

目前,我国企业所处的环境可以说是一个不完全竞争的市场环境,价格在竞争中仍旧占据着重要的地位。ERP 中这部分的作用和目标就是建立和保持企业的成本优势,并由企业成本领先战略体系和全面成本管理系统予以保障。

(四)应用新的技术开发和工程设计管理模式

ERP 的一个重要目标就是通过对系统各部门持续不断的改进,最终提供给顾客满意的产品和服务。从这个角度出发,ERP 致力于构筑企业核心技术体系,建立和完善开发与控制系统之间的递阶控制机制,实现从顶向下和从底至上的技术协调机制,利用 Internet 实现企业与外界的良好的信息沟通。

(五)建立敏捷后勤管理系统

ERP 的核心是 MRPⅡ,而 MRPⅡ的核心是 MRP。很多企业存在着供应链影响企业生产柔性的情况。ERP 的一个重要目标就是在 MRP 的基础上建立敏捷后勤管理系统(agile logistics),以解决制约新产品推出的瓶颈——供应柔性差,缩短生产准备周期;增加与外部协作单位技术和生产信息的及时交互;改进现场管理方法,缩短关键物料供应周期。

(六)实施精益生产方式

由于制造业企业的核心仍是生产,应用精益生产方式对生产系统进行改造不仅是制造业的发展趋势,而且也将使 ERP 的管理体系更加牢固,所以,ERP 主张将精益生产方式的哲理引进企业的生产管理系统,其目标是通过精益生产方式的实施使管理体系的运行更加顺畅。

作为企业谋求 21 世纪竞争优势的先进管理手段,ERP 系统所涉及的方面和应当实现的目标是不断扩展的,相信还会有更新的管理方法和管理模式产生。在日趋激烈的市场竞争中,任何管理方法和手段的最终目标只有一个,即开发、保持和发展企业的竞争优势,使企业在竞争中永远立于不败之地。

## 二、ERP 的库存管理子系统

ERP 是将企业所有资源进行整合的集成管理方式,简单地说,ERP 是可以将企业的物流、资金流、信息流进行全面一体化管理的管理信息系统。它的功能模块以不同于以往的 MRP 或 MRPII 的模块,它不仅可用于生产企业的管理,而且在许多其他类型的企业中,如一些非生产、公益事业的企业也可导入 ERP 系统进行资源计划和管理。这里我们将仍然以典型的生产企业为例来介绍 ERP 的功能模块。

在企业中,一般的管理主要包括三方面的内容:生产控制(计划、制造)、物流管理(分销、采购、库存管理)和财务管理(会计核算、财务管理)。这三大系统本身就是集成体,它们互相之间有相应的接口,能够很好地整合在一起对企业进行管理。

ERP 的库存管理子系统的功能主要由生产控制管理模块和物流管理模块实现。

(一)生产控制管理模块

生产控制管理模块是 ERP 系统的核心所在,它将企业的整个生产过程有机地结合在一起,使得企业能够有效降低库存,提高效率。同时各个原本分散的生产流程的自动连接,也使得生产流程能够前后连贯地进行,而不会出现生产脱节,耽误生产交货时间。生产控制管理是一个以计划为导向的先进的生产、管理方法。首先,企业确定它的一个总生产计划,再经过系统层层细分后,下达到各部门去执行。即生产部门以此生产,采购部门按此采购等。

1.主生产计划

主生产计划根据生产计划、预测和客户订单的输入来安排将来的各周期中提供的产品种类和数量,它是将生产计划转为产品计划,在平衡了物料和能力的需要后,精确到时间、数量的详细的进度计划,是企业在一段时期内的总活动的安排,是一个稳定的计划,是以生产计划、实际订单和对历史销售分析得来的预测产生的。

2.物料需求计划

在主生产计划决定生产多少最终产品后,再根据物料清单,把整个企业要生产的产品的数量转变为所需生产的零部件的数量,并对照现有的库存量,可得到还需加工多少、采购多少的最终数量。这才是整个部门真正依照的计划。

3.能力需求计划

它是在得出初步的物料需求计划之后,将所有工作中心的总工作负荷,与工作中心的能力平衡后产生的详细工作计划,用以确定生成的物料需求计划是否是企业生产能力上可行的需求计划。能力需求计划是一种短期的、当前实际应用的计划。

4.车间控制

这是随时间变化的动态作业计划,是将作业分配到具体各个车间,再进行作业排序、作业管理、作业监控的模式。

5.制造标准

在编制计划中需要许多生产基本信息,这些基本信息就是制造标准,包括零件、产品结构、工序和工作中心,都用唯一的代码在计算机中识别。

(1)零件代码

对物料资源的管理,对每种物料给予唯一的代码识别。

（2）物料清单

定义产品结构的技术文件，用来编制各种计划。

（3）工序

描述加工步骤及制造和装配产品的操作顺序。它包含加工工序顺序，指明各道工序的加工设备及所需要的额定工时和工资等级等。

（4）工作中心

工作中心使用相同或相似工序的设备和劳动力组成的，从事生产进度安排、核算能力、计算成本的基本单位。

（二）物流管理模块

1. 分销管理

销售的管理从产品的销售计划开始，对其销售产品、销售地区、销售客户各种信息的管理和统计，并可对销售数量、金额、利润、绩效、客户服务做出全面的分析，分销管理模块中大致有三方面的功能。

（1）对客户信息的管理和服务

它能建立一个客户信息档案，并对其进行分类管理，进而有针对性地对客户进行服务，以达到最高效地保留老客户、争取新客户的目的。在这里，要特别提到的是 CRM（customer relationship management，客户关系管理）软件，ERP 与它的结合必将大大增加企业的效益。

（2）对销售订单的管理

销售订单是 ERP 的入口，所有的生产计划都是根据销售订单下达并安排生产的。而销售订单的管理客户贯穿了产品生产的整个流程。它包括以下几个方面。

①客户信用审核及查询（利用客户信用分级系统来审核订单交易）。

②产品库存查询（决定是要延期交货、分批发货还是用代用品发货等）。

③产品报价（为客户做不同产品的报价）。

④订单输入、变更及跟踪（订单输入后，根据实际情况变更或修正，对订单进行跟踪分析）。

⑤交货期的确认及交货处理（决定交货期和发货事物安排）。

（3）对销售的统计与分析

这时系统根据销售订单的完成情况，依据各种指标做出统计，比如客户分类统计，销售代理分类统计等，再就这些统计结果来对企业实际销售效果进行评价。

①销售统计（根据销售形式、产品、代理商、地区、销售人员、金额、数量来分别进行统计）。

②销售分析（包括对比目标、同期比较和订货发货分析，来从数量、金额、利润及绩效等方面做相应的分析）。

③客户服务（对客户投诉进行记录并分析原因）。

2. 库存控制

库存控制的目的是控制存储物料的数量，以保证稳定、正常的生产，同时又最小限度地占用资本。它是一种相关的、动态的、真实的库存控制系统。它能够结合、满足相关部门的需求，随时间变化动态地调整库存，精确地反映库存现状。这一系统的功能又涉及以下几个方面。

（1）为所有的物料建立库存，决定何时订货采购，同时作为交与采购部门采购、生产部门做生产计划的依据。

（2）收到订购物料，经过质量检验入库，生产的产品也同样要经过检验入库。

（3）收发料的日常业务处理工作。

3.采购管理

确定合理的订货量、优秀的供应商和保持最佳的安全储备。能够随时提供订购、验收的信息，跟踪和催促对外购或委外加工的物料，保证货物及时到达。建立供应商的档案，用最新的成本信息来调整库存的成本。具体有以下几个方面的内容。

（1）供应商信息查询（查询供应商的能力、信誉等）。

（2）催货（对外购或委外加工的物料进行跟催）。

（3）采购与委外加工统计（统计、建立档案、计算成本）。

（4）价格分析（对原料价格分析，调整库存成本）。

## 三、ERP 库存系统的优点

ERP 所能带来的巨大效益确实对很多企业具有相当大的诱惑力。据美国生产与库存控制学会（American Production and Inventory Control Society，APICS）统计，使用一个 MRP Ⅱ/ERP 系统，平均可以为企业带来如下经济效益。

（一）库存投资下降

这是人们说得最多的效益，因为它可使一般用户的库存投资减少 40%～50%，库存周转率提高 50%。

（二）延期交货减少

当库存减少并稳定的时候，用户服务的水平提高了，这会让使用 MRP Ⅱ/ERP 企业的准时交货率平均提高 55%，误期率平均降低 35%，也使销售部门的信誉大大提高。

（三）采购提前期缩短

采购人员有了及时准确的生产计划信息，就能集中精力进行价值分析，货源选择，研究谈判策略，了解生产问题，缩短采购时间和节省采购费用。

（四）停工待料减少

由于零件需求的透明度提高，计划也做了改进，能够做到及时与准确，零件也能以更合理的速度准时到达，因此，生产线上的停工待料现象将会大大减少。

（五）制造成本降低

库存费用下降、劳力的节约、采购费用节省等一系列人、财、物的效应，必然会引起生产成本的降低。

案例阅读

复 习 题

第十章复习题

# 第十一章　信息技术在仓储管理中的应用

案例　**Today 便利店自主研发冷链 WMS 系统**

　　2017 年 12 月，王某在成为 Today 供应链总监之后，构建了一个基于互联网、用数据实时驱动的新零售供应链物流平台。

　　2018 年 3 月 14 日，由 Today 自主研发的天空 WMS（warehouse management system）仓储管理系统在冷链配送中心上线，大大提高了 Today 便利店冷冻、冷藏食品的配送效率，为消费者创造更极致的新鲜生活体验。并规划了由天象物流运营平台、天宫中央库存平台、天空仓储作业系统、天马配送调度系统四大系统组成的新零售智慧供应链物流平台，为 Today 提供了高效极致的多温层物流产品服务。

　　在天空 WMS 系统全面运行之后，Today 技术中心将通过掌握的核心大数据，逐步构建起一个基于互联网、用数据实时驱动的新零售协同物流及供应链平台，赋能"鲜生活"。

　　这也意味着，在未来，Today 的零售云将变成一个全新的自主研发的零售云平台，重新定义供应链物流体系，实现未来便利店的店仓一体化，以创新技术为 Today 重构人货场的云零售模式赋能。

　　案例来源：Today 便利店自主研发冷链 WMS 系统上线［EB/OL］.（2018-03-15）［2019-09-12］.http://www.linkshop.com.cn/web/archives/2018/398598.shtml.

思考题

　　1.结合案例，简述 Today 开发的 WMS 的功能及作用。
　　2.简述 WMS 的操作流程。

本章要点

　　本章介绍了仓库管理系统 WMS 的功能及操作流程，仓储信息系统的设计原则，重点阐述了 EDI 技术、条码技术、射频识别技术和智能系统等信息技术在仓储作业中的实际应用。

# 第一节　仓储与库存管理信息系统

## 一、仓储管理系统

### （一）概述

　　在整个仓储中心的运作中，信息流一直伴随着各项物流活动及其他行政支持活动的进行。如何规划仓储中心信息系统的功能需求，并建立其功能架构是仓储中心规划与实践的关键。在完成作业程序分析及设备规划选定程序后，可按各项作业的功能特性，以及仓储中心对管理策略运用的需求程度,规划仓储中心信息系统的功能需求,并建立其功能架构。仓储中心的信息化建设一般以业务流程重组为基础,在一定的深度和广度上利用计算机技术、网络技术和数据库技术,控制和集成化管理企业物流运营活动中的所有信息,实现企业内外部信息的共享和有效利用,来提高企业的经济效益和市场竞争能力。

仓储管理系统是现代仓储企业进行货物管理和处理的业务操作系统。它可以实现本地一个仓库的精细化管理,也可实现制造企业、物流企业、连锁业在全国范围内、异地多点仓库的管理。它可以对货物存储和出货等进行动态安排,可以对仓储作业流程的全过程进行电子化操作,可以与客服中心建立数据接口使客户通过互联网实现远程货物管理,也可以与企业的 ERP 系统实现无缝连接。

仓储管理是物流作业管理的核心。仓储管理系统的建设历来受到人们的普遍重视。特别是随着配送理念的推广及仓储中心的建设,WMS 系统已经突破原有的范畴,成为仓储中心物流管理信息系统的代名词。

(二)仓储管理信息处理流程

现代仓储管理已经转变成履行中心,它的功能包括:传统的仓储管理、交叉转运/在途合并、增值服务、退货、质量保证和动态客户服务。下面基于仓库管理系统对仓储管理业务流程加以说明。

1. WMS 的基本情况

WMS 软件由许多功能不同的子系统组合构成,基本软件情况及构成如表 11-1 所示。

表 11-1　仓库管理系统及其组成

| | | |
|---|---|---|
| WMS | 入库管理子系统 | 入库单数据处理(录入) |
| | | 条码打印及管理 |
| | | 货物装盘及托盘数据登录注记(录入) |
| | | 货位分配及入库指令发出 |
| | | 占用货位的重新分配 |
| | | 入库成功确认 |
| | | 入库单据打印 |
| | 出库管理子系统 | 出库单数据处理(录入) |
| | | 出库品项内容生成及出库指令发出 |
| | | 错误货物或倒空的货位重新分配 |
| | | 出库成功确认 |
| | | 出库单据打印 |
| | 数据管理子系统 | 货位管理查询 |
| | | 货物编码查询库存 |
| | | 入库时间查询库存 |
| | | 盘点作业 |
| | | 货物编码管理 |
| | | 安全库存量管理 |
| | | 供应商数据管理 |
| | | 使用部门数据管理 |
| | | 未被确认操作的查询和处理 |
| | | 数据库与实际不符记录的查询和处理 |

**续　表**

| WMS | 系统管理子系统 | 使用者及其权限设置 |
| --- | --- | --- |
| | | 数据库备份操作 |
| | | 系统通信开始和结束 |
| | | 系统的登录和退出 |

2. WMS 各系统介绍

（1）入库管理子系统

①入库单数据处理（录入）。入库单可包含多份入库分单，每份入库分单又可包含多份托盘数据，如图 11-1 所示。

入库单的基本结构是每个托盘上放一种货物，因为这样会使仓储的效率更高，流程更清晰。

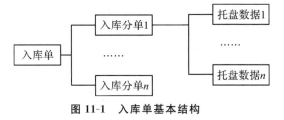

**图 11-1　入库单基本结构**

②条码打印及管理。条码打印及管理仅是为了避免条码的重复，以使仓库内的每一个托盘货物的条码都是唯一的标志。

③货物装盘及托盘数据登录注记（录入）。入库单的库存管理系统可支持大批量的一次性到货。这个管理系统的运作过程大体是：批量到货后，首先要分别装盘，然后进行托盘数据的登录注记。所谓托盘数据是指对每个托盘货物分别给予一个条码标记，登录注记时将每个托盘上装载的货物种类、数量、入库单号、供应商、使用部门等信息与该唯一的条码标记联系起来。注记完成后，条码标记即成为一个在库管理的关键，可以通过扫描该条码得到该盘货物的相关库存信息及动作状态信息。

④货位分配及入库指令发出。托盘资料注记完成后，该托盘即进入待入库状态，系统将自动根据存储规则（如货架使用区域的划分）为每一个托盘分配一个适合的空货位，并向手持终端发出入库操作的要求。

⑤占用货位的重新分配。当所分配的货位实际已有货物时，系统会指出新的可用货位，通过手持终端指挥操作的完成。

⑥入库成功确认。从注记完成至手持终端返回入库成功的确认信息前，该托盘的货物始终处于入库状态。直至收到确认信息，系统才会把该盘货物状态改为正常库存，并相应更改数据库的相关记录。

⑦入库单据打印。打印实际收货入库单。

（2）出库管理子系统

①出库单数据处理（录入）。这是指制作出库单的操作。每份出库单可包括多种、多数量货物，出库单分为出库单和出库分单，均由手工输入生成。

②出库品项内容生成及出库指令发出。系统可根据出库内容以一定规律（如先入先出、就近等），生成出库内容，并发出出库指令。

③错误货物或倒空的货位重新分配。当操作者通过取货位置扫描图确认货物时，如果发现货物错误或货位实际上无货，只要将信息反馈给系统，系统就会自动生成下一个取货位置，指挥完成操作。

④出库成功确认。手持终端确认货物无误后，发出确认信息，该托盘货物即进入出库运

行中的状态。在出库区现场终端确认出库成功完成后，即可取出数据库的托盘条码，并修改相应数据库的记录。

⑤出库单据打印。这是指打印与托盘相对应的出库单据。

（3）数据管理子系统

①存库管理

a.货位管理查询。查询货位使用情况（空、占用、故障等）。

b.货物编码查询库存。查询某种货物的库存情况。

c.入库时间查询库存。查询以日为单位的在库库存。

d.盘点作业。进入盘点状态，实现全库盘点。

②数据管理

a.货物编码管理。提供与货物编码相关信息的输入界面，包括编码、名称、所属部门、单位等的输入。

b.安全库存量管理。提供具体到某种货物的最大库存、最小库存参数设置，从而实现库存量的监控预警。

c.供应商数据管理。录入供应商编号、名称、联系方法，供出入库单使用。

d.使用部门数据管理。录入使用部门、编号、名称等，供出入库单使用。

e.未被确认操作的查询和处理。提供未被确认操作的查询和逐条核对处理功能。

f.数据库与实际不符记录的查询和处理。逐条提供选择决定是否更改为实际记录或手工输入记录。

（5）系统管理子系统

①使用者及其权限设定。使用者名称、代码、密码、可使用程序模块的选择。

②数据库备份操作。提供存储过程每日定时备份数据库或日志。

③系统通信开始和结束。因系统有无线通信部分，因此提供对通信的开始和关闭操作功能。

④系统的登入和退出。提供系统登入和退出界面相关信息。

## 二、WMS 的功能及作用

仓库管理系统有计划和执行两个功能。计划功能包括订货管理、运送计划、员工管理和仓库面积管理等。执行功能包括进货接收、分拣配货、发货运送等。在供应链管理中，仓库管理系统技术的作用表现为配货、发货运送等。

在供应链管理中仓库管理系统技术的作用表现在以下两个方面：一是减少库存水平方面的作用，二是与供应链互动所产生的作用。

（一）WMS 的计划功能

订货管理是顾客订货和顾客询问的接入点。通过使用 WMS 技术可以查询和维护顾客订货。当收到订货或询问时，订货管理就存取所需要的信息，编辑适当的计算结果，然后对保留的可接受的订货进行处理。订货管理还能提供有关存货可行性的信息和交付日期，以获悉和确认顾客的期望。订货管理，连同顾客服务代表一起，形成了顾客和企业物流信息系统之间最基本的界面。

运送作业结合 WMS 技术来指导配送中心的实际活动，其中包括物料搬运、储存和订货选择等。

在批量作业环境下,通过 WMS 技术开出一份指示清单或任务清单,来指导仓库内的每一位物料搬运人员。在实时作业的环境下,诸如条形码、无线电射频通信及自动搬运设备等信息导向技术交互作业,可以减少决策和行动之间的时间。当综合物流变成现实时,继续在单一的作业组织结构中集中功能的压力就减小了,随着信息网络的出现,正式分组已变得越来越不重要。人员组织被信息技术逐步分化,形成一种扁平结构时,信息技术就达到了指导组织结构调整的目的。同样,WMS 技术对规划仓库库容管理方面和搬运装卸的组织计划等,都有十分重要的指导意义。

(二)WMS 的执行功能

对于厂商或批发商来讲,尽管以前物流中心都分散建立在营业支店等经营场所附近,但随着近年来制造业和流通业物流活动的广泛开展及专业化物流服务的出现,物流中心越来越具有集约化、综合化的倾向。在这类中心里,伴随着订发货业务的开展,物资检验作业也在集约化的中心内进行。条形码的广泛普及,便携式终端性能的不断提高,使得物流作业效率得到大幅度提高。即在客户订货信息的基础上,在进货物资上要求贴付条形码,物资进入中心时用扫描仪读取条形码检验物资;或在企业发货信息的基础上,在检验发货物资时同时加贴条形码,这样企业的仓库保管及发货业务都在条形码管理的基础上进行。

随着零售企业的不断崛起,不少大型零售企业都建立了自己的配送中心,由自己的配送中心将物资直接运送到本企业的各支店或店铺。采用这种配送形态的企业,一般都在物资上贴付含有配送对象店铺名称的条形码,从而在保证物资检验作业合理化的同时,实现企业配送作业的效率化。

利用 WMS 技术事先做好销售账单、发货票等单据的制作和发送工作,即使批发商自己进行物资分拣再按订货要求配送,也都采取这种办法;与此同时,将备货清单传送到用户指定的店铺。备货作业按照不同的配送用户在物资上贴付条形码,分拣作业时只要用扫描装置读取条形码,便能自动按不同的配送场所进行分拣。

(三)WMS 在库存管理中的作用

WMS 技术能精确地反映当前状况和定期活动,这样可以衡量存货水平。平稳的物流作业要求实际的存货与物流信息系统报告中的存货相吻合的精确性最好在99%以上。当实际存货和信息系统中的存货之间存在较低的一致性时,就有必要采取缓冲存货或安全存货的方式来适应这种不确定性,增加信息的精确性,也就减少了不确定性,并减少了存货需要量。

WMS 技术能及时提供快速的管理反馈。不及时是指活动发生时与该活动在信息系统内可见时间的耽搁。例如,在某些情况下,系统要花费几个小时或几天才能将一个新订货看成实际需求,因为该订货并不一定会直接进入现行需求量数据库。结果,在识别实际需求量时就出现了耽搁,这种耽搁会使计划制定的有效性减少,而使存货量增加。另一个有关及时性的例子涉及当产品从"在制品"进入"制成品"状态时存货量的更新速度。尽管实际存在着连续的产品流,但是,信息系统中的存货状况也许是按每小时、每工班,或按每天进行更新的,因此并不能立即更新。显然,实际更新或立即更新更具及时性,但是它们也会导致记账工作量的增加。编制条形码、扫描等操作和 EDI(electronic data interchange,电子数据交换)方式有助于及时而有效地进行记录。

及时的管理控制是在还有时间采取正确的行动或使损失减少到最低程度的时候提供信

息。概括地说，及时的信息减少了不确定性，并识别了种种问题，于是减少了存货需求量，增加了决策的精确性。

WMS 技术必须以异常情况为基础，突出问题和机会。物流作业通常要满足大量的顾客、产品、供应商和服务公司的不同需求。例如，必须定期检查每一个产品—选址组合的存货状况，以便制定补充订货计划。另一个重复性活动是对于非常突出的补货订货状况的检查。通常，这种检查过程需要问两个问题。第一个问题涉及是否应该对产品或补充订货采取任何行动，如果这个问题的答案是肯定的，那么，第二个问题就涉及应该采取哪一种行动。

许多物流信息系统要求手工完成检查，尽管这类检查正愈来愈趋向自动化。仍然使用手工处理的依据是有许多决策在结构上是松散的，并且是需要经过用户的参与才可做出判断的。

物流信息系统结合了决策规划，去识别这些要求管理部门注意并做出决策的"异常"情况。于是，计划人员或经理人员就能够把他们的精力集中在最需要引起注意的情况或者能提供的最佳机会来改善服务或降低成本的情况。表 11-2 举例说明了以异常情况为基础的存货管理报告。该列表列举了行动时间、存货水平、行动方案、订货计划、提醒日期。这类异常情况报告可以使计划人员利用其时间来考虑对策，而不是浪费时间去识别那些需要做出决策的产品。

**表 11-2　以异常情况为基础的存货管理报告**

| 产品 | 行动时间 | 存货水平 | 行动方案 | 订货计划 | 提醒日期 |
|---|---|---|---|---|---|
| A | 立即 | 没有现货 | — | 不会开 PO | — |
| B | 立即 | 没有现货 | 发货 | 实盘 PO100 | 过期 |
| C | 有限期内 | 没有现货 | 发货 | 计划 MO100 | 6 月 29 日－7 月 1 日到期 |
| D | 立即 | 使用安全存货 | 发货 | 实盘 MO200 | 过期 |
| E | 有限期内 | — | 释放 | 系统订货 | 6 月 8 日 |
| F | 超出有限期 | 没有现货 | 发货 | 实盘 PO100 | 6 月 29 日－7 月 5 日到期 |
| G | 有限期内 | 存货过剩 | 取消 | 计划 PO150 | 10 月 1 日 |
| H | 有限期内 | 存货过剩 | 推迟 | 实盘 MO100 | 10 月 1 日－12 月 1 日到期 |

注：PO 即 purchase order，指采购订单；MO 即 manufacture order，指生产订单。

WMS 技术往往包含有一个配送中心存货状态显示屏，显示屏列出每一个产品和配送中心。这种形式要求一个顾客服务代表在试图给存货定位以满足某个特定顾客的订货需求时，检查每一个配送中心的存货状况。换句话说，如果有 5 个配送中心，就需要检查和比较这 5 个计算机显示屏。有时 1 个显示屏可显示所有这 5 个配送中心的存货状况。这种组合显示屏使得一个顾客代表更加容易识别产品的最佳来源。

此外，显示屏或报告还有效地向决策者提供所有相关的信息（见图 11-2）。显示屏将过去的信息和未来的信息结合起来，信息中包含现有库存、最低库存、需求预测，以及在一个配送中心单独一个品目的计划入库数。这种结合了存货流量和存货水平的图形界面显示，当计划的现有库存有可能下跌到最低库存水平时，有助于计划人员把注意力集中在按每周制定存货计划和订货计划上。例如一个计划人员通过检查图 11-2 中的显示屏，就能轻易地看到当前的(0 周)现有库存恰好处在最低水平，如果不采取行动的话，在第 7 周的时候将会没有库存。

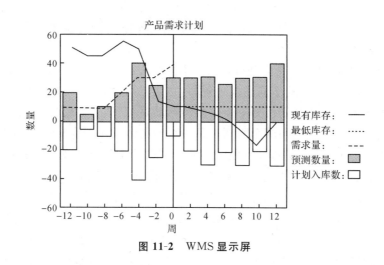

图 11-2　WMS 显示屏

（四）WMS 与供应链互动的作用

WMS 技术与供应链互动能进行跨企业的库存管理、商品管理和运输管理等活动。

物流作业的起源无疑是从订货开始,接下来我们将以日本学研社的物流作业系统为例来进行介绍。

在日本学研社的物流作业系统中,订货处理是由各代理店或批发商进行的,这些代理店或批发商建有与学研社主机相连的终端,他们直接将订单输入到终端中,每天晚上 8 点钟订货截止,之后日本学研社立即进行第 1 次物流信息处理。

1. 日本学研社第 1 次物流信息处理的内容

（1）执行流通中心的指令。

（2）查询库存的情况并更新。

（3）运输方式的指定。

（4）包装组合的计算等。

学研社的物流系统是根据不同的物资分别划分为不同的流通中心的,但是,尽管如此,仍然存在同一物资群使用多个流通中心的现象。为此,第 1 次物流信息处理的内容（1）就是通过计算机系统来指定订货应当从哪个流通中心出入,以获得最佳的经济效益。内容（2）主要是核查所订购货物是否有库存,如果出现断货,则立即将断货物资的名称输入到管理系统中,实行及时补货。内容（3）主要是对订购物资如何有效地配送到学研社位于日本全国的 450 个地方的代理店或批发商做出分析,并由配送中心发出指令。但是,具体的安排和决定仍是由各配送中心独自做出的。从总体上看,日本学研社的主要有大型货车、日本国铁集装箱、海上集装箱,以及邮寄、铁路小件货物运输等配送方式。内容（4）是按照一个包装 20 千克的标准,来计算物资应该如何组合、配置,即通过计算机计算出物资需要几个包装,据此进行物流作业。

在学研社总部主机处理的信息除了以上内容以外,还包括另外一些不会传输给流通事业总部的信息,这些信息包括:出入库计算、更新信息,输送、移库管理信息,断货订购管理信息,公司库存管理信息。其中,出入库计算、更新信息是根据各流通中心报上来的文字材料统计入库量和出库量,对物资库存实行管理的信息;输送、移库管理信息是对向地方配送中心运输途中的物资实行管理的信息;断货订购管理信息不仅仅是进行订货管理,还是针对物资的断货现象进行相应的订货管理,并在此基础上,制定该物资的出货指令的信息;公司库存管理信息就是制定物资库存水准信息,通过该信息的确立,为订货决策提供依据。

2.日本学研社第 2 次物流信息处理的内容

日本学研社总部的主机对物流信息进行第 1 次处理后,即进行物流信息的第 2 次处理,以对具体的物流活动实行控制。

(1)在学研社主机对运输方式进行指定的基础上,按不同运输手段将订货进行划分。

(2)在以上统计的基础上,再按不同的作业区间进行划分。

(3)在按作业区间进行完订货集中统计后,接着会从不同物资流通中心设置的打印机中打印出不同作业区间的运输标签和出货单,并做好出货准备。

(4)第 2 天早上,根据前 1 天打印出的运输标签进行配货,并按预先指定的时间报出货,开始配送作业。

### 三、WMS 的操作流程

仓库管理系统最重要的操作流程应该是入库和出库操作流程。

(一)入库操作流程

入库操作流程框如图 11-3 所示。

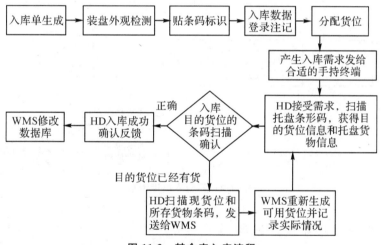

**图 11-3　某仓库入库流程**

如图 11-3 的入库流程所示,入库后首先生成入库单,每份入库单可包含多种货物,按货物不同,又将入库单分成入库分单。等装盘完毕,在经人工检验认为外观尺寸等合格的托盘上贴以条码标记,通过扫描托盘条码标记(或人工键入),确认货物种类和数量,对这些信息输入后,即完成托盘条码与所载货物信息的注识,亦即入库数据登录注记。此时该托盘货物即进入"待入库状态",注记完成的货物托盘所处的状态会一直被管理系统跟踪和监控,直至出库成功取消该注记为止。

注记完成的货物托盘由管理系统分配一个目的储存货位,同时该操作需求被发送到HD(手持数字成像扫描仪器),HD 接受需求,扫描托盘条码,即可得到该托盘的目的操作货位和货物信息。然后根据 HD 指示,由操作人员驾驶堆垛机行驶至目的货位。如果一切正常,操作人员将用 HD 扫描确认目的货位,操作成功后做确认反馈,管理系统收到操作成功确认后,即修改数据库相关记录,最终完成一次入库操作。

如果目的货位已有货物,HD将扫描现有货物条码,并发送给管理系统。管理系统将该异常情况记入数据库,并生成一新的推荐目的货位,指挥重新开始操作,直至成功完成本次操作。

(二)出库操作流程

出库操作流程如图11-4所示。

出库流程始于出库单的生成,接着管理系统将根据出库单内容以一定规律(如先入先出等)生成出库品项和内容,即出库货位和货位信息。HD接到操作目的货位信息后,还须由操作人员驾驶堆垛机驶至目的货位,扫描确认货位货物信息。经确认无误,操作人员即取出货物并送至待出库区。此时货物的状态为"位于待出库区",最终由出货终端扫描确认后,发出操作完成确认信息给系统。管理系统收到此确认信息后才修改数据库的相关记录。

如果堆垛机驶至取货货位,扫描确认发现异常(空货位或货物错误)时,HD即将此信息发送给管理系统,管理系统将该异常情况录入数据库并生成一新的推荐货位,指挥重新开始操作,直至成功完成此操作。

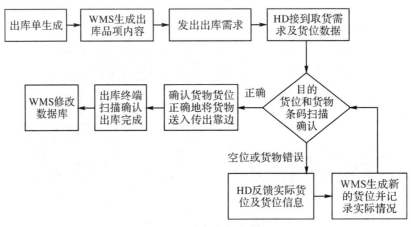

图 11-4　某仓库出库流程

## 四、仓储信息管理系统的设计

仓储始终是生产者和客户之间的一个主要联系纽带,在物流系统中起着包括运输整合、产品组合、物流服务、防范偶发事件、物流过程平稳等一系列增加附加值的作用,是公司物流系统最重要的职能之一。现代物流全球化趋势,以及影响仓储的时间、质量等因素对仓储管理软件提出了新的需求。因此,设计一个能达到既定目标的仓储信息管理系统是一项非常重要的任务。

(一)系统设计的主要工作

(1)系统设计的主要工作包括新系统的总体设计、代码设计、数据库设计、输入/输出设计、处理流程及功能模块设计等。

(2)代码设计规范的制定。

(3)资料存储设计。主要包括数据库设计、数据库的安全保密设计等。

(4)计算机处理过程设计。主要包括输入/输出设计、处理流程图设计和编写程序设计说明书等。

(5)系统物理配置方案设计。主要包括设备、通信网络的选择、设计和数据库管理系统的选择等。

(二)系统设计的主要原则

1.系统性的原则

由于系统是作为统一整体而存在的,因此,系统设计时,始终要考虑系统设计要从总体目标出发,要服从总体的要求。如系统的代码要统一,设计规范要标准,传输的语言要尽可能一致,对系统的采集要做到输出一致,使一次输入多次利用。

2.可靠性原则

可靠性是指系统软硬件在运行过程中抵抗异常情况的干扰及保证系统正常工作的能力。可用平均无故障时间和平均维护时间这两个指标来衡量系统的可靠性。前者反映了系统安全运行的时间周期;后者反映了系统工程可维护性的好坏。一个良好的信息管理系统必须具有较高的可靠性,包括安全保密性、检错和纠错能力,以及抗病毒能力。

3.简单、灵活性原则

简单性原则要求在具备所需功能前提下,要达到预定的目标,系统应当尽可能简单,便于管理。这样可以减少处理时间,降低处理费用,提高系统效率。灵活性原则要求系统应该具有很强的环境适应性,包括它的开放性和结构的可变性。因为,无论是设备、组织结构、管理制度或管理人员,在一定时间内可能是相对稳定的,而变化则是经常的。因此,在系统设计中,应尽量采用模块化结构,提高各模块的独立作用,尽可能减少各模块的资料的耦合,使各子系统之间的资料依赖程度降到最低,这样,既便于模块的修改,又便于增加新的内容,提高整个系统的适应能力。

4.系统的运行效率

系统的运行效率主要包括:处理能力,指在单位时间内处理事物的数量;处理速度,指处理单个事物的平均时间;响应时间,指从发出处理要求到给出处理结果所需的时间。

5.经济性原则

在满足相应要求的条件下,应尽可能选择性价比高的、相对成熟的产品,不必贪新求大。

(三)系统设计中的信息采集

1.信息采集的作用

信息采集是仓库管理信息的前提和基础。实现自动化信息采集是一个优秀的仓库管理信息系统不可缺少的组成部分。随着实时通信技术的发展,无线频率设备、局域网、条形码及扫描装置使人们可以迅速准确地采集信息,并实时反映信息变化情况。

2.无线频率信息采集的技术的优点

无线频率信息采集技术是一种准确性、及时性很强的信息采集技术,其在库存中应用最多的是使用起重机车的场合。地面人员通过终端将指令传递给起重机操作员,并接收操作员传回的信息,其反应时间为 3～6 秒。概括起来,使用无线频率信息采集系统具有以下优点。

(1)可很容易地使用随机储存计划,极大地节省库存空间。

(2)节省劳动力(8%～35%)。

(3)消除库存人工计数。

(4)增加准确率,使其达到99%以上。

(5)便于执行纪律。

(6)能自动生成重要数据并可产生十分有利的问题报告。

(7)减少了日常文书工作。

(8)实现了先入先出原则。

(9)容易处理紧急订货。

此外,无线频率信息采集技术系统还为单位提供了多种员工培训手段。它适合于对各种水平的员工进行全面的培训,菜单选择形式使使用者可以根据自己的情况和资料内容确定自己的学习方式和进度,培训可以贯穿整个过程,形象的图标加上声音的作用比单纯的文字教学效果更好,便于对培训进行管理。

**3.成功的数据采集的步骤**

除了使用先进的信息采集技术实现自动化信息采集以外,成功地进行数据采集还应遵循一定的步骤。

(1)明确所有的仓库作业步骤

画一张仓库运作过程图,上面清清楚楚地标出从收货到运出货物的所有仓库作业步骤,每一步已分成两部分:一部分是物料实体搬运功能的实现,另一部分是信息采集。

(2)明确自动化采集信息的应用范围

在这一步骤里应确定哪些仓库作业步骤能借助自动化信息采集的帮助工作得更快或更准确,其最终目的是提高每一步的工作效率,而并非仅仅是提高某一工作过程的速度。

(3)明确评估的约束条件和技术要求

每一仓库都有其内、外部两方面的约束条件,如受到是否有新的设备等有形的物质条件的制约,以及信息处理系统的硬件和软件是否协调,预算、人员培训是否到位等无形条件的制约。典型的技术要求如行业、顾客和供应商们建立的一系列技术标准,如条形码技术等。

(4)确定何处使用自动化信息采集

通过权衡公司所有的需求计划,利害关系、约束条件和技术要求,选择在最容易取得成功的地方使用自动化信息采集技术。

(5)生产系统说明书

有两种类型的说明书,一种着重于说明系统的功能,另一种着重说明实现系统功能的硬件和软件条件。由于系统说明书详细列出了功能细目,自动化信息采集设备供应商便可以据此提供能满足要求的硬件和软件。

**(四)系统设计方法**

目前系统设计没有统一的方法。现在采用自上而下的结构化设计,但是在局部环节上(或一些小的规模系统)使用原初方式、面向对象的设计方法。这种方法目前较为流行。

这种自上而下的结构设计原理主要有:层次化、模块化原理——即将系统根据实际结构关系分解成不同的层次并在不同的层次上再划分成多个相对独立的模块;信息隐藏原理——即在一定规模和条件的限制下,把功能相关的模块放在同一模块中,以减少信息的交换量,同时便于模块的更新;时空等价原理——即指按时空关系化分成子系统或模块。这种设计方法的特点在于：对于一个复杂的系统由自上而下的方法进行分解可以简化设计，可以采用图形来表示工具，它有一种基本的设计原则和方法，还有一组评价标准和质量优化技术。这种方法的基本内容主要包括：合理地进行模块分解和定义，有效地将模块组织成一个整体。

（五）系统设计步骤

1．考证仓库建立管理信息系统工程的必要性

首先回顾一下仓库过去作业情况，检查仓库库存的准确度、运送库存量、服务水平和综合生产能力。接着对库存进行全面考查，以确定完成库存职能所必需的信息。如收货所需掌握的库存空储存点信息。同时还要检查哪些数据已经有了，建立系统还需要收集哪些类型的数据（有时还根据情况决定是否安装自动化数据采集系统）。通过考察，便可决定仓库应改进的范围并决定是否采用计算机仓库管理信息系统。

2．建立系统详细说明书

一旦仓储确定了建立管理信息系统的计划，接下来便应着手建立系统的详细说明书，包括系统软件功能、灵活性（可否适应业务发展要求），以及软件供应者异地提供支持的能力。一般来说，一个库存管理系统应具备的基本功能有：运输、收货、包装、物资录入、储存订货拣选、物资集结和资源管理等。

3．寻找合适的软件商，建立系统

建立仓库管理信息系统不用一切都靠自己动手从头做起。你可以开出一个你认为系统应具备的功能清单，然后对照清单看哪家提供的商品软件满足要求。当然，你不可能找到一个完全满足你的要求的现存系统。一般而言，有20％～40％的功能要求专门设计。所以，最明智的做法是找一家能完全理解你的需求的软件商，双方合作编制出满意的软件。

下列几种技术的发展使得仓储管理系统软件的水平可以进一步提高：窗式接口技术、目标程序语言技术、分布式处理技术、加速运动处理技术和并行处理技术。

# 第二节　信息技术在库存管理中的应用

## 一、EDI 技术的应用

### （一）EDI 技术的发展

EDI 最初由美国企业应用在企业间的订货业务活动中，其后 EDI 的应用范围从订货业务向其他的业务扩展，如 POS 销售信息传送业务、库存管理业务、发货送货信息和支持信息的传送业务等。近年来，EDI 在物流中广泛应用，被称为物流 EDI。所谓物流 EDI 是指在货主、承运业主及其他相关的单位之间，通过 EDI 系统进行物流数据交换，并以此为基础实施物流作业活动的方法。物流 EDI 参与单位有货物业主（如生产厂家、贸易商、批发商、零售商等）、承运业主（如独立的物流承运企业等）、实际运送货物的交通运输企业（铁路企业、水运企业、航空企业、公路运输企业等）、协助单位（政府有关部门、金融企业等）和其他的物流相关单位（如仓库业者、专业报关业者等）。物流 EDI 的框架结构如图 11-5 所示。

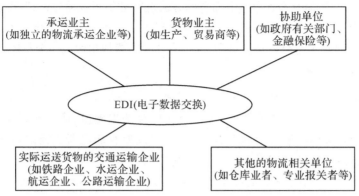

**图 11-5　物流 EDI 的框架结构**

（二）EDI 系统的应用实例

下面我们看一个物流 EDI 系统的应用实例，一个由发送货物业主、交通运输企业和接收货物业主组成的物流模型的运作流程如下。

（1）发送货物业主（如生产厂家）在接到订货后制定货物运送计划，并把运送货物的清单及运送时间安排等信息通过 EDI 发送给承运业主和接收货物业主（如零售商），以便承运业主预先制定车辆调配计划和接收货物业主制定货物接收计划。

（2）发送货物业主依据顾客订货的要求和货物运送计划下达发货指令，进行分拣配货，打印出物流条形码的货物标签（shipping carton marking，SCM）并贴在货物包装箱上，同时把运送货物的品种、数量、包装等信息通过 EDI 发送给承运业主和接收货物业主，依据请示下达车辆调配指令。

（3）承运业主在向发送货物业主取运货物时，利用车载扫描读数仪读取货物标签的物流条形码，并与先前收到的货物运输数据进行核对，确认运送货物。

（4）交通运输企业在物流中心对货物进行整理、集装，做成送货清单并通过 EDI 向收货货物业主发送发货信息。在货物运送的同时进行货物跟踪管理，并在货物交纳给收货货物业主之后，通过 EDI 向发货货物业主发送完成运送业务信息和运费请示信息。

（5）收货货物业主在货物到达时，利用扫描读数仪读取货物标签的物流条形码，并与先前收到的货物运输数据进行核对确认，开出收货发票，货物入库。同时通过 EDI 向承运业主和发送货物业主发送收货确认信息。

物流 EDI 的优点在于供应链组成各方基于标准化的信息格式和处理方法通过 EDI 共同分享信息、提高流通效率、降低物流成本。例如，对零售商来说，应用 EDI 系统可以大大降低进货作业的出错率，节省进货商品检验的时间和成本，能迅速核对订货与到货的数据，易于发现差错。

应用传统的 EDI 成本较高，一是因为通过 VAN（value added network，增值网络）进行通信的成本高，二是制定和满足 EDI 标准较为困难，因此过去仅仅大企业因得益于规模经济能从利用 EDI 中得到利益。近年来，互联网的迅速普及，为物流信息活动提供了快速、简便、廉价的通信方式，从这个意义上说互联网将为企业进行有效的物流活动提供坚实的基础。

## 二、条码技术的应用

条码技术因为具有先进、适用、容易掌握和见效快等特点,在信息(数据)采集中发挥着巨大的优势。无论在商品的入库、出库、上架还是和顾客结算的过程中,都要面对如何将数据量巨大的商品(不论是整包包装还是拆封后单个零售)信息输入计算机中的问题。如果在单个商品的包装上,印制上条码符号,利用条码阅读器,就可以高速、准确、及时地掌握商品的品种(货号)、数量、单价、生产厂家、出厂日期等信息。这样不仅提高了效率,同时也吸引了更多的顾客,减少或消除顾客购货后结算和付款时出现的拥挤排队现象。在物料入库、分类、出库、盘点和运输等方面,可以全面实现条码管理。

## 三、射频识别技术的应用

将射频识别技术(radio frequency identification,RFID)系统与条形码系统结合,可用于智能仓库货物管理,有效解决仓库与货物流动有关的信息管理,这样不但可增加一天内处理货物的件数,还能监视这些货物的一切流动信息。一般而言,射频卡贴在货物要通过的仓库大门边上,读写器天线放在叉车上,每个货物都贴有条形码,所有条形码信息都被存储在仓库的中心计算机里,该货物的有关信息都能在计算机里查到。当货物被装走运往别地时,由另一读写器识别并告知计算中心它被放在哪个拖车上。这样管理中心可以实时地了解到已经生产了多少产品和发送了多少产品,并可自动识别货物,确定货物的位置。当叉车通过门禁系统时,射频阅读器会自动识读装载托盘上的射频标签。

## 四、智能系统的应用

智能系统在仓储作业中的应用主要是智能仓库,智能仓库是在不直接由人工处理的情况下能够自动地存储和搬运物料的系统。它主要由自动化仓库、自动搬运系统及智能管理系统组成,用于完成物料的存储、输送、装卸和管理等功能。一种柔性化和智能化物流搬运机器人——AGV(automated guided vehicle,自动引导运输车),目前已经在制造业、港口、码头等领域得到普遍应用。

第十一章复习题

# 第十二章　集装箱堆场管理

**盐田港推进堆场规范化管理**

进入 2018 年以来,盐田港后方陆域开始进行综合整治,针对盐田港辖区部分堆场存在的私自卖油、无证修车、工作效率低下、阻碍交通等问题,盐田街道综治办将联合各执法单位,建立堆场规范化管理整治微信群,强化联勤联动,采取不定时联合查处行动,坚决遏制堆场非法卖油、无证修车、阻碍交通等违法行为。

盐田交通执法大队在盐田港后方陆域查处了无证维修点 12 家,黑油车 14 辆,路边分解维修车辆违法行为 8 宗,无证经营的货运场站 2 宗。下一步,盐田交通执法大队将联合市港航货运局,强化对已有许可的堆场进行安全生产检查,督促堆场切实履行安全生产主体责任;全面摸排、坚决查处无证经营的堆场和货运场站;加大对堆场内的无证维修经营行为的查处力度。

经过整治,梧桐山大道、明珠道、北山道等几条主干道日常基本畅通,港口运转正常,市民也能正常出行,辖区内大面积拥堵的现象基本消失。

案例来源:郑创彬,邓雪婷.盐田港后方陆域综合整治例会召开推进堆场规范化管理[EB/OL].(2018-05-25)[2019-10-15].http://www.sz.gov.cn/ytqzfzx/cn/zjyt/jjyt/mtbd/201805/t20180525_11939821.htm.

**思 考 题**

1.简述堆场管理的作业策略。

2.简述堆场的安全管理。

**本 章 要 点**

通过本章学习,学习者应了解集装箱的基本知识,掌握集装箱堆场功能及堆场工艺流程的制定,重点学习堆场计划的制定,主要包括集港堆场计划、场地及场地机械计划、集装箱码头作业计划等内容,还要掌握堆场仓储管理作业策略,注重堆场安全,通过作业策略优化,提高装卸效率。

# 第一节　集装箱堆场概述

## 一、集装箱的基本知识

（一）集装箱的定义

国际标准化组织（International Organization For Standardization，ISO）在国际标准 ISO 830—1981《集装箱名词术语》中对集装箱的定义如下。

集装箱是一种运输设备：

(1)具有足够的强度，可长期反复使用；

(2)适用于一种或多种运输方式，无须中途换装；

(3)设有便于装卸和搬运的装置，特别是便于从一种运输方式转移到另一种运输方式；

(4)便于货物装满和卸空；

(5)具有 1 米³ 或 1 米³ 以上的内容积。

集装箱这一术语不包括车辆和一般包装。

目前，许多国家所制定的标准都全文引用了这一定义，如我国最新修订的 GB/T 1413—2008《系列 1 集装箱　分类、尺寸和额定质量》国家标准，日本工业标准 JISZ 1613—72《国际大型集装箱术语说明》，法国国家标准 NFH 90—001—70《集装箱的术语》，美国国家标准 ANSI MH 5.1.1.5—1990《货运集装箱、公路/铁路封闭式干燥运货集装箱》等。

（二）ISO 关于集装箱结构的要求

在国际标准化组织 ISO 1496—1—1990《系列 1 集装箱技术要求与试验，第一部分：一般用途通用货物集装箱》（ISO 1496-1-1990 *Series 1 freight containers，specification and testing，part 1：general cargo containers for general purposes*）中，对集装箱有如下要求。

(1)集装箱的任何部分不得超出集装箱所规定的外部尺寸。集装箱内部不得有妨碍装货的突出物。

(2)集装箱的内部尺寸和箱门开口尺寸（door open dimensions）要大于标准中所规定的最小值。

(3)集装箱的所有部分要能承受标准中所规定的负荷强度。

(4)集装箱的所有部分要具有标准中所规定的水密性要求，箱门要能左右开启 270°。

(5)集装箱的上部和下部各个角上都要设有标准中所规定的国际标准角件。

(6)箱顶顶面要低于顶角件角面 6 毫米。

(7)集装箱在空载的状态下，箱底的底面要高于底角件底面 12.5 毫米。其公差为 +5 毫米，−1.5 毫米。

(8)集装箱装载在底盘车（chassis）上时，除集装箱的角件外，要按规定设载荷传递区（load transfer area），通过底框架把载荷传给底盘车的主框架（main frame），底盘车只要有这种载荷传递区就可以承受集装箱。

(9)箱底上承受 1.8R—T（R 为总重，T 为自重）的均布载荷时，箱底挠度（deflection）不得低于底角件底面 6 毫米以上。

(10)当集装箱受到规定范围内的挤压载荷(racking load)时,端框架对角线的偏移量之和不得超过 60 毫米。

(11)国际标准中规定的各种实验要求合格。

(12)在 1CC、1C 和 1D 型集装箱上最好设有规定尺寸的装卸用叉槽(fork lift pockets)。

(13)在 1AA、1A 型集装箱上最好设有规定尺寸的鹅颈槽(gooseneck tunnel)。

(14)在下侧梁上最好设有能使用抓臂(grappler arms)装卸用的抓臂起吊槽(grappler arm lifting areas)。

除了要满足上述要求外,还要考虑使用条件、耐腐蚀性、耐久性、使用方便、修补容易等各种要求。

## 二、集装箱堆场的定义和主要业务

(一)集装箱堆场的定义

集装箱堆场(container yard,CY)是指办理集装箱重箱或空箱装卸、转运、保管、交接的场所。

1.集装箱堆场应具备的条件

(1)地面平整,能承受所堆重箱的压力,有良好的排水条件。

(2)有必要的消防设施、足够的照明设施和通道。

(3)有必要的交通和通信设备。

(4)有符合标准并取得环保部门认可的污水、污染物处理能力。

(5)有围墙、保卫和检查设施。

(6)有一定的集装箱专业机械设备。

(7)有集装箱管理系统或电子计算机管理设备。

2.集装箱堆场的作用

集装箱堆场,有些地方也叫场站。对于海运集装箱出口来说,堆场的作用就是把所有出口客户的集装箱在某处先集合起来(不论通关与否),到了截港时间之后,再统一上船(此时必定已经通关)。也就是说,堆场是集装箱通关上船前的统一集合地,在堆场的集装箱货物等待通关,这样便于船公司、海关等进行管理。

3.平面箱位数计算方法

集装箱堆场是集装箱码头进行集装箱装卸、交接、存放及保管的场地,按照用途分为重箱、空箱、冷藏箱、特种箱场地等几个部分,所需平面箱位数和面积大小决定于泊位运量、堆存天数、堆箱层数和装卸系统等因素。平面箱位数计算如下。

$$n_{\min}=Q/N\times t/(h\beta)$$

式中:$n_{\min}$ 为最低平面箱位数。

$Q$ 为泊位年吞吐量。

$N$ 为堆场年工作天数。

$t$ 为集装箱在堆场平均堆存天数。

$h$ 为集装箱堆存平均层数,一般不超过 4 层。

$\beta$ 为箱位利用率,一般取 0.7~0.8。

应根据工艺方案的不同,配置相应的集装箱堆场装卸设备。

(二)集装箱堆场的业务

集装箱堆场的主要业务是办理集装箱的装卸、转运、装箱、拆箱、收发、交接、保管、堆存、搬运及承揽货源等。此外还有集装箱的修理、冲洗、熏蒸和有关衡量等工作。

以港口集装箱堆场为例,其主要业务如下。

1.集装箱的堆存与保管

集装箱进场后,场站应按双方协议规定,按照不同的海上承运人将空箱和重箱分别堆放。空箱按完好箱、破损箱、污箱、自有箱和租箱分别堆放。

场站应对掌管期限内的集装箱和箱内货物负责,如有损坏或灭失,应由场站承运人负责。未经海上承运人同意,场站不得以任何理由将堆存的集装箱占用、改装或出租,否则应负经济责任。

场站应根据中转箱发送目的地的不同,分别堆放,并严格按承运人的中转计划安排中转,避免倒箱、等待吊装等情况出现,影响转运。

2.集装箱的交接

发货人和集装箱货运站将由其代理或其代理人负责装载的集装箱货物送至码头堆场,设在码头堆场的闸口对进场的集装箱货物核对订舱单、码头收据、装箱单、出口许可证等单据。同时,还应检查集装箱的数量、编码、铅封号码是否与场站收据号码记载相一致,箱子的外表状况及铅封有无异常等情况。如发现有异常情况,门卫应在堆场收据栏内注明,如异常情况严重,会影响运输安全的,则应与有关方联系,再决定是否接收这部分货物。对进场的集装箱,堆场应向发货人、运箱人出具收据。

3.对特殊集装箱的处理

对堆存在场内的冷藏集装箱应及时为其接通电源,每天还应定时检查冷藏集装箱和冷冻机的工作状况是否正常,箱内温度是否保持在货物所需的限度内,在装卸和出入场时,应及时关闭电源。

对于危险品集装箱,应根据可暂时存放和不能存放两种情况分别处理。能暂时存放的货箱应堆存在有保护设施的场所,而且堆放的数量不能超出许可的限度;不能暂存的货箱应在装船预定时间内,进场后立即装上船舶。

4.对装箱中问题的处理

在装箱过程中可能出现两个问题:一是倒箱,二是等待吊装。这两个问题都是信息不畅造成的,都会影响装卸效率和场地使用效率,主要解决办法是加强堆场与船公司之间的沟通,尽量及早传送舱单,按舱单集港,采用预配图收箱,避免场地出现轻箱压重箱、不同去向的集装箱混堆及机械等待吊装的情况。

(三)堆场作业工艺

1.堆场作业工艺方式

集装箱堆场是用来存放或保管集装箱船舶装卸的集装箱的场所,堆场作业是按照装卸集装箱船舶编制的作业计划,对集装箱进行装卸,完成集装箱配置的操作过程。集装箱码头堆场作业工艺应根据泊位的通过能力、集疏运方式、陆域面积,经过技术经济论证来确定,可选用的堆场装卸设备有轮胎式场桥、轨道式场桥、跨运车等。长期以来,集装箱码头堆场上的集装箱装卸大多采用轮胎式场桥和轨道式场桥两种。近几年,起重量为 61 吨可吊两个 20 英尺集装箱的双 20 英尺集装箱轮胎式场桥和双 20 英尺集装箱轨道式场桥也相继投入使用。

(1)轮胎式场桥工艺

该工艺方式中堆场上采用轮胎式场桥作为集装箱装卸设备,完成集装箱牵引车到堆场转接作业。轮胎式场桥可以跨越 6 列集装箱和一个集装箱牵引车车道,堆放 3～5 层集装箱,机动灵活,调度方便,能较好地与码头前沿岸桥等装卸设备匹配作业,达到较高的装卸作业效率,目前大多数集装箱码头都采用此装卸工艺。该工艺也存在一些不足之处,轮胎式场桥由于采用内燃机驱动,能耗大,维护运行成本日益增高,同时排放的废气会对环境产生一定的污染与影响。轮胎式场桥工艺流程为

堆场↔轮胎式场桥↔集装箱牵引车

(2)轨道式场桥工艺

该工艺方式中堆场上采用轨道式场桥作为集装箱装卸设备,完成集装箱牵引车到堆场转接作业。轨道式场桥采用电力驱动,可以堆放 4～5 层集装箱,轨道跨运距超过 40 米,具有节能、环保,堆放利用率高,设备完好率高,操作简单,直接装卸成本低等优点。同时轨道式场桥通过安装定位装置可以精确地进行位置控制,易于实现自动化操作。但由于其必须在轨道上行走,故作业范围受局限,机动性和灵活性差,转场不方便,且设备总投资较高。轨道式场桥工艺流程为

堆场↔轨道式场桥↔集装箱牵引车

(3)跨运车工艺

该工艺方式中跨运车既是水平运输机械,又是堆场装卸机械。跨运车机动灵活,可以完成多项作业,减少机械配备,便于现场生产组织和管理;堆码高度为 2～3 个集装箱,可减少翻箱倒箱作业量。但是由于现代化集装箱码头配备的岸桥比较高效,甚至采用双 20 英尺、双 40 英尺、双小车岸桥,而且数量多,装卸能力大幅度增加,因此需要大量的跨运车与之配套,初期投资大大增加;集装箱船舶大型化,码头一次装卸达数千集装箱,要求堆场有足够的面积,场地利用率低,对集装箱码头的堆场面积或集疏运效率要求较高。跨运车工艺流程为

堆场↔跨运车

2.新型堆场作业工艺

(1)双 20 英尺堆场作业工艺

为了缩短集装箱船舶在港停泊时间,提高码头前沿装卸效率,在 20 英尺集装箱装卸量比例比较大的集装箱码头,岸桥采用了双 20 英尺吊具的新技术,一个循环岸桥可以装卸两个 20 英尺集装箱。与之相适应,堆场上的设备也需要具备同时装卸两个 20 英尺集装箱的能力,在工艺上前后呼应,达到匹配。双 20 英尺的轮胎式场桥、轨道式场桥工艺在堆场上一方面可以提高卸船的效率,另一方面也为双 20 英尺集装箱装卸进行准备。新型堆场作业工艺流程为

堆场↔双 20 英尺轮胎式(轨道式)场桥↔集装箱牵引车

(2)自动化无人堆场

中国首个集装箱自动化堆场——上海港外高桥集装箱码头全自动化无人堆场是由上海振华港机与上海国际港务集团公司合作设计制造的,于 2005 年底投入运营,年设计通过能力可达 54 万国际标准箱。

①自动化堆场主要特点

a.集装箱牵引车不进入堆箱区而在堆箱区两端固定点装卸,堆箱区集装箱排列方向和集装箱牵引车方向一致。

b.装卸集装箱牵引车与堆存箱分别由高型轨道式场桥(DRMG)和矮型轨道式场桥(CRMG)通过地面固定台座进行中转接力完成。

c.创新设计的双小车高型轨道式场桥配上两个独立吊具可以最多一次可同时起吊两个40英尺/45英尺集装箱或4个20英尺集装箱,使高型轨道式场桥的效率发挥到最佳。若一台小车出现故障,另一台小车仍可保证该堆箱区照常作业。

d.地面固定式集装箱平台,其导板结构不但保证集装箱快速落位,而且保证多箱排放整齐规范。该平台将集装箱位置规范化,从而保证高型轨道式场桥在堆场内的全自动化作业。

②自动化堆场的几项新技术

a.吊具防摇和自动纠偏

吊具悬挂采用了8绳防摇系统和吊具自动纠偏装置,能执行吊具自动准确对箱和吊具带箱自动对车的任务。

b.保证堆码整齐的吊具长导板装置

特殊设计的吊具长导板装置可保证吊具带箱、着箱时既快又准。

c.声光电集合的集装箱牵引车定位系统

采用了图像和激光测量相结合的集装箱牵引车定位系统。司机通过高清晰度的户外大屏幕确认集装箱牵引车的位置,从而进行定位。

d.机电相组合的大车小车定位技术

除了采用目前世界上自动化码头轨道式场桥的电控定位技术以外,还设计了有两个大车减速箱的大车行走微动装置,伺服电机可对大车运行误差进行补偿,使车轮达到毫米级的准确定位。

e.安全保护和监测系统

配有多层的安全保护、故障检测和显示装置等一系列高度可靠的保护和监测系统,确保集装箱无人堆场高度有效地工作。

f.堆场智能控制系统

闸口和高型轨道式场桥能自动识别集装箱牵引车和集装箱,堆场进出箱、装卸可实现全自动化的智能控制。

# 第二节 集装箱堆场管理的主要内容

## 一、堆场计划的制定

堆场作业计划是对集装箱在堆场内进行的装卸、搬运、贮存、保管的安排,这是为了经济合理地使用码头堆场和有计划地进行集装箱装卸工作而制订的。

堆场计划负责堆场的集装箱摆放位置的划分与确定。堆场计划的目的是充分利用有限的堆场面积,合理划分堆场,给每一个集装箱配置理想的位置,提高堆场利用率。

(一)相关知识

1.堆场计划岗位职责

计划人员根据现场运作情况及业务预报管理堆场计划,在船期计划、堆场收发箱计划制订后,根据现场操作情况及船舶到港时间、收箱时间制订堆场计划。

按照业务要求(船名、航次、船公司、箱主、尺寸等)指定堆存区域,以便在收发箱、装卸船、堆场内部操作时,系统根据集装箱属性查找堆场计划,从而自动指定堆存区域,使整个堆场箱的堆放符合堆场计划的要求,达到提高堆场利用效率、降低捣箱率的目的。

2.堆场作业计划的主要内容

(1)集港作业

加强堆场前期的信息追踪和收箱系统分析是非常有必要的。堆场收箱是船舶装船作业的开始,堆场计划的好坏直接影响着后面的配载计划与装船,专门地对场地进行规划与整理,对场地的管理有了一个统筹规划,在收箱前充分考虑船舶出口箱量的特点,制定集港时间;掌握不同航线不同船舶出口箱的特点,如箱量、箱型、重量等级的分布,根据具体情况分配场位、制定相应的收箱规则,合理堆码,对于特种箱如危险品箱,在非夏季确保安全的情况下采用单独集中堆码和不同危险等级的危险品隔离堆码两种方式,从而减少集装箱搬运频率,降低装船过程中的倒箱频率,提高装船效率。

(2)进港作业

合理运用堆场,在卸船前掌握空、重箱量和流向情况,摸清中转量及二程船的信息,进行分空重、分箱型堆码,并制定堆场的作业计划,减少提箱过程中的倒箱率。对外提箱做好催提工作,减少进口箱在堆场的堆存时间,从而提高堆场的利用率。

(3)研究多种提高作业效率的方法

如"双箱堆场计划""边装边卸"等,合理配置资源,统筹安排进出口作业堆场,减少作业过程中拖车绕场跑位的情况,缩短作业时间,从而提高效率。

(二)堆场作业计划的制定

堆场作业计划的制定需考虑下列因素。

根据船期表和靠泊图,综合考虑船、港、属性、重量、箱型和箱属公司,确定进、出口及中转箱的场位;根据提重返空的分析资料,结合场存,按箱属公司、箱型定义回空箱场位;确定特殊箱(冷藏箱、超限箱等)的场位,严格遵照危险品箱的隔离标准并确定其场位;确定暂收箱(信息未确定、提前进港的箱)的场位,根据进闸情况及船期、泊位的变更,随时调节收箱场位;及时更新缓冲区场位状态,根据实际箱量不断检查场位的状态并及时更新;将不符合堆场计划的箱做移箱处理;将不符合重量等级要求的箱做本位倒箱指令;根据冷藏箱运前检查(pre-trip inspection,PTI)及特殊要求,做移箱指令;根据海关查验指示,做进出海关查验区移箱指令并打印出移单归档;堆场拥挤时,做空箱向外租堆场的渡箱指令;检查移箱指令完成情况并及时更新;与船公司密切配合,做好箱管工作;据先进先出原则及船公司的特殊要求,考虑到机械出勤等因素,设定并更新空箱提箱区域,将工作外堆场提箱计划发送给箱务室;接船公司转运空箱指示,确定箱号并更改其状态。

集装箱堆场作业计划,是指在堆场上如何合理地制定堆放和保管集装箱的计划,即对集装箱应采取的排列顺序、堆放地点和堆码高度的计划,也称之为集装箱堆放场地配载计划,是集装箱码头作业计划系统中的核心内容。集装箱堆场作业计划,是根据交付和接收进出口集装箱及船舶载图预先编制出来的。将准备装船的出口集装箱按装载计划或集港模板事先堆放好,将从船上卸下的集装箱按交货方便的原则排列在堆场上,以便将集装箱顺利装上船或交付给收货人。其工作目的就是充分利用堆场,合理堆放集装箱。堆场作业计划的编制,主要包括卸船场地计划、集港堆场计划、场地及场地机械计划等。

1. 卸船场地计划

编制卸船场地计划主要依据由船舶代理公司提供的进口集装箱分尺码空重箱数,包括冷藏箱、危险货物箱、超限箱等特种箱箱量信息,对进口作业时间、作业开线量、进口空箱的分箱主流向做出安排,并注重中转箱数量及流向信息,准确进口危险货物说明书等。安排进口卸船场地,要有预见性,不能只考虑当前的船舶,还要考虑后续船舶作业对场地资源的需求。对于纵深小、场地容量不足的集装箱码头,更要合理安排场地使用,加快周转速度。

2. 集港堆场计划

编制集港堆场计划需要提前获取以下信息:分卸货港、分尺码、分空重出口集装箱箱数,出口装船作业线开线量,该航线在本码头集装箱配载情况。

根据出口装船作业线开线量,计算装船作业的场地机械数量,并分配场地区域。尽量使在一条作业线装船的出口集装箱集中在一个区域内。为避免装船作业中不同作业线之间的互相干扰,每条作业线对应的场地区域应该保持适当的距离。然后根据该航线在本码头集装箱配载图中各卸港货物的分布规律安排出口场地。

3. 场地及场地机械计划

根据场地及场地机械窗口和航运作业计划预估并确定各提箱场地提箱预约数,并进行数量设置,以便对提箱作业进行预控,避免暂时性的场地拥堵。

(三)集装箱堆场作业流程

无论是托运人集港待装船的集装箱,还是从集装箱船上卸下后待发给收货人的集装箱,都要在集装箱码头堆场进行交接。从承托运双方交接地点的改变形式来说,集装箱码头堆场可以看作是码头岸壁的延伸部分。它又是国际集装箱国内运输系统的起点和终点。因此,码头船舶装卸效率的高低,关键在于能否合理地组织集装箱堆场作业。此外,作为集装箱海上运输和内陆运输的衔接点,集装箱码头堆场不仅是集疏运系统空、重箱交接的场所和作业场地,而且还具有对集装箱堆存和保管的功能。

1. 提箱作业流程

提箱作业流程如图 12-1 所示。

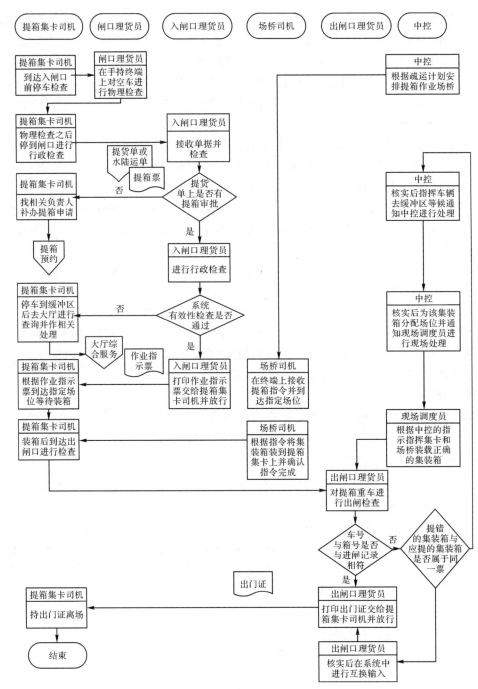

图 12-1　提箱作业流程

## 2.收箱作业流程

收箱作业流程如图 12-2 所示。

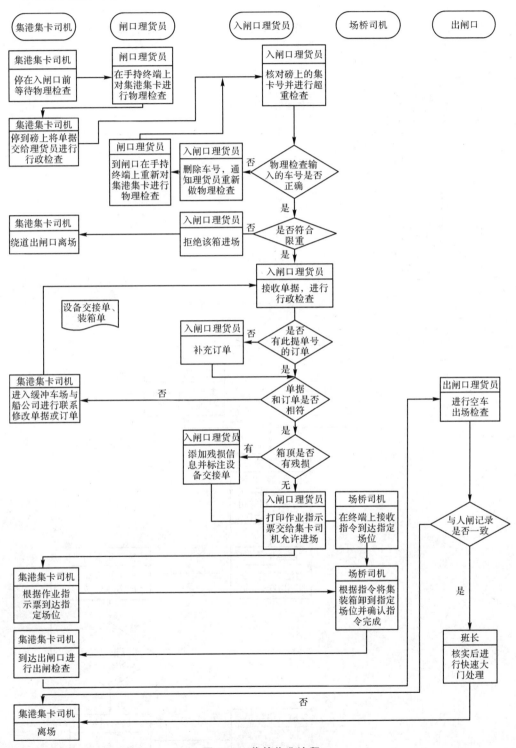

**图 12-2 收箱作业流程**

### 3.清场作业流程

清场作业流程如图 12-3 所示。

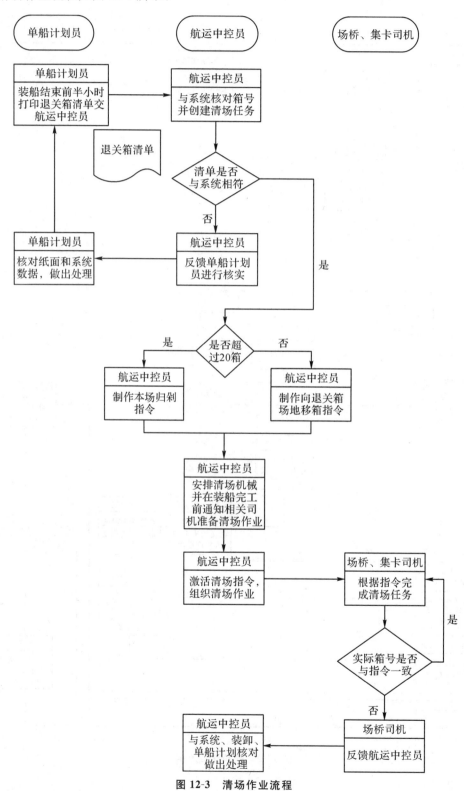

图 12-3　清场作业流程

## 二、堆场箱务管理

### (一)堆场作业

#### 1.堆场巡查

维持堆场内道路的交通秩序,疏通交通阻塞现象;根据控制中心指令,及时引导跑错位的内/外拖车到达正确位置;将堆场阻塞信息反馈给控制中心,并及时疏导;指挥大型机械(场桥、流机)在复杂作业环境中移动大车及转场;检查在堆场码箱是否整齐。箱门朝向是否符合标准;检查码头环境及设施、设备的状况,发现问题及时上报控制中心;检查巡逻车辆状况,保持车辆整洁;做好交接班工作,填写堆场交接日志;指挥 U/C(use-create 矩阵,是表示过程与数据两者关系的矩阵)进行进出场作业;协助箱务室进行拆、装箱作业。

#### 2.堆场现场作业

接收控制中心指令,明确作业区域划分及所属对讲机频道;根据无线终端(RDT)显示的作业指令,驾驶场桥(RTG)到达作业位置,注意场桥跑道、车道有无障碍物、所辖范围内的最大堆箱层高;根据无线终端显示的作业指令,驾驶流机(R/S,E/S)到达作业位置,注意行驶区域内的道路环境及驾驶机械的吊臂高度;根据无线终端显示的作业指令,将在场箱放置到拖车上,注意核对拖车牌号;根据无线终端显示的作业指令,将拖车上的集装箱放入堆场,注意箱门朝向及堆码整齐;指令完成后,及时确认无线终端信息,保证信息完整,同时根据现场作业情况合理选择下一指令;根据无线终端显示的作业指令,完成本位移箱作业,并更新场位信息;根据指导员指令及无线终端显示的作业信息,完成超限箱的收、发作业;根据无线终端显示的冷藏箱作业信息,联系冷藏箱管理人员,并根据其指令完成冷藏箱的收、发作业;接收到控制中心转场指令后,联系转场指导员到位,在指导员的引导下完成场桥转场;对所辖范围内一切影响作业秩序的情况及时向控制中心汇报;发现机械故障及异常及时报告控制中心/工程部,并协助维修人员排除故障。

### (二)集装箱箱务管理

交接标准的批注:在交接过程中,集装箱箱体有下列情况之一的,都必须在设备交接单上注明。

(1)箱号及装载规范不明、不全,封志破损、脱落、丢失、无法辨认或与进口文件记载不符。

(2)擦伤、破洞、漏光、箱门无法关启。

(3)焊缝爆裂。

(4)凹损超过 30 毫米,凸损超过配件外端面。

(5)箱内污染或有虫害。

(6)装过有毒有害货物未经处理。

(7)箱体外贴有前次危险货物标志未经处理。

(8)集装箱附属部件损坏或灭失。

(9)特种集装箱机械、电器装置异常。

(10)集装箱安全铭牌(CSC plate)丢失。

(三)协调与处理好和船公司的业务关系

1.集装箱码头作业规范

(1)根据船期表提供合适的泊位。

(2)船舶停靠后,及时提供足够的劳力与机械设备,以保证装船速度。

(3)提供足够的场所,保证集装箱作业及堆存空间。

(4)适当掌握和注意船方设备,不违章操作。

2.船公司作业规范

(1)向码头确保船期,在船舶到港前一定时间内发出确实到港通知。如发生船期改变,则应及时通知码头。

(2)装船前 2～10 天左右提供出口货运资料,以满足堆场制定堆场计划、装船计划的需要。

(3)应及时提供船图,以保证正常作业。

## 三、堆场仓储管理

(一)堆存管理与作业策略

高度自动化的堆场设备只有与正确的堆场堆存管理和作业策略规划相结合,才能充分发挥装卸设备自动化的优势。由于集装箱堆场为自动化无人智能堆场,需要按照生产计划及时准确地实现堆场自动化设备的实时调度,完成堆场的进出箱任务,实现堆场集装箱的信息管理。作业策略规划是码头作业生产的关键技术,受到诸多因素的影响和制约。合理高效的集装箱码头作业策略一直是集装箱堆场作业所追求的目标。为满足这些要求,通过以下几个方面实现自动化堆场堆存管理与作业策略的优化,提高装卸效率,降低运营成本。

(1)集装箱属性标志,保证每个集装箱有唯一的编码,用于集装箱信息的管理。

(2)堆场区域和缓冲区内任意位置的集装箱都具有唯一的编码,用于堆场设备对集装箱的自动化操作。

(3)对作业过程的分配与控制及对 CRMG 作业分配的研究,以及堆场 LDS(堆场任务管理)控制系统的实现,为自动化无人堆场的堆场作业操作提出了合理的作业策略。

(4)合理设计堆场的作业流程,保证整个堆场各方面运行协调一致。

(二)堆场安全管理

1.堆放的防风

如果建设的自动化堆场的高度达到堆 8 过 9,且为空箱堆场,可针对自动化堆场的集装箱堆放的特点,设计框式防风方案。这种方案的特点是能抵挡强风且能充分利用堆场空间(防风框内堆放集装箱)。在堆场四周设置防风框,防风框内有防风支架,是防风筋条的支撑。防风框内堆放集装箱,既能节省空间又能起到防风的作用。

2.系统安全技术

集装箱堆场承担着集装箱的装卸、存储等重要任务,因此提高堆场系统的安全性对堆场的日常运营十分重要。要重视解决装卸机械安全、电气安全、数字系统安全等安全技术问题,提高自动化堆场日常运营的安全性能。

自动化堆场中每垛只配备 1 台 DRMG,所以必须保证每台 DRMG 工作的可靠性。可以看出,为了防止驱动器故障而影响整垛箱区的作业,在设计 DRMG 时便要考虑局部故障对整垛箱区不会产生较大影响。每台 DRMG 均有备用驱动,当其中任一驱动器发生故障时另一驱动器能立即投入运行,从而不影响 DRMG 的正常运行。

在数字系统安全上建立一套完整的网络安全防护体系,包括防病毒系统、防火墙、入侵监测系统、安全漏洞扫描系统、健全的网络安全防护管理制度。它们互相配合,互相协调,充分发挥各自的作用,确保网络畅通和安全。

(三)集装箱堆码的基本要求

集装箱堆码的基本要求如下。

(1)按箱主、按箱型分别堆码。

(2)进出口集装箱卸场时,必须依据系统指令堆码,操作司机要做到一箱一确认,确保卸场集装箱的场位与系统中的场位标识保持一致。

(3)按箱位线堆码,箱体不压线、不过线、上下角件部位对齐,四面见线(同箱位堆码纵向不超过 200 毫米)。

(4)陆地堆码单批箱时,重箱 2 层高度、空箱 1 层高度。

(5)集装箱堆码,上下箱角件部位应对齐,一般误差应小于 100 毫米。

(6)集装箱堆码,箱门必须朝向同一方向。

(7)40 英尺集装箱上禁止堆码 20 英尺集装箱。

(8)40 英尺、20 英尺集装箱禁止混码。

(9)超高箱、敞顶箱上严禁堆放集装箱。

(10)空、重箱禁止混码。

(11)高箱应集中堆码,不得与普通箱混码。

(12)危险货物箱应堆存专设的危险货物堆场,并按货物的不同性质分别堆码。

(13)冷藏箱应堆存专设的冷藏箱,堆存高度一般不超过 3 层高;对于现代化设施齐全的冷藏箱堆场,其堆场高度可视设备条件适当增加。

(14)超限箱应放专用场地,禁止放入普通箱场地。

(15)在风速不小于 15 米/秒的气候条件下,为防止摔箱事故发生,根据箱重和风向对集装箱采取降低层高或使用紧固装置等有效措施。

(16)堆码层高应视本码头具体条件及荷载而定。我国集装箱堆场堆码高度一般为 4～6 层。

第十二章复习题

# 第十三章　保税仓库管理

**案　例**　中国(上海)自由贸易试验区

2013年9月29日中国(上海)自由贸易试验区正式成立,面积28.78平方千米,涵盖上海市外高桥保税区、外高桥保税物流园区、洋山保税港区和上海浦东机场综合保税区等4个海关特殊监管区域。中国(上海)自由贸易试验区以上海外高桥保税区为核心,辅之以机场保税区和洋山港临港新城,成为中国经济新的试验田,区内政府转变职能,对金融制度、贸易服务、外商投资和税收政策等多项政策措施进行改革,大力推动上海市转口、离岸业务的发展。2014年12月28日,全国人大常委会授权国务院扩展中国(上海)自由贸易试验区区域,将面积扩展到120.72平方千米。

截至2013年11月22日,中国(上海)自由贸易试验区共接待企业、个人咨询和办理业务超过5.8万人次,其中企业办理核名近6000户。35个工作日内已办结新设企业1434家,其中外资新设企业38家,外资注册资本超过5.6亿美元;内资新设企业1396家,内资注册资本超过347.0亿元。上述新设企业中,以贸易类和服务类为主,占比分别为69%和26%。

截至2015年4月末,扩区后的中国(上海)自由贸易试验区共设有21家商业银行总行、83家一级分行、17家二级分行和351家支行网点;有20家非银行金融机构法人、1家财务公司分公司、3家金融资产管理公司代表处/分公司。区内机构的存款和贷款余额分别为4.61万亿元和4.10万亿元。

案例来源:中国(上海)自由贸易试验区管理委员会.保税区域[EB/OL].
(2019-10-10)[2019-10-22]. hina－shftz. gov. cn/NewsDetail. aspx? NID＝
c6961675－bb91－4ced－bdae－107bff21b986＆CID＝7c03c577－3e11－
482d－85b1－61b999c11127＆MenuType＝2＆navType＝1.

**思　考　题**

1.中国(上海)自由贸易试验区是我国第一个自由贸易区,其意义是什么?

2.自贸区的挂牌对保税仓库有什么影响?

3.简述保税仓库的种类及意义。

**本　章　要　点**

本章介绍了保税区的概念、分类,保税区的出口加工功能保税仓储、商品展示、国际贸易功能。学习者需了解我国保税制度的形式及优惠政策;要掌握保税仓库的概念、类型及发展,保税区仓库的出入库管理,保税区仓库货物的存放,保税区仓库的监管等内容。

# 第一节 保税区与保税仓库

保税区和保税仓库是我国对外经济开放不断深化的产物。改革开放40多年来，我国对外经济开放向高层次、宽领域、纵深化的方向发展。就开放广度而言，形成了由沿海、沿江、沿边到内陆中心城市全方位推进的格局；就开放深度而言，形成了包括开放城市、高新技术产业开发园区、经济技术开发区、经济特区和保税区在内的多层次开放的形式。目前看来，保税区和保税仓库已成为我国对外经济开放的最高形式。我国保税区和保税仓库的建设和发展推动了我国出口的扩张，增加了我国的外汇收入，促进了先进科学技术的引进，扩大了外资利用，创造了大量的就业机会，加快了产业调整，带动了我国经济社会的整体发展。

保税区和保税仓库的特殊作用，包括三个方面：第一，加快经济体制改革。我国与世界先进水平的差距，不单纯是产业水平和技术水平的差距，还有国民经济体制的差距。以往的国民经济体制改革主要是从一国范围的"参照系"去思考的，没有把中国纳入国际经济体系这个背景下去考虑如何构筑中国国民经济体制。设立保税区和保税仓库后，我国可在更大范围内走向世界、认识世界，确立全球经济思维方式，从而可使我国经济体制改革更加接近世界最新发展趋势。第二，扩大对外经济开放。对外经济开放包括商品进口和出口、智力引进和劳务出口、土地对外转让和承租国外土地等。设立保税区和保税仓库，实际上是将一国诸种对外开放形式高度集中在一个特定区域发挥作用，它是诸种对外开放形式的集大成者。第三，按照国际惯例运作。按照国际惯例改革开放和运作，是我国经济发展的必然选择。保税区和保税仓库是一种在小范围内按照国际惯例运作的试点，一旦取得成功经验，它将大面积地在全国范围内实行。这对于我国经济发展的影响将是巨大而深远的。

## 一、保税区概念、分类及功能

（一）保税区概念

"保税"一词属海关用语，是指进口货物暂时不缴纳进口税，而先将其存入特定区域之意。如果货物从特定区域转运出口或加工再出口，则免缴出口关税。享受保税待遇的货物称为保税货物。一般认为，国外有保税仓库（bonded warehouse）和保税工厂（bonded factory），境外的保税区域（bonded area）是指保税仓库和保税工厂的融合体。境外没有作为特定功能区域的保税区（bonded zone）。保税区这一概念是我国独创的。

我国的保税区是以转口贸易为主，兼有出口加工和第三产业综合功能，实行特殊关税政策和特殊管理手段的海关监管区域。与现有的经济特区、经济技术开发区、高新技术产业开发园区相比较，保税区实行更为灵活、更为开放、更为优惠的特殊政策。从我国各保税区的设区意图、功能定位来看，我国的保税区不是简单地将保税仓库和保税工厂的功能融合，而是以国际自由贸易区作为其功能取向的。因此，我国一般都将保税区通译为"free trade zone"（自由贸易区），而不是"bonded zone"（保税区）。我国的保税区实际上类似其他国家在港口划出一块用铁丝网围起来的自由区（他们习惯叫"free trade zone"或"free port"）。

（二）保税区的分类

我国的保税区可分为三类：第一类为沿海港口型保税区，也就是在港内划出一个隔离区,以出口贸易和转口贸易为目标,发展保税仓储、出口加工、包装、转运业务,并带动信息业、金融业、航运业的发展。上海、天津、广州、海口、大连、宁波、福州、厦门保税区属于这种类型。第二类属边境口岸型保税区,通过优越的投资环境与优惠的经营条件,集中引入外资,建立高科技产品研究、开发、加工和展销基地,发展金融、信息、房地产、零售等第三产业,福田、沙头角等保税区属这种类型。第三类是内河港区型保税区,张家港是唯一一个这种类型的保税区。

### (三)保税区的功能

保税区作为一个位于港区的、高度开放的自由贸易区,是所属区域经济的一个重要增长点,即对经济增长、产业结构优化、贸易发展、就业增加和收入提高等,发挥重要推动作用。保税区主要是通过其独特的功能和极富活力的贸易与物流产业群,来影响区域经济的内在传导机制,最终诱发和促进区域经济的增长。各个保税区自身具有不同的区域条件,应依据区域优势确立功能定位,可使保税区的区域竞争能力增强,促进管理、技术和人才素质的提高,进一步完善保税区功能体系。保税区的功能定位对所属区域发展具有带动作用,依据本区域优势对保税区的功能进行具体规划制定,可以将区域优势转化为区域竞争优势,有利于带动区域经济的进一步发展。

随着国际贸易的不断发展及外贸方式的多样化,世界各国进出口货运量增长很快,如进口原料、配件进行加工装配后复出口,补偿贸易、转口贸易、期货贸易等灵活贸易方式的货物,进口时要征收关税,复出口时再申请退税,手续过于烦琐,也不利于发展对外贸易。如何既方便进出口,有利于把外贸搞活,又使未征税货物仍在海关有效的监督管理之下,实行保税仓库制度就是解决这个问题的一把钥匙。这种受海关监督管理,专门存放按海关法令规定和经海关核准缓纳关税的进出口货物的场所,通称为保税仓库。保税货物是指经海关批准未办理纳税手续进境,在境内储存、加工、装配后复出境的货物,这类货物如在规定的期限内复运出境,经海关批准核销;如果转为内销,进入境内市场,则必须事先提供进口许可证和有关证件,正式向海关办理进口手续并缴纳关税,货物才能出库。

随着市场经济的进一步深化,保税区和保税仓库的功能和目标也发生了转变。保税区及保税仓库要适应新的时代要求,创新制度,带动区域经济增长。

我国保税区的功能主要包括:出口加工、保税仓储、国际贸易三项基本功能和商品展示这一辅助功能。不同区域自身的条件决定了其所建保税区在功能和定位上的不同。

#### 1.出口加工功能

出口加工功能是指利用保税区的条件发展"两头在外"的生产加工性企业。区内企业可以从事出口加工及其他加工,区内加工贸易企业可以充分利用进口设备及料件免税或保税、免设保证金台账等优惠政策,使各类加工料件在保税区内得到增值。出口加工功能要求有以生产、加工业为主的经济腹地,但对保税区的规划面积没有要求,对港口的要求也不是很高。沙头角、福田、海口、珠海4个保税区规划面积较小,并且没有良港依托,但是沙头角、福田、珠海保税区所在的广东省是我国高新科技产品生产基地,海口保税区所在的海南省的农副产品、海产品加工和轻工业是其主要发展的产业,因此这4个保税区更适合于发展成以出口加工功能为主的保税区。

加工贸易是我国国际贸易中最为重要的贸易方式之一,也是支撑我国保税区发展、特别是物流功能发展的主要动力。从保税区的实际运行情况来看,与加工贸易有关的物流活动可以分为以下两种类型。

一是非保税区加工贸易企业从国际(地区间)市场进口原材料导致的物流活动及其制成品向境外、境内市场销售导致的物流活动。

二是保税区内加工企业购买进口和境内市场的原材料带来的物流活动及其制成品向境外市场出口和境内市场销售带来的物流活动。由此可见,加工贸易企业进出口活动所带动的物流活动是非常频繁的,也是国际(地区间)物流业务的运作形式。

2. 保税仓储功能

保税区利用港口、工业和贸易优势,在区内设仓储区,开辟专用码头和相关设施,建成大型仓库和服务设施,利用出口加工区形成的原材料和成品出口的优势,牵动内地各种物资向区内汇集,吸引我国货物进区储存中转,成为国际型仓储中心。保税仓储功能是保税区最为基础的功能,对区域优势条件没有特殊要求,主要基础设施建立完备即可。良港的依托,国际贸易活动的增加,都可以有效促进保税仓储功能的发展。

3. 国际贸易功能

保税区的国际贸易功能主要包括进出口贸易和转口贸易。保税区的自由贸易政策,为其进出口贸易提供了便利,吸引了大量的外资企业与境内外贸易公司进入区内从事进出口贸易。转口贸易又称"中转贸易",可以分成两类:一是国际(地区间)转口贸易,即"境外—保税区—境外"型的转口贸易。另一类是境内转口贸易,即"境内—保税区—境外"或"境外—保税区—境内"型的转口贸易。保税区企业可充分利用保税区内优惠政策直接从事国际贸易。国际贸易功能所需的区域优势条件有:优良的港口设施,经济腹地对外贸易繁荣,但对保税区的规划面积没有特殊要求。例如,张家港、宁波、福州、盐田、汕头和广州保税区的规划面积有限,但其紧邻深水港,有优良的港口设施作为依托,经济腹地对外贸易繁荣,适合于发展以国际贸易功能为主的保税区。

(1)境外进口商品向境内市场分销

国际(地区间)进口商品利用保税区作为物流分拨基地,面向境内市场开展分销活动,是目前一些跨国(地区)公司和国际(地区间)企业在我国市场的一种主要运作方式。其物流运作的特点有:一是进口环节大批量,而进入境内市场则采用"多批次、小批量"的方式。二是物流运作的主体比较多元化,既有跨国(地区)公司和专业化国际(地区间)企业在保税区设立的分支机构(或由其中国的代理商负责),也有保税区内委托的物流企业进行物流运作。以保税区作为境外进口商品分拨基地的物流活动,可以从整体上降低国际(地区间)进口商品在境内的销售成本、提高服务效率和质量。首先,可以缓征进口关税,减少企业的资金占用;其次,能够根据客户要求及时办理进口报关手续,保证现货交易,避免交货延误;再次,可以利用我国保税区低成本的物流及相关服务设施,降低分销活动中物流成本;最后,便于开展售后服务,提高客户服务质量。

(2)境内出口商品在保税区集结和配送

随着全球经济一体化进程的加快和我国商品国际(地区间)竞争能力的提高,许多生产性跨国(地区)公司、国际(地区间)大型零售企业和专业化国际(地区间)采购公司,在我国沿海地区的大型港口城市,特别是这些地区的保税区建立国际采购中心。此外,境内一些新兴的企业集团和贸易公司,也在加大开拓市场的力度并整合出口渠道和资源,开始重视利用保税区作为出口商品的集配中心。因此,基于出口商品集散的物流业务就成为保税区国际(地区)贸易物流运作的主要方式。由保税区离境的物流业务经过配货和优化运输,具有多品种、大批量、多方向的特点,而保税区的出口功能能为商品进行此类相对复杂的物流业务运作,提供便利服务。保税区的这种特有功能下的物流业务运作模式不仅能大大提高商品出口的效率,而且能保质保量保时地以较简便的方式完成较复杂的物流活动。

(3)转口贸易

同国际自由贸易区一样,转口贸易是保税区国际贸易功能的一部分。转口贸易的物流运作是以区内第三方物流企业为主体,其物流业务的主要内容是为过境商品提供仓储、多式联运、向不同区域市场分拨及提供物流信息服务等。在保税区注册的企业均可开展包括进出口贸易、转口贸易和过境贸易的国际贸易业务,利用保税区独有的优惠政策、国际(地区间)市场间的地区差、时间差、价格差、汇率差,选择最佳消费国(地区),抓住最佳销售时机,运用最佳营销手段,实现商品多流向、宽领域、快节奏销售,做到进出并举、吞吐自如,实现销、储、运的最佳结合,获得最佳经济效益。保税区企业可充分利用保税区内免领进出口许可证、免征关税和进口环节增值税等优惠政策从事国际贸易。

4.商品展示功能

商品展示功能是保税区的一项附加功能,即利用保税区政策,可以在区内"保税"或"免税"展示境内外产品。这一功能的拓展能更好地服务于出口加工、国际贸易和保税仓储三项基础功能,使保税区的功能更加趋于完善。商品展示功能对区域优势条件的要求不高,保税区可以根据自身实际情况,举办各种展示活动,如加工展示、贸易展示和仓储展示。目前我国保税区以上海、天津、大连、青岛、厦门5个保税区的商品展示功能发展趋势最好,它们都是以综合型功能进行定位的,其规划面积都比较大,进出口总量在我国对外贸易中占很大的份额,工业结构特点突出,因此功能定位为以出口加工为依托,以国际贸易为主,重点突出国际物流功能,因地制宜发展商品展示功能,以及提供完善服务的综合性多功能保税区。

保税区的国际商品展示功能是扩大保税区贸易进口和加工贸易业务的一个重要的辅助功能。保税区通过为企业提供商品展示功能和交易服务功能,可以促进保税区贸易活动的开展,增加保税区物流流量。以国际商品展示为基础的物流运作基本类似于大宗进口商品的分拨和配送物流,但运作主体是保税区内的物流企业,进口物流的批量将随境外境内需求的增长逐步增大。

总之,国际(地区间)物流运作是各保税区的发展方向和目标。然而在功能定位下的正确适当的物流业务运作还处于初级发展阶段,并没有形成一个完善成熟的物流运作体系。所以,保税区还需根据自身的功能定位,对国际(地区间)物流业务运作进行不断改进发展,以保证国际物流业务的顺利进行。

保税区的功能定位必须以区域优势为依据,以发展区域优势为目标,这样才能将区域优势转化为竞争优势。因此,只有立足于发展保税区的区域优势,实现基于区域优势的功能定位,并据此改善国际(地区间)物流运作,才能带动保税区经济的全面发展。

(四)我国的保税制度

改革开放以来,我国沿海口岸相继建立了一批保税区。1990年,我国第一个保税区——上海外高桥保税区批准建立;1991年又获准建立天津港保税区、深圳福田保税区、沙头角保税区,此后又相继在宁波、福州、厦门、大连、张家港、海口、广州、青岛和汕头等口岸建立了保税区;2013 年,建立中国(上海)自由贸易试验区;2016 年,在辽宁、浙江等地又建立了 7 个自由贸易试验区。目前,各保税区和自由贸易试验区的运作状态良好。

保税仓库制度对一个国家(地区)的经济,尤其是对外经济贸易的发展和科学技术的交流,起着重要的促进作用。对我国来说,建立和改进保税仓库是贯彻执行中央关于沿海地区经济发展战略、深化对外贸易体制改革的一项重大措施。它有利于发展外向型经济、实行两头在外,大进大出,快进快出,缩短产品的生产周期,降低产品成本,提高经济效益;还有利于增强企业经济活力,提高竞争力,开拓国际市场;同时也便于海关加强对保税货物的监管。发展保税仓库是国际贸易业务的要求。

1.保税制度的形式

(1)自由港

自由港是指在一国土地上划定的一块置于海关监管的特别区域。该区域凭借优越的位置,优良的港口条件和先进的技术,以豁免货物进出口关税和其他优惠政策,来吸引外国商船、扩大转口贸易、发展货物储存及允许的加工,以达到促进当地经济发展的目的。

(2)自由贸易区

自由贸易是通过减免关税等优惠政策来促进国际贸易的发展。自由贸易区利用其良好的条件吸引外商投资设厂,发展进出口加工、金融、信息等产业,因此自由贸易区是一块以贸易为主,兼有工商的多功能区域。它与免税贸易区、保税区等并无明显差异,而开放自由度比自由港相对较低些。

(3)进出口加工区

进出口加工区是设在一国交通便利,并提供相应设施的区域。在该区域内提供减免税收等一系列优惠政策,以吸引外商投资,主要发展面向国际市场的进出口加工业。

(4)保税仓库

保税仓库是为适应国际贸易中的时间和空间差异的需要而设置的特殊库区,货物进出该库区可免交关税。此外,保税仓库还提供其他的优惠政策和便利的仓储、运输条件,以吸引外商的货物储存和从事包装等业务。保税仓库的功能比较单一,主要是货物的保税储存,一般不进行加工制造和其他贸易服务。

除此之外,还有免税贸易区、对外贸易、自由区、保税区和保税工厂等。我国的保税形式主要是保税区。

2.保税区的政策优惠

(1)保税区允许区内生产性企业从事本企业生产用的原材料、零配件、设备的进口和产品的出口;允许这些企业直接对外承接与生产相关的加工业务。

(2)在保税区内,允许中外企业开设外汇账户,实行现汇管理。企业经营所得的外汇扣除应纳的税金,剩余部分在企业成立 5 年内全部归企业所有。

(3)在保税区内进行与境外企业之间的货物进出口,可免除进出口许可证。

(4)区内企业可从事国际(地区间)的转口贸易和代理国际贸易业务。

(5)区内各保税仓库和工厂内的货物可以买卖,也可通过保税生产资料市场与区外企业进行交易。

3.保税区的税收优惠

在我国的保税区内,除享有经济特区的一些优惠政策外,还能享受保税区的特殊政策。

如在上海，投资保税区的中外企业具体可享受以下的优惠政策。

（1）从境外进入保税区的货物，可免征关税和工商统一税（也称工商税，如营业税等）、增值税。

（2）从非保税区进入保税区的货物，凡符合出口条件的，免征生产环节的工商统一税，或退还已征的产品税。

（3）对于保税区内的企业生产的产品，当运往境外时，免征关税和生产环节的工商统一税、增值税；产品在区内销售时，免征生产环节的工商统一税、增值税。

（4）允许与我国有贸易往来的外国商船在保税区内指定的泊位上停靠，装卸货物或进行中途补给等。

我国的保税制度随着国际贸易的发展正在逐渐完善，但还存在一些问题，在将来的实践中要逐步解决。

**4. 保税制度的积极效应**

（1）带动区域经济的发展

保税区已经形成盈利的规模效应有目共睹，经营业绩节节攀升。同时，由于政府综合服务环境的改善和财政扶持力度的加大，企业的生产经营成本不断降低，从而推动了投资企业的经济效益持续增长，促使保税区综合经济持续、健康地发展，形成双赢的局面，为地区经济稳定发展起到了重要的推动作用，也实现了保税区当初的设区目的。

（2）促进物流产业的发展

随着保税区产业功能布局的调整，全国各保税区都把发展物流业作为推动保税区经济发展的重要工作。尤其是在众多贸易企业的支持下，保税区现代物流业得到了显著的发展。

（3）吸引跨国公司的入驻

保税区良好的投资环境、高质量的服务水平及丰厚的经济效益，吸引了世界著名跨国（地区）公司的纷纷入驻。

综上所述，一方面，保税区的发展推动了我国的经济建设，另一方面，也为保税区内的企业提供了创造效益的经济平台，因此，保税区的成功既反映在其区域和宏观经济绩效上，也体现在保税区企业的实际运作效率上。

## 二、保税区的现状及发展趋势

从海关保税的视角中解脱出来，把保税区放到当今世界经济格局的大背景下，向自由贸易区演进是我国保税区发展的必然选择。

从深化改革、扩大开放的角度看，有必要将保税区建成有中国特色的自由贸易区。将保税区建成自由贸易区，使之在新一轮开放中先行一步，变原来的"政策效应""政策优势"为"功能效应""功能优势"，成为深化改革、扩大开放的试验基地。

从融入世界经济一体化的角度看，也有必要将保税区建成能充分参与国际（地区间）竞争的自由贸易区。具备"境内关外"的地域和功能优势，自由贸易区就有可能主动地融入世界经济一体化的格局中，到全球经济的大海中去搏击。

从我国加入世界贸易组织进程的角度看，还是有必要将保税区建成按国际惯例运作、与国际接轨的自由贸易区。自由贸易区在特征上体现为贸易自由、汇兑自由、运输自由、人员进出自由等。将保税区发展成为自由贸易区,不仅具有必要性,也有着可能性。

我国保税区在基础设施方面进行了大规模的投资、建设,取得了成效,这就为把保税区建成自由贸易区创造了必要的物质条件。

一般来说,境内其他功能的开发区地区面积广,开发功能具有综合性,资金投放具有综合性,资金投放面宽,管理复杂;而保税区的面积较小,与外界有隔离设施,功能相对单一。保税区的这些特点,使得它一旦定位为自由贸易区后,对其运行效果较易评价,一旦发现问题,也比较容易得到控制和解决。

从政策层面上说,保税区比其他经济特区、开发区有较明显的政策优势:其他的经济特区、开发区进口各类物资,一律按法定税率征收关税;而保税区则可继续享受保税或免税政策。这在一定意义上,已经奠定了保税区"特区中的特区"的独特地位。把保税区发展为自由贸易区,则将强化这一地位,对其他经济特区、开发区进一步起到示范的效应。

根据各国的实践和我国国情,今后我国保税区的发展大致存在这样几个走向。

(一)向自由贸易区方向发展

中国自由贸易区是指在国境内关外设立的,以优惠税收和海关特殊监管政策为主要手段,以贸易自由化、便利化为主要目的的多功能经济性特区。原则上在没有海关"干预"的情况下允许货物进口、制造、再出口。其核心是营造一个符合国际惯例的,对内外资的投资都要具有国际竞争力的国际商业环境。2013年以来,我国已建立了上海等8个自由贸易试验区。

(二)向保税港区方向发展

不少地方在创建保税区时,都宣布以自由港为目标模式,有的则宣布实施某些自由港的政策。因此,实际运行中的保税区模式已不是通常意义上的保税区,而是具有"自由港"性质的保税区。我国保税区从诞生的时候起,其软、硬环境的设计,宏、微观的管理都以尽可能大的开放度和自由度为前提,从而加快了保税区由初级形态向高级形态的转化。

目前,国务院已批准设立上海洋山、天津东疆、大连大窑湾、海南洋浦、宁波梅山、广西钦州、厦门海沧、青岛前湾、深圳前海湾等9个保税港区。保税港区是经国务院批准设立的,在港口作业区和与之相连的特定区域内,集港口作业、物流和加工为一体,具有口岸功能的海关特殊监管区域,是我国目前开放层次最高、政策最优惠、功能最齐全的特殊区域,是国家实施自由贸易区战略的先行区。

保税港区可从事国际中转、配送、采购、转口贸易和出口加工等业务,并可拓展相关功能。保税港区的主要政策有:国外货物入港区保税;货物出港区进入国内销售按货物进口的有关规定办理报关手续,并按货物实际状态征税;国内货物入港区视同出口,实行退税;港区内企业之间的货物交易不征增值税和消费税。

(三)向广大内陆地区延伸

随着沿江、沿边、沿线(新欧亚大陆桥)地区对外经济开放的不断深化,其建立保税区的必要性和可行性业已成熟。整体看来,我国内陆地区与沿海地区相比还有许多不足,但在内陆地区尤其沿边地区一些口岸兴建保税区的条件已经初步具备。这样,可在内陆地区选择一些对外开放口岸,在基础设施较好、区位优势明显的地方创办保税区的试点,并以保税区为"增长极",带动整个内陆地区的经济发展和对外开放。

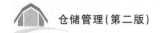

（四）按国际经济惯例经营

按国际经济惯例经营是我国保税区发展的基本方向。随着我国保税区一定规模的发展,其国际经济惯例的内容、范围和形式都将存在一个由小到大、由不完善到逐步完善的过程。为此,必须认真研究国际经济惯例并在实践中妥善地运用。不仅如此,还要密切注意新的国际经济惯例的出现,及时淘汰、更新旧的国际经济惯例,兴起国际经济惯例的研究热、运用热。

### 三、保税仓库的概念、类型及发展

（一）保税仓库的概念

保税仓库是经海关核准用于存放保税货物的仓库。保税仓库必须具备海关监管条件。保税仓库的经理人要严格遵守海关规定,对海关负责,建立详细的账册,并定期将保税货物的收、付、存等情况列表报送当地海关查核。存入保税仓库的货物可以免纳关税,免领进口许可证,在规定的存储期满后可以选择出口或办理进口内销的报关和纳税手续。保税货物不得在仓库内加工,如需改换包装,应经海关核准。保税仓库的设立,有利于进出口商把握交易时机,顺利开展业务和发展转口贸易。

进入保税仓库的货物不受数量、种类及配额限制,且免征关税,无须办理报关手续,因而使境外厂商或贸易商能够把握最有利的时机,将其仓储的货物转销到其他国家和地区,以获得最佳利润。

进入保税仓库的货物,可以拆包、改装、加换标签,或将不良、损坏的产品加以整修更换,使产品更能适应国际市场的需要。

境外厂商或贸易商可在保税仓库内,对当地或他国（地区）进口的零部件、中间产品等从事装配和加工活动。这些零部件和中间产品等在通关时免征关税,加工后的制成品再销往所在国（地区）市场。

保税仓库设有现代化、性能完备的各种设施,能够适应不同种类商品装卸、存储和运输的需要。

境外厂商、贸易商可在保税仓库内设置商品展示中心,以加强商业促销活动。

保税仓库收费合理,拥有一流的、训练有素的人员提供多种服务,可吸引跨国公司和国际贸易商。

（二）保税仓库的类型

保税仓库是指专门存放海关核准的保税货物的仓库。这种仓库仅限于存放供来料加工、进料加工复出口的料件,暂时存放之后复运出口的货物和经过海关批准缓办纳税手续进境的货物。保税仓库是保税制度中应用最广泛的一种形式,是指经海关核准的专门存放保税货物的专用仓库。

1.按保税仓库的功能分类

（1）转口贸易保税仓库

转口贸易项下的进出口货物可以免征进出口关税和其他税收;如果需要改变包装、加刷唛码,必须在海关监管下进行。

（2）加工贸易备料保税仓库

来料加工、进料加工项下存入保税仓库的免税进口的备用物料，经过海关核准之后提取加工复出口的，海关将根据实际出口数量征收或者免征原进口物料的关税。

（3）寄售维修保税仓库

为引进的先进技术设备提供售后服务，进口的维修零备件可以免办纳税进口手续存入保税仓库。

**2.按保税仓库的形式分类**

（1）公共保税仓库

公共保税仓库是根据公众需要设立的，可供任何人存放货物。公共保税仓库是一种最普遍的保税仓库。公共保税仓库的选择、建筑形式及经营管理都必须经过海关批准，以确保满足海关的监管条件。这类仓库面向公众，任何想利用保税仓库储存海关监管货物的人均可使用。

对于一个保税仓库的具体运作，应按国家财政部门的经营方式，制定相应的规则，理顺监督管理流程，存取货物都必须到主管海关办理有关海关手续。保税仓库应处于海关不间断的监督之下，保税仓库的所有出口原则上均应加双道锁，其中一把由海关人员掌握，另一把由仓库经营者掌握。

（2）自有公共保税仓库

自有公共保税仓库是指只有仓库经营人才能存放货物的保税仓库，但所存放的货物并非必须为仓库经营人所有。在一些贸易比较集中而不宜设公共保税仓库，或公共保税仓库不能满足需要，又或公共保税仓库远离货物运输的目的地时，可以开设自有公共保税仓库。这类仓库只需海关以决定的方式批准，主办者可以是公共保税仓库的经营者，也可以是从事公共仓储经营业务的任何组织和法人，甚至是自然人。自有公共保税仓库的管理条件与公共保税仓库基本相似，但海关原则上对其不实行不间断的监管。

（3）专用保税仓库

专用保税仓库是从事国际贸易的企业，经海关批准后，建立的自营自用性质的保税仓库。保税仓库内仅储存本企业经营的保税货物，多设在其所属区域内，除海关有监管权外，该类保税仓库是根据生产和贸易的需要而开设的，它不受地点限制。保税仓库的审批由海关以决定的方式批准，仓库内存储的货物符合海关规定的条件即可。

（4）保税工厂

保税工厂是将整个工厂或部分专用车间置于海关的监管之下，专门从事来料加工，来件装配、复出等业务的场所。对于这类生产性的保税工厂，海关审批较为严格，对其加工项目的规定也做了严格的限制。

（5）海关监管仓库

海关监管仓库主要存放已经进境而无人提取的货物，或者因无证到货、单证不齐、手续不全及违反海关相关规定等，海关不予放行，而需要暂存在海关监管下的仓库里等候处理的货物。海关监管仓库还可以存储已对外成交和结汇，但海关批准暂不出境的货物。

这类保税仓库原先主要由海关自己管理，随着贸易量的增加，海关作为行政管理机构的行为逐渐规范，这类保税仓库多交由存储企业经营管理，海关行使行政监管权。

（三）我国保税仓库的发展

随着我国经济的快速发展，传统仓库模式的功能已经不能满足现在进出口贸易的发展速度，多元化、现代化的新仓库在经济热潮中势在必行。随着国家政策的变化，进出口货物贸易量成倍地增加，尤其是以加工贸易方式为核心的进出口货物增长最为迅速。为了跟上世界经济发展的潮流，适应全球新形成的贸易方式，在港口发展过程中发掘自身的能力，提高港口的竞争能力，我国开始建立和发展保税仓库。保税仓库主要分为出口保税仓库、进口保税仓库及出口监管仓库。

我国以农业为基础，人口高度密集，人民的生活经济水平相对发达国家较低。我国廉价的劳动力对全世界的商家有非常大的吸引力。而加工业的发展增加了我国的进出口贸易量，同时给保税仓库的发展带来了机遇与挑战。

由于保税仓库的发展刚刚起步，海关管理监督系统还不完善，不少商家抓住其间的缺陷，在税收政策中大做文章、发横财，给国家经济带来很大的损失，造成了严重的危害。例如，企业 A 专门生产某种商品 H；而企业 B 所需要的原料正是 H。企业 B 生产的产品都是面向境外客户的。同时 B 已经向海关申请备案，拥有某港口保税仓库的电子账册。在正常的生意洽谈中，企业 B 与企业 A 可以直接签订合同购买材料。但在实际中经常出现这种现象：企业 A 从港口通过内河运输把货物出口到香港，企业 B 再以进口的方式运回港口保税仓库以加工保税的形式交货。造成这种现象的原因是保税政策的不完善。

进入 21 世纪，随着世界经济体系的形成，外贸成为各国经济发展的主导力量，保税仓库的改革是经济全球化的结果。为了能够更好地适应外贸的多样化、现代化，保税仓库建立起统一的管理模式，对货物的进出口贸易实行通关绿色通道。我国拥有的廉价劳动力是保税仓库的飞速发展的重要基础。由于有保税政策界限的庇护，大批商家把工厂等生产第一线大规模地搬到拥有保税仓库的沿海经济区，从保税政策方面可以赚取大量的外汇。但从长远考虑，工厂在生产的过程中必然会排放大量的废水、废气与废垃圾等污染环境的物质，最终还得花费人力物力来治理环境，甚至会影响人们的生活健康和安全。

# 第二节　保税仓库的业务管理

保税仓库是保税制度中应用最广泛的一种形式，是指经海关核准的专门存放保税货物的专用仓库。根据国际上通行的保税制度要求，进境存入保税仓库的货物可暂时免纳进口税款，免领进口许可证件（能制造化学武器的和易制毒化学品除外），需在海关规定的存储期内复运出境或办理正式进口手续。一般贸易进口货物不允许存入保税仓库。对于卖主来讲，可以一次储存多次分拨；对于买主来讲，可以一次订购多次提货。把原来由生产国（地区间）储存的货品搬到保税仓库储存，更加有利于看样、订货、成交和分拨调运，缩短了国际市场和中国市场的距离，大大节省了流动资金占用，加快了流动资金周转，提高了成交率，提高了产品的售后响应速度，提高了企业的美誉度，增强了产品的市场竞争力。货物进入保税仓库和保税货物出库，按照海关规定都有一定的流程。保税货物进出库的简易流程如图 13-1 所示，保税货物进出库的具体操作流程如图 13-2 所示。

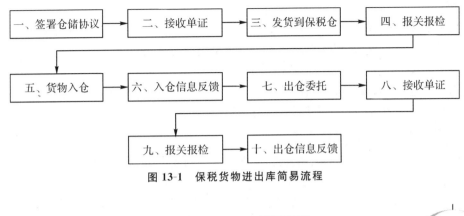

图 13-1　保税货物进出库简易流程

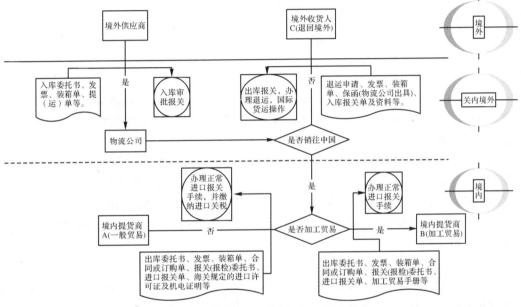

图 13-2　保税货物进出库的操作流程

## 一、保税仓库货物入库业务

(一)货物存入保税仓库的程序

1.填写保税报关单

申请货物保税者应填写保税报关单,该报关单上应写明申报者有关履行法律、法规规定的义务和承诺。报关单上除包括一般报关单所有的内容外,还应有从保税仓库提取货物时计税需要的一些详细的情况。除公共保税仓库外,存入保税仓库的申报均应提供担保。对于存入自有公共保税仓库的申报,担保可由保税仓库经营人提供。

2.报关单签字

存入保税仓库货物的报关人应是货主本人或经授权的代理人,报关人应在报关单上签字。在海关的规定中,允许报关代理人对价值不超过某一限额的货物以本人的名义向海关申报。在这种情况下,报关代理人就有义务监督自己承诺的履行情况,并承担相应的法律责任。

**3.检验**

在报关手续完成后,应对货物履行检验手续。必要时,还应采取某些保证海关监管权利的措施,如取样、加封等,以保证在脱离海关监管后仍能对其进行辨认。

**4.海关登记**

存入保税仓库的货物应由主管海关部门进行登记,并按加工业务的不同进行分类。货物的登记将在货物存放保税仓库期间继续记录有关情况。

(二)保税货物入库的具体操作方法

保税货物入库的操作方法,根据货物进库与报关的先后分为以下两类。

**1.直接报关入库货物的操作流程**

(1)保税货物进库前,货物所有权人应尽可能提前将预备进保税仓库的货物发票和装箱单复印件或传真件交仓储部,以便仓储部经理安排仓位和相关资源。

(2)货物进库时,有纸报关的,送货人须将经卡口海关工作人员确认的备案清单复印件交仓库管理员;无纸报关的,送货人须将经卡口海关工作人员确认的"放行通知书海关验放联""货主留存联"及此货物的发票和装箱单交仓库管理员。

(3)货物抵库后,仓库管理员向送货人索要上述单证,并核对货物的数量、唛头、包装是否吻合,如发现货物数量、唛头有任何不符合之处,应立即上报仓储部经理并与客户联系,及时处理。如发现外包装破损,应及时联系客户,并在原地拍照取证。

(4)货物验收完毕后,仓库管理员应将货物堆放整齐,及时填写入库理货记录,做好三级台账。将入库理货记录签字后连同单据移交给单证管理员,并将桩脚卡挂好。

(5)单证管理员接到单据后,根据仓库管理员的入库理货记录,将数据录入海关仓储管理系统,作进库处理,将单据归档。无纸报关的,还须将"放行通知书海关验放联"交清关部或由客户向通关科交单。

**2.先进库再报关出口货物(视同出口或结转)的操作流程**

(1)货物进库前,货物所有权人应尽可能提前将预备进保税仓库的货物发票和装箱单复印件或传真件交仓储部,以便仓储部经理安排仓位和相关资源。

(2)货物进库时,送货人在海关卡口需填写"非保税货物进区登记单",详细填写入库货物的品名、数量、重量、金额及核销单号等,经卡口海关工作人员核对签字、盖章带回。

(3)货物抵达仓库后,仓库管理员凭送货人带回的已经卡口海关工作人员核对签字、盖章的"非保税货物进区登记单"收货(无此凭证仓库管理员有权拒收此货),核对无误后填写入库理货记录,连同"非保税货物进区登记单"交单证管理员。

(4)单证管理员接到入库理货记录和"非保税货物进区登记单"后,将"非保税货物进区登记单"和相关报关资料交指定的报关公司报关。

(5)报关完毕后,单证管理员在收到海关电子数据后,根据入库理货记录比对海关电子数据。如数据一致的,在海关保税仓储系统中做入库处理;如不一致的,须在查明原因后再处理,否则不做入库处理。入库后单证管理员须打印"进库清单",传真"进库清单"给客户后与正本进境备案清单一并归档。

(6)仓库管理员将桩脚卡挂好,填写入库台账。

保税货物入库流程如图13-3所示。

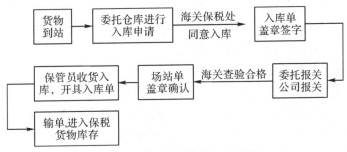

图 13-3　保税仓库货物入库流程

(三)本地进货与异地进货保税货物入库流程的区别

1.本地进货

进口货物在保税仓库所在地进境时,应由货物所有人或其代理人向入境所在地海关申报,填写"进口货物报关单",在报关单上加盖"保税仓库货物"戳记并注明"存入××保税仓库"。经入境地海关审查验放后,货物所有人或其代理人应将有关货物存入保税仓库,并将两份"进口货物报关单"随货代交保税仓库,保税仓库经营人应在核对报关单上申报进口货物与实际入库货物无误后,在有关报关单上签收,其中一份报关单交回海关存查(连同保税仓库货物入库单据),另一份由仓库留存。

2.异地进货

进口货物在保税仓库所在地以外的口岸入境时,货物所有人或其代理人,应按海关进口货物转关运输管理规定办理转关运输手续。货物所有人或其代理人应先向保税仓库所在地主管海关提出将进口货物转运至保税仓库的申请,主管海关核实后,签发"进口货物转关运输联系单",并注明"货物转运存入××保税仓库"。货物所有人或其代理人凭此联系单到入境地海关办理转关运输手续,入境地海关核准后,将进口货物监管运至保税仓库所在地,货物抵达目的地后,货物所有人或其代理人应按上述"本地进货"手续向主管海关办理进口申报及入库手续。

## 二、保税仓库货物的存放

(一)保税仓库中货物的搬动

在多数情况下,从境外市场上进口的货物存入保税仓库时为散装,故在重新投入市场前需要进一步包装或提高商品的商业质量。在对货物处理前,应提出申请,除公共保税仓库外,一切申请均须担保,原则上这种处理应在海关的监管之下。

存入保税仓库的货物可以由存货人将所有权转让给第三方,这是保税仓库的一项基本经济功能,其作用在于允许货物在关内境外出售,以促进仓储货物的商品化。在进行货物转让时要填写专门的报关单,以保证将出让人的义务转移到受让人的身上。

存入保税仓库的货物可以进行转仓保管,甚至可以转移到不同类型的保税仓库中,但需要办理另一类保税仓库要求的手续。

(二)保税仓库中货物的灭失

货物在保税仓库的存储期间,海关有权对货物进行各种必要的监管和清点。当海关提出要求时,应将货物交海关检验。当涉及禁止或限制进口的货物时,存货人需支付与货物等值的资金,关税和其他税赋的税率则按缺少之日的税率计征;若无法确认短期日期,则按接货入库至发现短缺之日期间的最高税率计征。

对于存入保税仓库后未按期复运出口的货物,海关有权决定予以销毁。这一规定可以避免人为地拖延时间,而试图将可能损坏的货物转为进口,并尽可能减少纳税。然而,如果出现属于人力不可抗拒的货物灭失,保税仓库经营者和货主将有权享受免交这部分关税,以及与关税有关的税赋。在具体执行时,对人力不可抗拒的范围有严格的规定,并由存货人举证。有些国家对于因盗窃引起短缺的货物规定仍需要缴纳关税。

（三）保税仓库中货物存放的期限

我国规定:在保税仓库内储存保税货物一般以 1 年为限。如果有特殊情况,经过海关核准,可以适当延长。但延期最长不得超过一年,期满仍未转为进口也不复运出境的,由海关将货物变卖处理。

## 三、保税仓库货物出库业务

（一）保税货物出库流程

（1）将客户传来的数据,录入海关仓库管理系统,生成"出库提货单",交客户或报关员报关。

（2）报关完毕后,将提货单及报关单原件等交回仓储部,单证管理员将报关单号输入海关保税仓储系统后,发送电子数据给海关,并接收海关电子放行通知。

（3）接客户货物出库指令后,仓储部经理按此指令制定"出库通知",将"出库通知"交仓库管理员,由仓库管理员按"出库通知"要求,组织叉车驾驶员和仓库出货人员,将待发货物挑选出来并摆放在待发区或装上指定承运工具。

（4）货物装上指定承运工具,收货人对货物数量及包装情况签署意见,仓库管理员将收货人证件复印件、客户货物出库指令、仓储部经理"出库通知"和收货人"收货意见表"一起交单证管理员,单证管理员根据上述资料,将出库数据录入海关保税仓储系统,并生成"已核对通过出库提货单",交收货人。

（5）提货人到仓库提货必须提供以下所需资料,否则仓库不予发货。

①海关盖放行章的提货单（仓库核销联）等海关放行单证。

②客户正本出库指令或与仓储合同所示委托方传真号一致的传真件正本的出库指令。

③与出库指令一致的收货人身份证明原件。

（6）仓库管理员在收货人提货后,登记桩脚卡,填写出库台账。

保税仓库货物出库流程如图 13-4 所示。

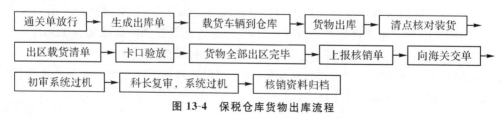

**图 13-4　保税仓库货物出库流程**

(二)保税货物出库的操作方法

进口货物存入保税仓库后,其出库的流向较为复杂,一般可分为储存后原状复出口、加工贸易提取加工成品出口、境内销售或使用等三种情况,下面就这三种流向介绍有关海关手续。

1. 原物复出口

存入保税仓库的货物在规定期限内复运出境时,货物所有人或其代理人应向保税仓库所在地主管海关申报,填写"出口货物报关单",并提交货物进口时的经海关签章确认的"进口报关单",经主管海关核实后予以验放有关货物,或按转关运输管理办法将有关货物监管运至出境地海关验放出境。复运出境手续办理好后,海关在一份"出口报关单"上加盖印章后将"出口报关单"退还货物所有人或其代理人,以其作为保税仓库货物核销的依据。

2. 加工贸易提取加工成品出口

从保税仓库提取货物用于进料加工、来料加工项目,加工生产成品复出口时,经营加工贸易单位首先按进料加工或来料加工的程序,办理合同备案等手续后,由主管海关核发《加工装配和中小型补偿贸易进出口货物登记手册》(简称《登记手册》)。

经营加工贸易单位持海关核发的《登记手册》,向保税仓库所在地主管海关办理保税仓库提货手续,填写进料加工或来料加工专用的"进口货物报关单"(因保税仓库进货时所填写"进口货物报关单"并未确定何类贸易性质。因此,在以加工贸易提取使用时,其贸易性质已确定为"进料加工"或"来料加工",需补填进口货物报关单)和"保税仓库领料核准单",经海关核实后,在"保税仓库领料核准单"上加盖放行章,其中一份由经营加工贸易单位凭此向保税仓库提取货物,另一份由保税仓库留存,作为保税仓库货物的核销依据。

3. 境内销售或使用

存入保税仓库的货物需转为进入境内市场销售时,货物所有人或其代理人应事先报主管海关核准并办理正式进口手续,填写"进口货物报关单"(其贸易性质由"保税仓库货物"转变为"一般贸易"方式),对货物属于国家规定实行进口配额、进口许可证、机电产品进口管理、特定登记进口商品及其他进口管理商品的,须向海关提交有关进口许可证或其他有关批件,并缴纳该货物的进口关税和进口环节增值税、消费税。上述进口手续办理后,海关在进口货物报关单上加盖放行章。其中一份用以向保税仓库提取货物,另一份由保税仓库留存,作为保税仓库货物的核销依据。

(三)保税仓库货物的出库管理

1. 保税货物运往境内

保税仓储货物出库运往境内其他地方的,发货人或其代理人应填写进出口报关单,并随附出库单据等相关单证向海关申报,保税仓库向海关办理出库手续并凭海关签印放行的报关单发运货物。从异地提取保税仓储货物出库的,可以在保税仓库主管海关报关,也可以按照海关规定办理转关手续。出库保税仓储货物批量少、批次频繁的,经海关批准可以办理集中报关手续。

2. 保税货物运往境外

保税仓储货物出库复运往境外的,发货人或其代理人应填写"出口报关单",并随附出库单据等相关单证向海关申报,保税仓库向海关办理出库手续并凭海关签印放行的报关单发运货物。出境货物出境口岸不在保税仓库主管海关的,经海关批准,可以在口岸海关办理相关手续,也可以按照海关规定办理转关手续。

**3. 到期未出库货物的处理方法**

无论是哪一类的保税仓库,货物应当在存储期限之前从保税仓库中提出,并申报按另一项海关监督制度的要求办理,否则将按保税仓库的有关规定处理。

(1)按另一项海关制度办理的方法

除特殊情况外,货物从保税仓库提出可看成从境外直接进口。从保税仓库中提出货物后复出口或正式进口将涉及如下一些特殊情况。

对于从保税仓库提出,并投入境内市场的货物应按出库日的货物名称和重量征税,其税率按货物正式进口报关单登记之日实施的税率征税。对于存储于保税仓库的货物,在经过加工,并加入部分境内采购材料的情况下,如申报转为内销,其完税价格和完税重量应为货物从保税仓库提出时的货物价格和重量。

(2)货物不从保税仓库提出的情况

当存货人已将存入保税仓库的货物在规定的期限内提出,并按新的海关监管制度办理后,便可办理核销手续。

但是,对于公共保税仓库来说,如果货物未能按期以允许的用途办理,则应由保税仓库的经营人负责履行这项义务。否则,从存仓期限到期之日起,按日支付未出库货物价值1%的逾期费。过期超过1月时,可公开拍卖所存货物,并在所得款中扣除应交税款,剩余部分存入专门的保管机构。

## 四、保税仓库的监管

(一)保税仓库的建库制度

申请建立保税仓库应由保税仓库经营人持市场监督管理部门颁发的营业执照,填写"保税仓库申请书",交验经商务主管部门批准经营有关业务的批件,向海关提出申请,海关派人员实地调查后,对符合条件的申请人颁发"保税仓库登记证书"。所谓符合条件是指保税仓库应具有专门储存、堆放进口货物的安全措施,有健全的仓库管理制度和详细的仓库账册;配备经海关培训认可的专职管理人员,保税仓库的经营者应具备向海关缴纳税款的能力。

(二)保税仓库货物的出入库制度

保税货物在保税仓库所在地海关入境时,货主或其代理人应填写"进口货物报关单"一式三份并加盖"保税仓库货物"印章,注明此货物系存入某保税仓库。经向海关申报,查验放行后,一份由海关留存,两份随货代交保税仓库。保税仓库经办人应于货物入库后即在上述报关单上签收,一份留存,一份交回海关存查。

保税货物复出口时货主或企业代理人应填写"出口货物报关单"一式三份,并交验进口时由海关签印的报关单,向当地海关办理复运出口手续,经海关检查与实物相符合后签印,一份留存,一份发还,一份随货代交出境地海关凭此放行货物出境。保税货物经海关核准转为进入境内市场销售时,由货主或其代理人按照一般贸易进口货物向海关办理有关手续并交纳关税和代征税,海关签印放行后在原进口货物报关单上注销。

(三)保税仓库允许存放的货物

海关允许存放在保税仓库的货物有三类:一是供加工贸易(进、来料加工)加工成成品复出口的进口料件;二是商务主管部门批准开展境外商品寄售业务、境外产品维修业务、外汇免税商品业务的货物及保税生产资料市场的进口货物;三是转口贸易货物、外商寄存货物及国际(地区间)航行船舶所需的燃料、物料和零配件等货物。

第十三章复习题

# 参考文献

白世贞,李腾.现代仓储管理[M].2 版.北京:科学出版社,2016.

陈胜利,李楠,雷福民.仓储管理与库存控制[M].北京:经济科学出版社,2015.

何庆斌.仓储与配送管理[M].2 版.上海:复旦大学出版社,2015.

蒋长兵.仓储作业流程、表格与示例[M].北京:中国物资出版社,2010.

蒋长兵.仓储管理战略、规划与运营[M].北京:中国物资出版社,2010.

李育蔚.仓储物流精细化管理全案:超值珍藏版[M].北京:人民邮电出版社,2015.

梁军,李志勇.仓储管理实务[M].3 版.北京:高等教育出版社,2014.

梁军,沈文天.物流服务营销[M].2 版.北京:清华大学出版社,北京交通大学出版社,2016.

梁军,杨铭.配送实务[M].北京:中国财富出版社,2015.

梁军.运输与配送[M].3 版.杭州:浙江大学出版社,2014.

梁军,王刚.采购管理[M].3 版.北京:电子工业出版社,2015.

刘阳威,丁玉书.物流仓储与配送管理实务[M].北京:清华大学出版社,2013.

慕庆国,李雪松.现代仓储运营管理[M].北京:中国财富出版社,2017.

青岛英谷教育科技股份有限公司.电子商务与现代仓储管理[M].西安:西安电子科技大学
    出版社,2015.

宋巧娜.仓储与运输管理实训教程[M].哈尔滨:哈尔滨工程大学出版社,2015.

唐连生,李滢棠.库存控制与仓储管理[M].北京:中国物资出版社,2011.

滕宝红.图说工厂仓储管理:实战升级版[M].北京:人民邮电出版社,2014.

王兰会.仓库管理人员岗位培训手册[M].北京:人民邮电出版社,2015.

王连新.仓储物流管理实务培训图表书[M].北京:中国经济出版社,2013.

王生平,高凤琴.仓库主管 365 天超级管理手册[M].北京:人民邮电出版社,2013.

王远炼.库存管理精益实战手册:图解版[M].北京:人民邮电出版社,2015.

小林俊一.精益制造 009:库存管理[M].张舒鹏,译.北京:东方出版社,2012.

徐健.从零开始学做仓库主管[M].北京:人民邮电出版社,2016.

张晓川.现代仓储物流技术与装备[M].2 版.北京:化学工业出版社,2013.

周文泳.现代仓储管理[M].北京:化学工业出版社,2010.

周兴建,蔡丽华.现代仓储管理与实务[M].2 版.北京:北京大学出版社,2017.